应用型院校经济管理类核心基础课程规划教材

"互联网+"融媒体系列教材

市场调查与预测

殷晓彦　陈艳丽　魏云逸　主　编
王　燕　王崇红　陈冬生　副主编

立信会计出版社
LIXIN ACCOUNTING PUBLISHING HOUSE

图书在版编目(CIP)数据

市场调查与预测 / 殷晓彦，陈艳丽，魏云逸主编. -- 上海：立信会计出版社，2024. 8. -- ISBN 978-7-5429-7658-1

Ⅰ．F713.52

中国国家版本馆 CIP 数据核字第 2024SD3689 号

策划编辑　　郭　光　张忠秀
责任编辑　　张忠秀
美术编辑　　吴博闻

市场调查与预测
SHICHANG DIAOCHA YU YUCE

出版发行	立信会计出版社		
地　　址	上海市中山西路 2230 号	邮政编码	200235
电　　话	(021)64411389	传　真	(021)64411325
网　　址	www.lixinph.com	电子邮箱	lixinaph2019@126.com
网上书店	http://lixin.jd.com		http://lxkjcbs.tmall.com
经　　销	各地新华书店		
印　　刷	常熟市人民印刷有限公司		
开　　本	787 毫米×1092 毫米	1/16	
印　　张	16		
字　　数	294 千字		
版　　次	2024 年 8 月第 1 版		
印　　次	2024 年 8 月第 1 次		
书　　号	ISBN 978-7-5429-7658-1/F		
定　　价	46.00 元		

如有印订差错，请与本社联系调换

前 言

随着全球化的不断深入和信息技术的飞速发展,市场竞争愈发激烈。在这样的大背景下,对市场需求、消费者行为、竞争格局的深入了解与准确预测,成为每个决策者面临的重要课题。本书通过深入剖析市场调查与预测的理论基础和实践应用,旨在为读者提供一套全面、系统的理论框架和实用方法,帮助大家更好地了解市场动态,作出明智的决策。

市场调查作为获取市场信息的重要手段,其重要性不言而喻。本书从市场调查的含义、特点、类型、主要内容等方面入手,全面介绍市场调查的基本程序。同时,结合市场调查与预测的实际应用,介绍一系列方法论和实用工具,包括如何设计市场调查问卷、如何收集和处理数据等。随后在此基础上介绍了市场调查分析预测,即对市场调查数据进行定量分析。最后部分阐述了如何撰写一份完整的市场调查报告,使读者能够全面掌握市场调查与预测的操作技巧,提高决策的准确性和有效性。

本书具有以下特点:

(1) 浅显易懂。本书避免使用过于专业的术语,用通俗易懂的语言介绍市场调查与预测的理论知识,并通过学习目标、本章测试等形式,引导学生进一步巩固所学知识,提高学习效果。

(2) 实践性强。本书结合实际案例,让学生轻松理解并掌握市场调查与预测的方法和技巧。书中附有大量范例,帮助学生将理论知识应用于实践。

(3) 新技术的应用。本书增加了 SPSS 软件操作,并介绍了网络调查工具在市场调查中的应用,帮助学生了解和掌握线上、线下市场调查数据的处理方法。

(4) 课程思政的融入。本书每章都设计了"寓德于教"模块,旨在提升技能的同时,注重培育职业素养,将知识学习、职业能力提升和课程思政融为一体。

(5)教学资源丰富。本书提供电子教案、课件、教学日历等教学资源,以方便教师教学。此外,我们还收集了一份大学生市场调查与分析的国赛获奖作品,供大家学习(qq 索取 2538139894)。

本书适用于市场营销、工商管理等经济管理类相关专业本科、专科教学。本书最后部分讨论了一份市场调查报告应该具备的基本结构,提出了撰写市场调查报告时需要注意的问题。我们相信,一份优秀的市场调查报告将帮助读者作出更明智的决策,并为他们的业务创造更多的机会,因此本书亦可作为市场研究工作者的参考用书。

本书由殷晓彦、陈艳丽、魏云逸任主编,王燕、王崇红、陈冬生任副主编。在编写本书的过程中,编者参考和借鉴了国内相关的教材及文献资料。正是有了前人的不懈努力,才有了我们今天的成果,在此向所有参考书目及文献资料的作者表示深深的谢意!

感谢您阅读本书,我们期待您能将所学应用于实践,并在未来的业务中取得成功!

编　者

2024 年 5 月

目 录

第一章　市场调查概述 ··· 1
第一节　市场调查的含义、特点和作用 ··· 2
第二节　市场调查的类型 ··· 5
第三节　市场调查的基本程序 ··· 10
第四节　市场调查的主要内容 ··· 12
本章测试 ··· 19

第二章　市场调查方案设计 ··· 21
第一节　市场调查方案概述 ··· 22
第二节　市场调查方案设计的程序 ··· 30
第三节　市场调查课题的确定 ··· 34
本章测试 ··· 43

第三章　市场调查数据采集方法 ··· 45
第一节　文案调查法 ··· 47
第二节　访问调查法 ··· 51
第三节　观察调查法 ··· 59
第四节　实验调查法 ··· 62
第五节　网络调查法 ··· 65
本章测试 ··· 69

第四章　市场调查问卷设计 ··· 71
第一节　市场调查问卷概述 ··· 72
第二节　市场调查问卷中问题表述的设计 ··· 74
第三节　市场调查问卷中问题答案的设计 ··· 85

  第四节 市场调查问卷的版式设计 ······ 94
  第五节 网络市场调查问卷的创建 ······ 99
  第六节 市场调查问卷的接收、检查和校订 ······ 102
  本章测试 ······ 107

第五章 量表测量技术 ······ 109
  第一节 量表概述 ······ 110
  第二节 直接测量量表 ······ 116
  第三节 间接测量量表 ······ 120
  第四节 量表的信度与效度 ······ 124
  本章测试 ······ 133

第六章 市场调查的组织与实施 ······ 135
  第一节 市场调查前的准备 ······ 136
  第二节 调查者的选拔与培训 ······ 139
  第三节 市场调查的质量控制 ······ 147
  第四节 常见的调查误差及控制方法 ······ 150
  本章测试 ······ 159

第七章 市场调查的数据处理 ······ 161
  第一节 市场调查数据的审核 ······ 162
  第二节 市场调查数据的插补 ······ 165
  第三节 市场调查问卷的编码与录入 ······ 168
  第四节 市场调查数据的初步整理 ······ 172
  本章测试 ······ 185

第八章 市场调查分析预测——数据的定量分析 ······ 187
  第一节 描述统计分析 ······ 188
  第二节 单变量数据分析 ······ 193
  第三节 双变量数据分析 ······ 198
  第四节 多变量数据分析 ······ 210

本章测试·· 223

第九章　市场调查报告的撰写··· 225
　第一节　市场调查报告概述··· 226
　第二节　市场调查报告的结构与内容·· 231
　第三节　市场调查报告的基本要求与写作技巧······························· 237
　第四节　市场调查报告写作步骤和应注意的问题···························· 242
　本章测试·· 245

参考文献·· 247

第一章　市场调查概述

> **知识导航**
>
> 市场调查概述
> - 市场调查的含义、特点和作用
>   - 市场调查的含义和特点
>   - 市场调查的作用
> - 市场调查的类型
>   - 按照市场调查的内容划分
>   - 按照市场调查的范围划分
>   - 按照市场调查的组织方式划分
>   - 按照市场调查的功能划分
>   - 按照市场调查的时间和连续性划分
> - 市场调查的基本程序
>   - 调查准备阶段
>   - 调查实施阶段
>   - 结果处理阶段
> - 市场调查的主要内容
>   - 营销环境调查
>   - 消费者调查
>   - 市场营销组合调查

学习目标

通过本章的学习,学生应了解市场调查的含义、特点和作用;掌握市场调查的基本程序;了解市场调查的类型与使用情境。

寓德于教

调查研究是谋事之基、成事之道。习近平总书记指出,调查研究是做好工作的基本功。一定要学会调查研究,在调查研究中提高工作本领。当前,世界百年未有之大变局加速演进，我国发展的内部条件和外部环境正在发生深刻复杂的变化。踏上全面建设社会主义现代化国家、向第二个百年奋斗目标进军的新征程，把党的二十大擘画的宏伟蓝图变为现实，需要广大党员干部切实用好调查研究这一传家宝，练好调查研究这项基本功，在调查研究中提高工作本领，以深化调查研究推动解决发展难题，不断开创各项事业发展新局面。

请思考：调查研究工作对建设社会主义现代化强国的重要作用。

第一节 市场调查的含义、特点和作用

一、市场调查的含义和特点

（一）市场调查的含义

市场调查是指通过科学的方法有目的地搜集、记录、整理和分析市场信息资料，从而判断市场未来发展趋势，并以此为依据作出经营决策，达到预期目标的过程。

（二）市场调查的特点

1. 目的性

市场调查是为了找出市场变化发展的规律，向企业提供决策依据。市场调查是一种了解市场特征，把握市场趋势的手段，而不是最终目的。市场调查的最终目的是为有关部门和企业进行相关预测和决策提供科学的依据。因此，市场调查的目标必须明确。

2. 客观性

市场调查要提供反映真实情况、准确无误的信息，就需要采用科学的方法，不带偏见，不受感情因素的影响，对事实、证据的阐述必须排除主观性，进行合乎逻辑的推断。

3. 时效性

市场调查应在用户对信息需求的有效时间内完成，并提供给用户。市场调查有一定的时间限制，若不能按期保质保量地完成，则会失去其应有的意义。

4. 不确定性

市场调查所掌握的信息并不一定绝对准确、完整。市场上的情况是不断变化的，有的时候有些条件是稳定的，但大部分情况下市场是一直在改变的。例如，政府的政策在不断改变、竞争的格局在改变、市场供应的条件在改变等。所以，即使获得的资料完整，

也可能具有某种不确定性,市场调查也不能确保企业预测和决策一定能成功。

5. 系统性

市场调查的每个阶段都要制订系统的计划。系统性,是指市场调查是对市场状况进行研究的整体活动。市场调查必须针对某一问题,目标明确,在先行设计、认真策划的基础上搜集充分的、有代表性的数据并加以整理、分析和撰写调查报告。

6. 全过程性

市场调查是信息识别、搜集、记录、整理和分析的过程。市场调查不是单纯的市场信息搜集,而是对市场状况进行调查研究的整体活动。它是包括调查设计、资料搜集、资料整理、资料分析和撰写调查报告等环节的一个完整的过程。

二、市场调查的作用

市场情况在不断变化之中,无论是在国民经济宏观管理中,还是在企业微观经营中,都要时刻掌握市场信息和市场动向,否则将会造成决策失误,最终导致国民经济的无序发展或企业经营亏损直至破产。因此,从某种意义上讲,市场调查关系到国民经济的健康发展和企业的长期生存与繁荣。

市场调查的作用具体表现在以下几个方面。

1. 及时把握市场需求变化的特点

市场调查可以帮助企业掌握市场供求之间的平衡情况,为编制生产和经营计划,制定科学的经营决策提供依据。

在任何领域,科学决策的基础是具备有效的信息,并且充分利用信息,这既适用于包括财务、生产、人事、营销等部门的企业经营,也适用于非营利性组织。所有制定市场营销决策需要的信息和获得信息的方法都可被视为市场调查的内容,它所提供的通常是有关市场营销核心问题的信息。

随着经济的发展与科技的进步,社会、政治、法律环境不断变化,社会购买力的大小及其投向也必然会发生变化,影响市场的容量和商品的产销结构。虽然每个企业只占市场营销总量的一部分,只有从宏观着眼,才能搞好微观经营。掌握并合理使用市场调查的资料,能使商品生产和经营计划的编制比较切合实际。

2. 有利于企业科学管理,提高企业的经济效益

在竞争的市场上执行一项决策可能需要耗费很多财力,而且风险性很高。为了制定科学的决策,有必要使决策建立在更严密和更可靠的数据资料的基础上。另外,现代市场和市场营销的很多特性,诸如消费者的多样性、国际化及不断加速的变化步伐、市

场不确定性的增长,使得凭直觉和经验作出的分析预测缺乏可靠性。因而,过去几十年以来,为增强决策信心和减少某些风险所进行的正规的市场调查技术不断发展并走向完善。所以,企业经营要提高经济效益,必须进行市场研究,使企业的市场和经营活动符合消费者的需求,使产品适销对路,以扩大市场占有率和营业利润。

3. 使企业及时了解消费者的评价、期望和想法

市场调查为消费者提供了一个表达意见和反馈建议的平台,使他们能够及时向生产者或供应商传达对产品或服务的看法、创意和改进建议。实际上,那些积极参与市场调查并毫不保留地向调研机构提供反馈的消费者群体往往能够享受到更优质、更符合其需求的产品和服务。

4. 使企业及时把握市场的脉搏

通过市场调查,企业可以对日常复杂的分销渠道进行筛选,确定最有效的分销途径和分销方式,以尽量减少流通环节,缩短运输时间,降低仓储费用,降低销售成本。

5. 有利于企业开发更为广阔的市场

企业通过市场调查可以使自己的产品成功地进入国内、国际市场。每个地区和国家的市场环境各不相同,对同一产品的供需情况可能有很大的差别,只有真正了解各个市场需要什么产品,需要多少,以及他们对产品有什么不同的要求,并且使自己的产品能够及时满足这些要求,才有可能使自己的产品在这些市场上畅销。所以,进行广泛的市场调查,是成功进入更加广阔的国内市场和开发国际市场的前提条件之一。

资料链接 1-1

海尔成美国年轻用户认知度最高家电品牌

2014 年,品牌咨询机构 Monogram Group 与美通社联合公布了一项关于美国年轻消费者偏好的调查报告。在这份题为《美国千禧一代对中国及中国品牌的态度》的调查报告中,61%的受访者表示他们愿意购买来自中国的商品,其中办公产品、电子产品成为最受欢迎的中国产品。与此同时,这份调查报告指出,联想、海尔成为美国年轻消费者最为熟知的中国本土品牌。

据报道,本次调查揭示了美国年轻消费者对中国及中国品牌的态度及购买意愿,受访者年龄段为 21～32 岁,被称为"千禧一代",这类人群通常对外国品牌持开放态度。

该报道指出,此次调查最主要的发现是在美国千禧一代中,中国产品的受欢迎程度超过来自其他主要市场的产品。更令人惊讶的是,中国仅排在美国、德国和日本之后,超过了法国、墨西哥、韩国和印度。

在谈到对中国品牌的认知时,该报告指出,联想、海尔依然是美国年轻人认知度最高的中国品牌,其次为青岛啤酒、中兴手机、华为电信设备等。

对此,Monogram Group 总裁 Scott Markman 表示,通过品牌建设、销售渠道的建立,以及与跨国竞争对手相媲美的售后和保修服务,中国品牌很快会在美国市场上占有一席之地。

事实上,如今中国品牌已经成为美国市场不可或缺的重要力量。以海尔集团为例,自 1999 年在美国南卡来罗纳州建立工业园以来,海尔集团不断优化在当地的战略布局。截至 2014 年,海尔集团已经在美国销售了超过 5 000 万件产品,并在北美拥有 8 000 个销售网点。此外,海尔集团更是宣布了在美国印第安纳州的埃文斯维尔市建立北美技术中心的计划,加速布局美国市场。

Monogram Group 是中国企业国际化领域领先的品牌咨询机构,致力于为中国制造商提供关于如何在美国市场打造品牌的咨询服务。美通社创立于 1954 年,是有 60 多年历史的美国企业新闻通讯公司。

资料来源:美通社.海尔成美国年轻用户认知度最高家电品牌[EB/OL].(2014-09-19)[2023-07-25]. https://www.haier.com/press-events/news/20140919_134261.shtml.

第二节 市场调查的类型

按照不同的角度和区分标准,市场调查可以划分为不同类型。区分并确定不同市场调查项目的类型,不仅有利于正确设计市场调查方案,还有利于市场调查活动的顺利开展。

一、按照市场调查的内容划分

按照市场调查的内容划分,市场调查可分为文案调查和实地调查。

(一) 文案调查

文案调查又称二手资料调查或间接调查,是指利用企业内部和外部现有的各种信息情报,对调查内容进行分析研究的一种调查方法。文案调查通常是查询各种企业内外部的历史和现实资料,从中搜集有关调查课题的信息。根据调查的实践经验,文案调查常被作为调查的首选方式,几乎所有的调查都可以从搜集现有资料开始,只有当现有资料不能为其提供足够的证据时,才进行实地调查。文案调查可以帮助企业发现问题,并为开展实地调查创造条件。因此,文案调查具有简单快速、节省调查费用、不受时空限制等优点。

(二)实地调查

实地调查是指在周密的调查计划之下,由调查人员直接实施的,向被调查者搜集原始资料的过程。原始资料又称第一手资料,是首次搜集到的资料的统称,系经过调查人员亲自搜集整理和直接研究所得。实地调查的方法包括观察法、实验法、访问法、实地调查法等。在借助科学的调查方法的基础上,实地调查能够得到比较真实的资料和信息。

二、按照市场调查的范围划分

按照市场调查的范围划分,市场调查可分为专题性调查和综合性调查。

(一)专题性调查

专题性调查是为了解决某个具体的问题而开展的市场调查。一般情况下,专题性调查涉及的范围较小,调查目的明确,所需投入的资源较少,调查时间较短。企业市场营销活动调研中的很多调查都是属于专题性的,如顾客产品满意度调研、产品包装测试、品牌知名度调查、消费者购买意向调查等。

(二)综合性调查

综合性调查是调查主体为了了解市场或某些方面的总体情况而开展的全面调查。综合性调查涉及的问题较多而且复杂,调查通常需要耗费较多的人力、物力和精力,调查时间长,数据分析决策难度大等,如某企业为进军国际市场所做的市场调查,或者企业为开发新产品所做的市场调查等。

三、按照市场调查的组织方式划分

按照市场调查的组织方式划分,市场调查可分为全面市场调查和非全面市场调查。

(一)全面市场调查

全面市场调查又称普查,是对调查对象总体的全部单位进行的调查,目的是了解市场一些至关重要的基本情况,对市场状况作出全面准确的描述,从而为制定有关政策、规划提供可靠的依据,如我国的人口普查。全面市场调查的结果比较准确,可靠性高,但是由于调查的对象总体数量比较庞大,调查难度较大,成本较高,往往需要投入大量的人力、物力。

(二) 非全面市场调查

非全面市场调查是仅对总体中的部分单位进行的调查,往往和抽样技术相结合进行。非全面市场调查,又可分为典型调查、重点调查和抽样调查。典型调查是从总体中选择具有代表性的部分单位作为典型进行的调查,其目的是通过对典型单位的调查来认识同类市场现象总体的规律性及其本质。重点调查是从调查对象总体中选择少数重点单位进行调查,其目的是通过对这些重点单位的调查,反映市场总体的基本情况。抽样调查是根据概率原则抽出适当样本进行的调查,其结果可以控制,是在市场调查中应用较多的一种调查方法。

四、按照市场调查的功能划分

按照市场调查的功能划分,市场调查可分为探索性调查、描述性调查、因果性调查和预测性调查。

(一) 探索性调查

探索性调查是指当市场情况不十分明确时,为了发现问题,找出问题的症结所在,明确进一步深入调查的具体内容和重点而进行的非正式的调查。探索性调查是为了掌握和理解调查者所面临的市场调查问题的特征和与此相联系的各种变量的市场调查,通常用于探索企业所要研究的问题的一般性质。研究者在研究之初对所要研究的问题或范围还不是很清楚,不能确定到底要研究哪些问题,更不了解问题的性质如何。探索性研究的目的只是发现问题,形成假设,帮助调查者认识和理解所面临的问题,并不涉及如何解决问题。探索性调查一般只是实验性的、暂时的,常常作为进一步研究的基础,所以探索性调查常常是正式调查之前所做的准备工作的一部分,能够在正式调查之前帮助调查者将问题定义得更准确,帮助确定相关的行动方向。探索性调查所需的信息往往不是精确定义的,调查过程也较灵活,属于非结构性调查。

(二) 描述性调查

描述性调查是通过详细的调查和分析,对企业经营活动或市场营销活动的某个方面进行客观描述。大多数的市场营销调查都属于描述性调查,如对竞争对手的市场占有率的调查、企业品牌知名度的调查、新产品市场潜力的调查、消费者需求偏好的调查等。描述性调查往往是因果关系调查的基础,描述性调查可以说明两个变量之间存在某种联系,如描述性调查可以发现广告投放和产品销售额之间存在的一些关系或联系,但是不能提供足够的证据证明广告投放量的增加会提高产品的销售额,广告投放与产品销售额之间确切的因果关系必须通过因果关系研究来进行论证。描述性调查的主要目的是对市场调查问题的各种变量作出尽可能准确的描述,回答是什么,核实如何等问题。描述性调查研究是结论性研究的一种,其研究的结果就是要描述事物的性质,如某个事物的特征或功能,也就是市场的某个方面的特征或功能。

(三)因果性调查

因果性调查就是要找出关联现象或变量之间的因果关系,即说明某个变量是否引起或决定着其他变量的变化。因果关系调查的目的就是寻找足够的证据来证明因果之间的联系,因此,因果关系调查是一种结论性调查,需要确定自变量对因变量的结果,并确定因变量和自变量之间的相互关系的性质。

(四)预测性调查

正确地预测是企业制定市场营销战略和具体营销方案的基础和前提。预测性调查是指为了预测市场供求变化趋势或企业生产经营前景而进行的具有推断性的调查,其目的是掌握未来市场的发展趋势,为经营管理决策和市场营销决策提供依据。为了了解和推断市场的未来变化趋势,企业通常需要进行预测性调查。预测性调查对企业的长期生存和发展具有极其重要的意义。

探索性调查、描述性调查、因果性调查及预测性调查的研究设计并不是绝对孤立进行的。根据调查项目的性质,某些调查项目可以涉及多种调查类型,这四种调查类型的选择原则如下:

第一,如果对调查问题的情况一无所知,那么调查研究就要从探索性研究开始。在整个调查方案设计的框架中,探索性调查往往是最初的步骤,但并不是每个方案设计都要从探索性研究开始。例如,某企业过去比较稳定的产品销售量突然急剧下降,企业需要通过调查获得信息来制定提升市场销量的决策,这时企业就需要先进行探索性调查来了解引发销售量下降的原因,从而对所调查问题进行准确的定义。比如,通过探索性调查了解到竞争对手的新产品开发和市场投放及本企业产品的质量下降,是引发本企业产品销售量下降的主要原因。

第二,在探索性研究的基础上,多数情况下还应继续进行描述性研究或因果关系研究。在前面的例子中,企业要想制定科学的决策来提升市场销售量,就必须先通过描述性调查来了解竞争对手的新产品开发和市场投放对本企业产品销量下降的影响,本企业产品质量下降又是怎样影响产品销量的,然后通过因果关系调查来确定竞争对手的新产品市场开发和投放,以及本企业产品质量下降与产品销售量下降之间的确切的关系。

第三,预测性研究是以描述性研究和因果性研究为基础的,是描述性研究或因果性研究的进一步深化和拓展。

五、按照市场调查的时间和连续性划分

按照市场调查的时间和连续性划分,市场调查可分为一次性市场调查、定期市场调查和经常性市场调查。

(一) 一次性市场调查

一次性市场调查又称临时性市场调查,是指为了解决某一特定的市场问题而专门组织的一次性调查。例如,企业为了作出投资,开发新产品,开拓新市场,建立新的经营机构的决策,根据市场某些特殊情况而开展的临时性市场调查活动。一次性市场调查的目的是收集事物在某一特定时点上的水平状态等资料。

(二) 定期市场调查

定期市场调查,是指企业根据市场情况和经营决策的要求,每隔固定的一段时间就进行一次调查,目的是获得事物全面发展过程及其结果的信息资料。其具体形式包括月末调查、期末调查、年终调查等。

(三) 经常性市场调查

经常性市场调查又称不定期市场调查,是指根据实际需要而组织的连续调查。它是结合日常登记和核实资料,通过定期报表而进行的一种经常的、连续不断的调查。这种调查不必专门组织调查机构,而是利用原有的机构和力量,经过层层上报和汇总资料,取得全面资料。经常性调查必须建立在日常登记制度和规范的统计报表的基础上。可以说经常性调查是日常性的、常规化的市场调查活动,需要持续坚持。

此外,市场调查还可以从许多不同的角度进行分类。例如,根据市场调查主体的不同,市场调查可以分为政府调查、社会调查和个人调查;根据开展区域范围的不同,市场调查可以分为地方性市场调查、地区性市场调查、全国性市场调查和国际性市场调查;根据市场调查的目标不同,市场调查可以分为市场增长性调查、市场开拓性调查、市场收益性调查和市场稳定性调查等。

第三节 市场调查的基本程序

市场调查是一项涉及面广且复杂的认识活动,要顺利进行市场调查,确保调查质量达到预期目标,必须科学安排市场调查过程中的各项工作,必须有计划、有组织、有步骤地开展市场调查的各项工作。市场调查并没有一个固定的程序可循。一般而言,根据调查活动中各项活动的自然顺序和逻辑关系,市场调查的全过程可以划分为调查准备、调查实施和结果处理三个阶段,每个阶段又可分为若干具体步骤。

一、调查准备阶段

市场调查的准备阶段,主要解决调查目的、范围和调查力量的组织等问题。其具体工作步骤如下。

(一)确定调查目标,拟定调查项目

这个步骤要回答为什么要进行调查,调查要了解什么问题,调查要解决什么问题,应该搜集哪些方面的信息资料等问题。

(二)确定搜集资料的范围和方式

确定搜集资料的范围和方式就是要确定搜集什么资料,向谁搜集资料,在什么时间、什么地点、以什么方式搜集资料,是实地调查搜集第一手资料还是文案调查搜集第二手资料,是一次性调查还是多次性调查,是普查还是抽样调查等问题。

(三)设计调查表和抽查方式

调查表或调查问卷应简明扼要,突出主题,抽样方式和样本量大小应满足调查目的的要求,也要便于统计分析。

(四)制定调查计划实施方案

调查计划实施方案要形成文字形式,应包括采用什么调查方法,分几个步骤,调查人员如何安排,如何分工协作,调查工作的进度,以及调查费用的预算等具体内容的安排。

二、调查实施阶段

调查实施阶段的主要任务是组织调查人员按照调查计划的要求听取被调查者的意

见,系统地搜集资料和数据。这个阶段主要有以下两个步骤。

(一)实地调查的组织工作

实地调查是一项较为复杂烦琐的工作,实地调查的质量取决于调查人员的素质、责任心和组织管理的科学性。实地调查之前,必须建立市场调查项目的组织领导机构,负责项目的具体组织实施工作。一般来说,企业的市场部或企划部应负责调查项目的组织领导工作,对调查人员进行培训,使调查人员理解调查计划、掌握调查技术、关注调查目标,这是保证调查质量的一项重要措施。此外,要按照事先划定的调查区域,确定每个区域调查样本的数量,明确调查人员及访问人员的工作任务和工作职责,确保工作任务落实到位,工作目标责任明确。

(二)实地搜集调查资料

调查人员要按计划规定的时间、地点及方法,具体地搜集有关资料。这个阶段是整个市场调查过程中最关键的阶段,对调查工作能否满足准确、及时、完整及节约等基本要求有直接的影响。调查组织人员要及时掌握实地调查的工作进度和完成情况,协调各个访问人员间的工作进度;要及时了解访问人员在访问中遇到的问题,帮助解决;对于调查中遇到的共性问题,提出统一的解决办法。每天访问调查结束后,访问人员要对填写的问卷进行自查,然后由督导员对问卷进行检查,找出存在的问题,以便在后面的调查中及时改进。

三、结果处理阶段

总结工作如果草率从事,会使市场调查没有明确的结论,起不到市场调查的作用,导致整个调查工作前功尽弃。这个阶段的工作可以分为以下几个步骤。

(一)资料的整理与分析

按照调查目的的要求,对调查内容进行全面分析。首先,要对实施调查所搜集的资料进行筛选,由调查人员对调查表逐份进行检查,剔除不合格的调查表。其次,对合格的调查表统一进行编号,以便调查数据的统计,即对所搜集的资料去粗取精、去伪存真、由此及彼、由表及里。

(二)撰写调查报告

市场调查报告是市场调查的成果,将提交企业决策使用,作为企业制定市场营销策略的依据。市场调查报告要按规范的格式要求撰写。市场调查报告由题目、目录概要、正文、结论和建议、附件等组成。市场调查报告应力求语言简练明确、易于理解、内容讲究实用性,并配以图表进行说明。

(三) 追踪与反馈

市场调查报告给出了调查的结论和建议,不能认为调查过程就此完结,而应继续了解其结论是否被重视和采纳,采纳的程度和采纳后的实际效果及调查结论与市场发展是否一致等,以便积累经验,不断提高调查工作的质量。

第四节 市场调查的主要内容

市场调查通常包括两大类内容:一是不可控因素调查,主要包括营销环境调查、消费者调查;二是可控因素调查,即市场营销组合调查,主要包括产品调查、价格调查、渠道调查、促销调查等。

一、营销环境调查

市场调查对营销环境的关注主要集中在政治法律环境、经济环境、社会文化环境和自然地理环境四个方面。

1. 政治法律环境调查

政治法律环境调查主要是了解对市场有影响和制约作用的国内外政治形势及国家管理市场的有关方针政策。政治因素是指国家的政体、政局、政策等的状况。对于国际市场,由于国别不同,情况就复杂得多,主要可以从国家制度和政策调查、国家或地区之间的政治关系调查、国有化政策调查等方面进行调查。

2. 经济环境调查

经济环境是指一定时期内社会经济条件及其运行状况和发展趋势。经济环境调查主要是对社会购买力水平、消费者收入状况、消费者支出模式、工资制度、税收及利率、信贷、消费结构等诸多内容的调查。它主要影响市场容量和市场需求结构,经济发展水平增长快,就业人口就会相应增加,企业用工率高以及经济形势的宽松,必然会引起消费需求的增加和消费结构的改变;反之,需求量就会减少。经济环境可以从生产和消费两个方面进行调查。生产方面的调查主要包括能源和资源状况、交通运输条件、经济增长速度及趋势、产业结构、通货膨胀率、失业率及农业、轻工业、重工业比例关系等。消费方面的调查主要是了解某一国家或地区的国民收入水平、消费水平、消费结构、物价水平、物价指数等。

3. 社会文化环境调查

文化一般是本国或本民族人民在生活习惯、价值判断和行为模式等方面的一种长期而稳定的积淀。在构成社会文化的诸多因素中,知识水平影响着人们的需求构成及对产品的判断能力。社会文化环境调查就是对一个国家、地区或民族的传统文化、风俗习惯、审美观念、价值观念、宗教信仰、道德规范及社会时尚和居民受教育程度等方面的调查。社会文化环境在很大程度上决定着人们的价值观念和购买行为,它影响着消费者购买产品的动机、种类、方式乃至地点。

4. 自然地理环境调查

各个国家和地区由于地理位置不同,气候和其他自然环境会影响消费者的饮食习惯、衣着、住房及住房设施。例如,同样的产品在不同气候条件下会有截然相反的需求状况。科学技术发展水平和发展趋势,本企业涉及的技术领域的发展情况,专业渗透程度,在不同地理和气候条件下的销售方面会有很大差别。此外,地理环境还决定了地区之间资源分布状况、消费习惯结构及消费方式等,产品在不同的地理环境下适用程度和需求程度会有很大差别,由此引起销售量、销售结构及销售方式的不同。由此可见,自然地理环境也是市场调查不可忽视的一个重要内容。

无论哪一个企业,在经营与发展中都必须对上述情况有一个基本的了解。掌握必要的数据,才能洞悉市场变化的趋势,正确制定宏观调控措施和微观经营策略。

二、消费者调查

任何企业生产经营活动都离不开消费者,应该以满足消费者需求为中心。企业营销人员经常会思考消费者的需求总量有多大,细分市场的需求有多大,他们有着什么样的特征等诸如此类的问题,消费者调查就是帮助营销人员解答此类问题的调查。企业在选择目标市场并在产品定位研究之后要进行目标市场调查,调查市场需求量,目标消费者属性及其消费者行为特征。

(一) 消费需求量调查

消费需求量(市场容量)的大小制约着企业生产经营的规模。没有需求,企业就无法进行生产。消费需求量发生变化,生产与经营的规模也会随之变化。因此,消费需求量调查对企业而言十分重要。消费者需求数量的大小主要取决于货币收入、人口数量、消费结构、消费者心理需求、购买行为等因素。

(二) 消费者购买动机调查

购买动机,就是为满足一定的需要而引起人们购买行为的愿望和意念。

人们的购买动机常常是由那些最迫切的需要决定的,但购买动机又是可以运用一些相应的手段诱发的。消费者购买动机调查的主要目的就是厘清消费者购买动机产生的各种原因,以便采取相应的诱发措施。

(三) 消费者购买行为调查

消费者购买行为是消费者购买动机在实际购买过程中的具体表现。对消费者购买行为进行调查,就是对消费者购买模式和习惯的调查,即通常所说的5W1H调查,了解消费者在何时购买(when)、何处购买(where)、买什么(what)、为什么买(why)、由谁购买(who)和如何购买(how)的情况。

1. 消费者何时购买的调查

消费者在购买时间上存在一定的习惯和规律,某些商品销售随着自然气候和商业气候的不同,具有明显的季节性。例如,在春节、劳动节、中秋节、国庆节等节假日期间,消费者购买商品的数量要比平日增加很多。这就要求企业应按照季节或节日的要求,适时适量地供应商品,才能满足市场需求。此外,对企业来说,掌握一定时间内的客流规律,有助于合理分配劳动力,提高商业人员的劳动效率,把握住商品销售的黄金时间等。

2. 消费者在何处购买的调查

这种调查一般分为两种:一是调查消费者在什么地方决定购买,二是调查消费者在什么地方实际购买。对于多数商品,消费者在购买前已在家中作出决定,如购买商品房、购买电器等,这类商品信息可以通过电视、广播、报刊等媒体发布的广告和其他渠道获得。而对于一般日用品、食品和服装等,具体购买哪种商品,通常是在购买现场,受商品陈列、包装和导购人员介绍而临时作出决定的,具有一定的随意性。此外,为了合理地设置商业和服务网点,企业还可以对消费者常去的购物场所进行调查。目前越来越普遍和流行的电子购买方式使得决定购买和实际购买行为在家中便可完成。

3. 谁负责家庭购买的调查

对于谁负责家庭购买的调查具体可包括三个方向:一是在家庭中由谁作出购买决定,二是谁去购买,三是和谁一起去购买。有关调查结果显示:对于日用品、服装、食品等商品大多由女方作出购买决定,同时也主要由女方实际购买;对于耐用消费品,男方作出的决定比较多,当然在很多情况下也要同女方共同商定,最后由男方独自或与女方一同去购买;对于儿童用品,常有孩子提出购买要求,由父母决定,与孩子一同前往商店购买。此外,通过调查还发现,男方独自购买、女方独自购买或男女双方一同购买对最后的实际成交有一定影响。

4. 消费者如何购买的调查

不同的消费者具有不同的购物爱好和习惯。例如,从商品价格和商品品牌的关系上看,有些消费者注重品牌,对价格要求不多,他们愿意支付较多的价钱购买自己喜爱的品牌;而有些消费者则更关注价格,他们愿意购买较便宜的商品,而对品牌并不在乎或要求不高。

上述对消费者的调查,能为商品经营者提供许多有价值的信息。如果光临商场或柜台的大多为年轻女性,可尝试营造一种能够吸引她们前来购物的气氛,并注意经销商品的颜色和包装等;如果以男性为主,则可以增加特色商品或系列商品的陈列和销售。

三、市场营销组合调查

市场是不断变化的,顾客的需求各不相同,通过市场调查可以发现一些新的市场机会和需求,开发新的产品去满足这些需求。通过市场调查还可以发现企业现有产品的不足及经营中的缺点,以便及时加以纠正,使企业在竞争中立于不败之地。所以,市场调查也需要围绕营销组合活动展开对其相应的调查,也就是通常所说的市场营销组合调查。其主要调查内容包括产品调查、价格调查、渠道调查和促销调查等。

(一) 产品调查

营销人员经常会思考是否推出新产品,现有产品和服务的质量怎么样,采取什么样的包装比较合适,产品品牌形象如何,产品处于生命周期的哪个阶段。产品调查就是帮助营销人员解答上述问题的调查。

1. 产品实体调查

产品实体调查包括对产品的款式、规格、颜色、图案、味道、式样、原料、功能等方面内容的调查。

2. 产品包装调查

产品包装调查包括销售包装调查和运输包装调查。销售包装调查主要是调查包装的外观设计、容量、包装材料等是否能被消费者接受和喜爱,他们为什么会喜爱,他们希望通过产品的包装获得哪些产品信息,竞争产品的包装有什么特点,消费者的评价如何等。运输包装调查应该了解包装是否方便运输、储存、拆分,能否适应不同的运输方式和气候条件等。

3. 品牌形象调查

品牌,就是产品的商业名称,通常由品牌名称和专业设计的包括文字、标记、符号、图案和颜色在内的品牌标志构成。品牌形象就是品牌在消费者心目中的形象和地位,是产品质量、性能、特色的综合表现,是区别竞争产品、吸引消费者重复购买、培养消费者忠诚度的主要依据。因此,进行产品品牌形象的调查,对于企业进一步传播、巩固和调整品牌形象,提升产品的竞争力,具有极其重要的作用。

4. 产品生命周期调查

产品都有其市场寿命,即产品生命周期,包括引入期、成长期、成熟期和衰退期四个阶段。企业通过产品生命周期调查要明确自己的产品处于生命周期的哪一个阶段,应采取哪些相应的措施等。

(二) 价格调查

营销人员经常会思考什么样的价格是消费者可以接受的合理价格,消费者更喜欢哪种折扣方式,不同地区怎样体现价格差异。价格调查就是帮助营销人员解决上述有关价格方面问题的调查。

1. 产品需求性质与价格弹性调查

需求是制约产品价格的最重要的因素,需求的性质和强度决定产品需求的价格弹性及市场需求量对产品价格变动的反应程度。不同性质的产品价格弹性不同,如生活必需品弹性小,非必需品弹性大等。产品本身的质量、特色、知名度、竞争产品和替代产品的多少及效应的强弱等,也会影响价格弹性。所以,企业需要通过调查了解产品的需求性质、价格弹性的大小等。

2. 消费者价值感受调查

在当前的竞争环境下,许多企业主要采取以需求为导向进行定价,而不是仅仅依据成本进行定价的策略。实施这一定价策略的关键就是要准确地把握目标消费者对本企业产品价值在心理上感受和认知的程度,包括对现有价格的接受程度、可以接受的价格水平等。这种对产品价格接受和认同程度的调查应同产品需求的强度、时间、地点、消费心理等因素结合起来,将调查项目进一步细化。

3. 竞争产品的价格调查

竞争产品的价格水平是企业在定价时不得不面对的一个重要因素,它对采取以竞争为导向进行定价的企业来说,显得格外重要。竞争产品的价格调查主要是了解消费者对竞争产品价格的认同程度和意见,这可以通过搜集竞争者产品的价格目录或者买回竞争产品研究其产品价格与价值之间的关系实现。

4. 成本调查

产品成本是盈亏的临界点，也是企业定价的最低经济界限，是影响定价的重要因素。充分地了解产品的生产成本、销售成本、财务成本、管理成本，也是成本调查的主要内容。其中，生产成本调查包括固定成本、变动成本、边际成本、规模成本、经验成本等具体项目；销售成本调查包括储运成本、流通成本、促销成本等具体项目。

除了上述四个方面的内容，价格调查还有不少项目，如国家的价格法规和政策、国内外经济形势和金融形势、汇率和利率的高低等，企业可以依据实际需要决定调查项目。

（三）渠道调查

营销人员经常会思考公司的供应商或者分销商怎样看待他们的产品，他们的服务质量怎么样，渠道调查就是帮助营销人员解决这些方面问题的调查。

1. 渠道类型调查

分销渠道的类型多种多样，并且不断有新型的分销渠道出现。对企业的产品销售来说，不同类型渠道网络各有利弊，企业必须通过调查各种渠道与消费者的联系状况、成本和效益、企业对渠道的控制能力和产品的适应等方面的情况，作出分销渠道设计决策。这方面的调查还包括对企业现有渠道的调查，如是否能满足产品销售的需要，是否畅通；消费者是否感到方便、满意；分销渠道的各环节产品库存是否合理，有无积压、脱销现象等。

2. 渠道成员调查

选择间接渠道来分销产品的企业需要从成千上万的中间商中挑选一些较为理想的中间商作为自己分销渠道的成员，他们是否合适极大地影响着企业产品分销系统运作的有效性和管理的经济性。如果渠道成员选择不当，即使渠道设计得再完美，也不会给企业带来效益，反而会严重损害企业的利益。

企业在选择或调整渠道成员时，要调查研究各层面中间商的企业信誉、企业形象、经营稳定性、顾客类型、所在地的社会经济环境，以及中间商实体的分配能力、服务能力、销售能力、管理水平、营销技术、市场控制能力、信息搜集能力、产品知识和专业经验、协作意愿等。

3. 渠道管理情况调查

企业在组建分销渠道系统之后，为了保证该系统的运行能达到营销目标，企业必须对其进行控制和管理，及时了解中间商的经营情况，如销售、服务、付款、促销、利润等，针对具体情况进行奖励或帮助，对出现的问题等及时进行沟通和处理。

通过上述调查,有助于企业评价和选择渠道商,开辟合理的、效益最佳的销售渠道。

(四) 促销调查

营销人员经常会思考公司新推出的广告效果怎么样,应该选择哪家媒体,如何激励销售人员,需要采取哪些公关行动等,促销调查就是帮助营销人员解决有关这些方面问题的调查。

1. 广告调查

广告是促进产品销售方式中最常见的一种。为了实现与目标消费者的有效沟通,企业需要搜集的信息很广泛。就广告活动本身来说,调查主要包括广告信息诉求点调查、广告媒体调查、广告效果调查等内容。

2. 人员推销调查

人员推销调查是为了了解推销人员的基本素质、推销能力、推销技术和推销成效,以及人员推销的组织和管理的利弊得失,以便进一步合理地确定人员促销的组织结构,实施人员的奖励和培训。人员推销调查的主要内容包括推销人员销售观念调查、推销人员销售技能调查、推销人员培训效果调查、推销人员薪酬调查等内容。

3. 公共关系调查

公共关系调查能够优化企业的内外营销环境,塑造良好的企业形象,从而达到促进企业产品销售,增强企业产品的市场竞争力的目的。其调查内容主要包括企业当前营销状况调查、企业营销环境调查、公众舆论调查、企业形象调查、企业公关活动条件调查、公关活动效果调查等。

4. 营业推广调查

营业推广是指企业通过直接折扣或利用产品、价格、服务、购物方式与环境的优点、优惠或差别性,以及通过推销、经销奖励来促进销售的一系列方式、方法的总和。它能迅速刺激需求,鼓励购买。对营销推广对象的调查主要有三类:消费者或用户、中间商、推销人员。促销对象不同,必须选择不同的促销方式。对营销推广形式的调查主要包括:赠送产品、有奖销售、优惠券、俱乐部制和金卡、附赠产品、推销奖金、竞赛演示、推销交易、折扣、津贴、红利提成、展销会、订货会等。具体可根据促销目标及目标消费群体的差异而区别选用。

本 章 测 试

一、单项选择题

1. 一般来说,下列调查方式中,对市场的调查更深入的是( )。
   A. 探索性调查　　B. 描述性调查　　C. 因果性调查　　D. 检验性调查

2. 企业对所在地市场的需求及其变化趋势进行市场调查称为( )。
   A. 全国市场调查　　B. 国际市场调查　　C. 地区市场调查　　D. 当地市场调查

3. 企业为了了解市场表现,开展市场调查,其目的是( )。
   A. 单纯为了市场调查　　　　　　　B. 不直接的
   C. 为预测提供基础　　　　　　　　D. 为企业经营决策提供依据

4. 依据数字资料,应用统计分析和数学方法建立模型并算出预测值的方法称为( )。
   A. 定量预测法　　B. 定性预测法　　C. 长期预测法　　D. 短期预测法

5. 市场调查首先要解决的问题是( )。
   A. 调查方法问题　　B. 选定调查对象　　C. 明确调查目的　　D. 解决调查费用

6. 当对调查问题一无所知时,宜采用( )。
   A. 描述性调查　　B. 因果性调查　　C. 探索性调查　　D. 入户调查

7. 市场调查机构最主要的职能是( )。
   A. 管理职能　　B. 服务职能　　C. 监督职能　　D. 计划职能

8. 以调查某一时期某种产品的销售量为何大幅度滑坡为目的的市场调查研究是( )。
   A. 探测性调查　　B. 描述性调查　　C. 因果关系调查　　D. 预测性调查

9. 市场营销主体与社会公众之间进行信息的相互传输、交换,体现了市场调查与预测的( )。
   A. 认识功能　　B. 信息功能　　C. 沟通功能　　D. 反馈和调节功能

10. 市场调查与预测的目的是( )。
    A. 为企业提供决策的依据
    B. 了解竞争者的营销战略
    C. 了解和掌握各种市场及其影响因素的状况与发展趋势
    D. 有效地处理企业与市场的关系

二、判断题

1. 市场调查从本质上讲是一项市场信息工作。   （   ）
2. 探测性调查一般作为一个大型的市场调查项目的开端,其作用在于发现问题的端倪,但不能揭示问题的本质。   （   ）
3. 企业是市场调查的主要主体。   （   ）
4. 4Ps 营销组合对企业来说都是可控因素,它是一个复合的、动态的、受企业战略定位制约的组合。   （   ）

三、简答题

1. 什么是市场调查？市场调查具有哪些特点？
2. 市场调查的主要作用有哪些？
3. 市场调查的基本程序分为哪几个阶段？各阶段的主要工作步骤是什么？
4. 什么是消费者调查？其主要内容有哪些？

四、案例分析题

美国恩维罗塞尔市场调查公司有一位名为帕科·昂德希尔的著名商业密探。在调查时,他一般会坐在商店的对面,静静地观察来来往往的行人。与此同时,他的同事也在商店里开展调查工作,负责观察在商品货架前徘徊的顾客,主要调查目的是找出商店生意好坏的原因,了解顾客走出商店以后如何行动,以及许多顾客在对商品进行长时间挑选后还是失望离开的原因。通过他们的详细调查工作,许多商店在市场经营过程中采取了多项切合实际的改进措施。

例如,有一家音像商店由于地处学校附近,大量青少年经常光顾。通过调查,恩维罗塞尔市场调查公司发现这家商店把CD放置过高,个子不高的孩子们往往拿不到,从而影响了销售业绩。昂德希尔指出,应把商品的摆放位置降低18英寸,结果销售量大大增加。又如,沃尔沃斯公司发现商店的后半区的销售额远远低于其他部分。昂德希尔通过观察并拍摄现场揭开了这个谜。在销售高峰期,现金收款机前的顾客排着长长的队伍,一直延伸到商店的另一端,妨碍了顾客从商店的前面走到后面。针对这一情况,商店专门安排了结账区,结果商店后半区的销售额迅速增长。

要求：阅读以上材料,回答以下问题：

1. 一般音像商店的CD应该怎样陈列才能尽可能地吸引各年龄段的消费者？
2. 为了缓解人们因排长队结账而产生的无聊情绪,音像商店还可以怎么做？

第二章　市场调查方案设计

知识导航

市场调查方案设计
- 市场调查方案概述
  - 市场调查方案的含义
  - 市场调查方案设计的原则
  - 市场调查方案设计的重要性
  - 市场调查方案的内容
  - 撰写市场调查方案应注意的问题
- 市场调查方案设计的程序
  - 确定调查目的与课题
  - 确定调查内容
  - 确定调查对象和调查单位
  - 确定调查方式和方法
  - 确定调查时间和期限
  - 确定调查费用预算
  - 调查方案的可行性分析
  - 撰写调查项目建议书
- 市场调查课题的确定
  - 市场调查课题的含义及类型
  - 调查课题确定的程序

学习目标

通过本章的学习，学生需要理解市场调查方案的含义，明确市场调查方案涵盖的内容，掌握市场调查课题确定的程序，能够撰写市场调查方案。

寓德于教

2020年8月24日,习近平总书记在中南海主持召开经济社会领域专家座谈会,听取专家代表就"十四五"规划编制等提出的意见和建议,并发表重要讲话。他强调:"'十四五'时期是我国全面建成小康社会、实现第一个百年奋斗目标之后,乘势而上开启全面建设社会主义现代化国家新征程、向第二个百年奋斗目标进军的第一个五年,我国将进入新发展阶段。凡事预则立,不预则废。我们要着眼长远、把握大势,开门问策、集思广益,研究新情况、作出新规划。"

"凡事预则立,不预则废"典出《礼记·中庸》。鲁哀公请教孔子为政之道,孔子提出为政的根本在于选贤任能,修身以仁。他为鲁哀公广说修身治天下之道,阐发"五达道"与"三达德"。在讲明行"九经"之法后,孔子说:"凡事预则立,不预则废。言前定则不跲,事前定则不困,行前定则不疚,道前定则不穷。"此言旨在强调完善的规划对于国家发展的重要意义。在孔子看来,做任何事情,预先有规划才能做到有的放矢,稳扎稳打,最终取得成功;反之,则会一事无成。比如,讲话前有所准备就能言之有据,不然就会理屈词穷;做事前有所准备就能水到渠成,不然就会陷入困境;行动前有所准备就能及时化解风险,不然就会追悔莫及。同样,一个国家、一个民族只有对自身的长期发展有所规划,才能沿着正确的道路前进,无往而不胜。

资料来源:房伟.凡事预则立,不预则废[EB/OL].(2020-12-08)[2023-07-30].https://epaper.gmw.cn/gmrb/html/2020-12/08/nw.D110000gmrb_20201208_1-02.htm.

请思考:市场调查活动正式开始前需要做什么样的准备工作?"预"对市场调查活动开展有什么作用?

第一节 市场调查方案概述

一、市场调查方案的含义

市场调查方案是调查活动开展的指导性文件,是指在开展正式调查之前,基于一定的目的和要求,对调查过程中涉及的环节作出总体设计和安排,提出相应的实施方案。

调查工作是严谨的、复杂的、技术性要求较强的工作。科学、严密、可行的市场调查方案是推动调查工作有序进行，圆满完成调查任务的前提和保障。

市场调查方案的设计涵盖横向和纵向两个方面。无论是大范围的调查工作还是小规模的调查工作，都会涉及相互联系的各个方面和阶段。市场调查方案的横向设计是对调查工作的各个方面的安排，就是要考虑调查所涉及的各个组成项目及其涉及的部门和人员。调查方案的纵向设计则是对调查工作各个阶段的设计，是指调查工作需要经历的各个阶段和环节，即调查资料的搜集、整理和分析等。只有对各个阶段进行统一的考虑和安排，才能保证调查工作有秩序、有步骤地进行，从而减少调查误差，提高调查质量。

二、市场调查方案设计的原则

1. 可行性原则

可行性原则是指在现有资源和信息的基础上，运用各种科学的分析工具和手段对各种市场调查方案的可行性和科学性进行综合评估，最终提出可行的方案。可行性研究的基本任务是对市场调查方案进行全面的分析和研究，预测方案实施后的经济效果，在限定的范围内进行方案论证的选择，以期合理利用资源，取得预定的社会效益和经济效益。

2. 灵活性原则

灵活性原则是指在制定调查方案过程中，方案要"量力而行，留有余地"；在方案执行过程中，要做到严密精确，全力而为。

3. 最优性原则

最优性原则是指经过评估比较后确定的市场调查方案为最优方案，包括资金的使用，人力、物力、时间上的耗费，必要时可以预测该方案下产出和投入的比值。

三、市场调查方案设计的重要性

具体来讲，市场调查方案设计的重要性主要体现在以下三个方面。

1. 市场调查方案设计是从定性认知过渡到定量认知的开始阶段

开展市场调查所搜集的许多资料都是定量资料，但是任何调查工作对调查对象的认知都是先从定性的角度开始的，没有定性的认知就不知道该调查什么、如何调查，也不知道要解决什么问题及如何解决。

2. 市场调查方案设计起着统筹兼顾、统一协调的作用

市场调查是一项复杂的系统工程,在调查过程中会遇到很多复杂的问题。这些问题有可能是调查本身的问题,也有可能与调查实施过程相关。例如,抽样调查中样本量的确定,按照抽样调查理论中允许误差的大小,计算出相应的必要抽样数目,但这个抽样项目是否可行,要受到调查经费、调查时间等多方面条件的限制,因此需要提前设计市场调查方案进行统筹协调。

3. 市场调查方案设计要适应现代市场调查发展的需要

目前,市场调查已由单纯的搜集资料活动发展为把调查对象作为整体来反映情况的调查活动。市场调查过程也应被视为市场调查设计、资料搜集、资料整理和资料分析的一个完整的工作过程,市场调查方案的设计是这一过程的第一步。

四、市场调查方案的内容

一份完整的市场调查方案主要包括调查背景、调查目的、调查设计、调查方法、资料整理和分析方案、调查费用、调查组织计划、附录等内容。

(一)调查背景

调查背景是市场调查方案正文前的情况说明,是对调查活动开展的必要性、原因的介绍,亦可以前言的形式体现。其内容包括:简述行业大背景、行业竞争状态;分析企业、品牌和产品的现状;界定客户面临的营销决策问题;说明开展市场调查的必要性和重要性等。

在撰写调查背景时,撰写人要对之前掌握的各种信息进行重新梳理和高度概括。调查背景的内容应简明扼要,字数可以控制在1 000字左右。

(二)调查目的

确定调查目的,就是明确通过调查所要解决的问题、获得的资料类型、内容及作用等。调查目的主要是针对特定市场或特定的产品而进行的,包括调查涉及的各个关键点、细节点。调查目的的模糊会导致一些无关紧要的调查项目列入调查范围,同时遗漏某些重要的调查项目,无法满足调查的要求。

资料链接2-1

第五次全国经济普查的目的

《国务院关于开展第五次全国经济普查的通知》(国发〔2022〕22号)文件中明确

指出,第五次全国经济普查是一项重大国情国力调查,将首次统筹开展投入产出调查,全面调查我国第二产业和第三产业发展规模、布局和效益,摸清各类单位基本情况,掌握国民经济行业间经济联系,客观反映推动高质量发展、构建新发展格局、建设现代化经济体系、深化供给侧结构性改革以及创新驱动发展、区域协调发展、生态文明建设、高水平对外开放、公共服务体系建设等方面的新进展。通过普查,进一步夯实统计基础,推进统计现代化改革,为加强和改善宏观经济治理、科学制定中长期发展规划、全面建设社会主义现代化国家,提供科学准确的统计信息支持。

资料来源:国务院.国务院关于开展第五次全国经济普查的通知[EB/OL].(2022-12-01)[2023-07-30].https://www.gov.cn/zhengce/zhengceku/2022-12-01/content_5729862.html.

 **资料链接2-2**

第三次全国农业普查的目的

《第三次全国农业普查方案》明确提到第三次全国农业普查的目的,农业普查是全面了解"三农"发展变化情况的重大国情国力调查。组织开展第三次全国农业普查,查清我国农业、农村、农民基本情况,掌握农村土地流转、农业生产、新型农业经营主体、农业规模化和产业化等新情况,反映农村发展新面貌和农民生活新变化,对科学制定"三农"政策、促进我国实现农业现代化、全面建成小康社会,具有十分重要的意义。

资料来源:中华人民共和国国家统计局,国务院第三次全国农业普查领导小组办公室.第三次全国农业普查方案[M].北京:中国统计出版社,2016.

  资料链接2-3

某航空公司如何确定问题与调查目的

某航空公司在决定进行一项关于在飞机上提供电话服务的调查活动时,要求营销人员探求能够发现的空中旅客所需要的一切。结果得到大量不需要的信息,而实际需要的信息却得不到。后来公司又要求营销人员探求是否有足够多的乘客在航线的飞行中愿意使用电话,以使这项服务不至于亏损。营销人员可能认为,如果这项服务能增加新乘客,不是可从机票中盈利吗? 最后提出,如果这项服务成功了,竞争者的模仿速度有多快？据此确定以下特定研究目标：乘客在航期间通话的主要原因是什么？哪些类型的乘客喜欢在航行中打电话？有多少乘客可能会打电话？各种层次的价格对他有什么影响？这项服务会增加多少新乘客？这项服务对公司的形象会产生积极影响吗？与航班次数、食物和行李处理等因素相比，电话服务的重要性如何？

资料来源：吴建安.市场营销学[M].北京：高等教育出版社，2004.

（三）调查设计

调查设计包括调查项目的确定和调查表的编制。

1. 调查项目的确定

调查项目是想要调查的具体内容，明确调查项目就是要明确向被调查者了解的问题，调查项目一般就是调查单位的各个标志的名称。明确调查项目时应注意以下几点：

（1）调查项目的确定既要满足调查目的和任务的要求，又要取得足量的数据，包括数据取得的地点和方式等，凡是不能取得数据的调查项目都应该舍去。

（2）调查项目应包括调查对象的基本特征、调查课题的主体（回答是什么）及调查课题的相关项目（回答为什么）等项目。

【范例2-1】 消费者需求调查

基本项目：年龄、性别、职业、受教育程度、家庭状况、所在地等。

主体项目：购买的原因、产品类型、数量、地点、时间、人员等。

相关项目：消费者收入、消费结构、就业、产品价格等。

（3）调查项目的表述须明确。调查项目的答案选项要有明确的形式，如文字、数值等，以便规范被调查者填写的形式，方便后续调查数据的处理和汇总。

（4）调查项目之间应尽可能相互关联，以便取得相互对应、有一定逻辑关系的资料，进而便于调查主体了解调查现象变化的结果、原因，检查答案的准确性。

（5）调查项目的含义必须明确，必要时可附加调查项目指标解释及要求。

2. 调查表的编制

调查项目确定后，需要把已经确定的调查项目按照一定的结构和顺序绘制成相应的表格，便于调查登记和分析。调查表一般分为单一表和一览表两种。

单一调查表就是每张调查表上只登记一个被调查单位的资料，示例如表2-1所示。单一调查表便于分组整理，适用于调查项目比较多的情况。但每张表都列有调查时间、地点等信息，会造成人力、财力、物力上的耗费。

表 2-1　　　　　　　　　　　　单一调查表示例

调查课题：
调查者：
调查对象：
调查时间：
调查地点：

调查内容：

序号	调查项目	问题	问题描述	备注
1	××××	1.1××××		
		1.2××××		
		1.3××××		
2	××××	2.1××××		
		2.2××××		
		2.3××××		
……				

一览表是一张调查表上可登记多个单位的调查资料。在调查项目不多时，其一目了然的优点即可展现，但这种调查表不能对每个被调查单位登记更多的项目。一览表示例如表 2-2 所示。

表 2-2　　　　　　　　　　　　一览表示例

调查课题：　　　　　　　　　　　　　　　　　　　　调查者：
调查时间：　　　　　　　　　　　　　　　　　　　　调查地点：

序号	调查单位	调查项目 1		调查项目 2		……	调查项目 n	
		问题	问题描述	问题	问题描述	……	问题	问题描述
1		×××		×××			×××	
2		×××		×××			×××	
3		×××		×××			×××	
……		……		……			……	
m		×××		×××			×××	

(四)调查方法

市场调查方案中应列出调查过程所采用的各种方法,如观察法、实验法、文案调查法等。采用哪种或哪几种调查方法应在综合考虑调查资料信息搜集的难度、调查对象的个性特点、数据的来源及质量等多方面因素后作出决定。

资料链接2-4

美国某玩具厂采用观察法决定其玩具娃娃样式

美国一家玩具工厂为了选出一个畅销的玩具娃娃样式,采用观察法搜集市场信息帮助他们决策。该玩具厂设计出10种玩具娃娃,将其放置在一间屋子里,请小朋友进入屋子挑选玩具,调查人员观察他们的行为。每次进入一个小朋友,让他在无拘束的环境中玩耍,调查人员通过录像的方式观察这个小朋友喜欢哪种样式的玩具。在经过300名小朋友为样本的调查后,该玩具厂作出了合理的决策。

(五)资料整理和分析方案

采用实地调查方法搜集的原始资料大多是零散的、不系统的,只能反映事物的表象,无法深入研究事物的本质和规律,这就要求对大量原始资料进行加工汇总,使之系统化、条理化。

随着大数据技术的发展,如回归分析、相关分析、聚类分析等现代统计分析手段可供调查主体在分析时选择使用。每种分析技术都有其自身的特点和适用性,应根据调查的要求,选择最佳的分析方法并在方案中加以规定。

(六)调查费用

市场调查费用支出预算要详尽,没有遗漏,并符合实际情况。一般而言,市场调查费用构成如表2-3所示。

表2-3　　　　　　　　　　市场调查费用构成

费用项目	说明
总体方案策划费或设计费	
抽样方案设计费	
问卷设计、印刷、装订费	包括测试费
调查实施费用	包括调查员选拔培训费、试调查费用、调查员劳务费、督导劳务费、差旅费等

（续表）

费用项目	说明
数据录入费	包括问卷编码、录入、差错等
数据统计分析费	包括统计分析、制表、作图、购买必需品的费用等
调查报告撰写费	
资料费、复印费、通信费	
咨询劳务费	包括专家咨询费、公关及协作人员劳务费等
管理费及税金等	
鉴定费、新闻发布会及出版印刷费等	

（七）调查组织计划

调查组织计划主要包括调查的组织领导、调查机构的设置、调查员的选择与培训、项目负责人及成员、调查工作分工等，调查组织计划及人员分工样表如表2-4所示。

如果企业选择委托专业调查机构进行市场调查，还应就双方的责任人、联系人、联系方式等作出明确的规定。

表2-4　　　　　　　　××市场调查组织计划及人员分工样表

调研内容		调研方法	调研范围	所需材料	责任人	完成时间	备注
宏观环境调查	某区域的宏观经济状况	文献调查法	……		张××	10月31日	
	某区域的社会环境	文献调查法	……		张××	10月31日	
	某区域的技术环境	文献调查法	……		张××	10月31日	
项目自身情况	产品整体情况	访谈法	……		王×× 刘××	10月31日	
	消费者购买意向	访谈法	……		王×× 刘××	10月31日	
	……						
……	……						

(八) 附录

调查方案的最后还应附上与调查主题有关的各种有价值的附录,附录一般包括调查项目负责人及主要参加者信息、与问卷有关的说明、数据处理所使用的软件等。

五、撰写市场调查方案应注意的问题

市场调查方案作为市场调查活动的行动指南,在其撰写过程中需要注意完整性、简洁性和可操作性等。

1. 完整性

市场调查方案的内容构成是在长期的市场调查活动中总结出来并经过实践验证的,因此,一份完整的市场调查方案应全面、完整,即包含前面所讲的全部内容。但市场调查方案撰写人员可以根据调查的实际情况进行创新,提出最适宜的市场调查方案。

2. 简洁性

市场调查方案的撰写是建立在深刻认知调查课题背景基础上的。撰写过程中,应注意突出重点,对课题所引申出来的核心问题进行深入分析,提出可行的建议。文字要简洁、专业,能够直接抓住方案的主要内容,重点分析如何开展下一步工作,从而体现出市场调查方案的指导性作用。

3. 可操作性

市场调查方案是市场调查活动的指南。方案中的内容要符合市场变化的需要,以保证后续工作的有序开展,具体包含调查活动中每个阶段和项目、每位相关人员的工作,因此需要注重方案的可行性、可操作性。

第二节 市场调查方案设计的程序

市场调查方案设计的程序包括确定调查目的与课题、确定调查内容、确定调查对象和调查单位、确定调查方式和方法、确定调查时间和期限、确定调查费用预算、调查方案的可行性分析、撰写调查项目建议书等,如图2-1所示。

一、确定调查目的与课题

确定调查目的是指要明确哪些问题需要在调查中解决,通过市场调查活动想要取

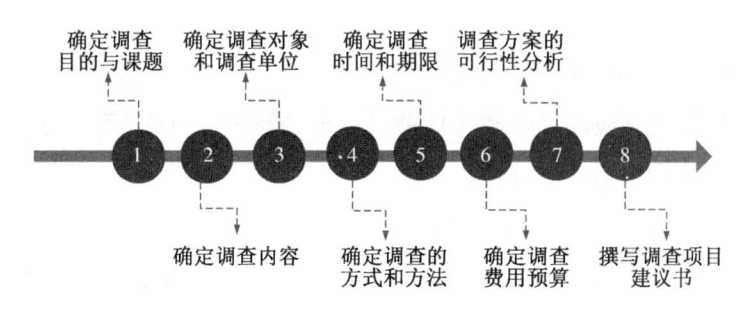

图 2-1 市场调查方案设计的程序

得什么样的资料及所取得资料的用途等。在具体的市场调查工作开展之前,需要明确调查的目的,并以此为基础确定调查的课题,进而研究解决问题的方法和途径。需要明确的问题包括调查的原因、调查的主题、调查的内容、调查结果的作用等。衡量一个市场调查方案设计是否科学合理,主要就是看方案的设计是否体现了调查目的的要求,是否符合客观实际。市场调查方案设计人员应根据具体情况,在通盘考虑的基础上,灵活地确定调查目的。

企业面临的调查课题一般都跟企业的经营活动有关,如企业应采用的发展战略、企业产品或服务的设计与提供、企业面临的机会或者潜在的市场问题等。市场调查课题的确定程序将在本章第三节重点讲述。

二、确定调查内容

在调查的目的和课题确定之后要确定调查内容。调查内容需根据调查项目的具体要求来确定。例如,某奢侈品公司试图推出一款新的奢侈品,想要了解该产品的市场潜力,那么需要调查的内容应该包括但不限于被调查者及其家庭的基本情况、家庭可支配收入、被调查者及其家庭的消费观念、对待奢侈品的态度、家庭购买奢侈品的经历等。

三、确定调查对象和调查单位

调查对象是在一定时空范围内所要调查的总体,是由客观存在的具有某一共同性质的多个个体单位组成的整体。调查单位则是调查总体中的各个体单位。

确定调查对象和调查单位时应注意以下问题。

1. 严格规定调查对象的含义和范围

受调查的时间、成本及精力等方面的限制,调查过程中不能无限制地对所有问题和方面进行调查。因此,开展调查工作需明确调查的含义和范围,控制调查行为,便于高效地完成调查活动。

2. 根据调查目的和对象确定调查单位

调查结果的信度和效度受调查主体能力高低的影响。目前,第三方专业调查服务机构成为企业开展调查活动的首选。

3. 区分调查单位和填报单位的概念

调查单位是调查项目的承担者,填报单位是负责填写和报送调查资料的单位。两者有时一致,有时不一致。当填报单位的体量过大时,可以采用科学的方法对调查对象进行抽样,降低调查难度,提高调查活动的成效。

资料链接2-5

第五次全国经济普查的普查对象

国务院日前印发的《关于开展第五次全国经济普查的通知》(以下简称《通知》)中规定,根据《全国经济普查条例》的规定,国务院决定于2023年开展第五次全国经济普查。

《通知》中提到第五次全国经济普查将首次统筹开展投入产出调查,普查对象是在我国境内从事第二产业和第三产业活动的全部法人单位、产业活动单位和个体经营户。普查内容包括普查对象的基本情况、组织结构、人员工资、生产能力、财务状况、生产经营、能源生产和消费、研发活动、信息化建设和电子商务交易情况,以及投入结构、产品使用去向和固定资产投资构成情况等。普查标准时点为2023年12月31日,普查时期资料为2023年年度资料。

资料来源:国务院.国务院关于开展第五次全国经济普查的通知[EB/OL].(2022-12-01)[2023-07-30].https://www.gov.cn/zhengce/zhengceku/2022-12/01/content_5729862.html.

资料链接2-6

第三次全国农业普查的普查对象与填报对象

第三次全国农业普查的登记对象是中华人民共和国境内的农业经营户、农业经营单位、居住在农村且有确权(承包)土地的住户;填报对象是列入农业普查范围的村(居)民委员会、乡镇(街道);遥感测量对象以农作物种植地块为主,并包括其他与之相关的土地覆盖要素。

资料来源:中华人民共和国国家统计局,国务院第三次全国农业普查领导小组办公室.第三次全国农业普查方案[M].北京:中国统计出版社,2016.

四、确定调查方式和方法

市场调查方式是指市场调查的组织形式,通常有普查、重点调查、抽样调查、非概率抽样调查等。市场调查方式的选择受调查目的和任务、调查对象、调查费用、调查精度的要求等众多因素的影响。

市场调查方法是指在调查方式既定的情况下搜集资料的具体方法,通常有观察法、访问法、实验法、网络调查法、文案调查法等。应在充分考虑调查资料搜集的难易程度、调查对象的特点、数据的源头、数据的质量要求等因素的基础上确定合适的市场调查方法。

如何选择最恰当、最有效的调查方法,是市场调查方案设计的一个重要内容。在调查时,调查的方式和方法取决于调查对象和调查任务,并非固定和统一的。同一个调查项目可以采用不同的调查方法,同一个调查方法也可以适用于不同的调查项目。在市场经济条件下,为准确、及时、全面地取得市场信息,应结合使用多种调查方式。

五、确定调查时间和期限

调查时间是指开展市场调查的具体时间和完成每项调查任务需要的时间,应明确何时开始到何时结束,一般情况下不予更改。若需要调查的是时点现象,就要明确规定统一的标准调查时点。

调查期限是指调查工作的开始时点和结束时点,既包括从市场调查方案的设计到调查报告提交历经的整个工作流程所需的时间,也包括每个调查阶段的起止时间。确定了调查期限能够控制和调节市场调查工作的开展,保证调查资料的科学性、有效性。一般来说,调查期限越短越好。

调查时间和期限一般用调查进度表的形式表示。确定调查进度表,一方面可以调节和控制调查计划的进度,另一方面可以控制调查成本,以达到最小的经费投入获得最佳的调查效果的目的。

六、确定调查费用预算

调查费用的多与少受调查范围、调查规模、调查方法及调查难易程度等多方面因素的影响。应本着最优化、最科学的原则,事先对调查过程所需的费用进行预算,在保证调查过程必要开支的基础上,减少浪费,从而保证调查工作的顺利进行。

七、调查方案的可行性分析

可行性分析是对在现有的主客观条件下,调查主体按照此方案能否顺利地完成调查,并取得预期效果的可能性进行分析。市场调查活动中设计的调查方案通常不是唯一的,需要对众多可行方案进行比较分析后选择最优方案。当然,任何方案都有缺点,调查方案的设计需要经过必要的可行性分析。对调查方案进行可行性分析可以采用经验判断法、试点调查法和逻辑分析法等方法。

八、撰写调查项目建议书

在对调查方案的可行性进行分析和论证之后,负责调查工作组织和实施的部门就可以向相关部门提交调查项目建议书。调查项目建议书需要对上述几个方面进行说明,其格式并不固定,但一般包括基本信息和主要内容等方面。调查项目的基本信息主要包括调查课题、调查单位、调查人员、调查项目负责人、调查期限等。调查项目的主要内容部分主要围绕调查的目的、调查内容、调查方式和方法、调查对象、经费预算等。调查项目建议书是供企业审阅和参考使用的,内容需要简明扼要,便于相关人员阅读和理解。

第三节 市场调查课题的确定

一、市场调查课题的含义及类型

(一)市场调查课题的含义

市场调查课题是指一项调查研究所要解决的具体问题和主要问题下的分支问题。企业或客户提出市场调查问题,如消费者对新产品接受程度低、产品销路难以打开、企业市场竞争力弱、市场占有率下降等。而这些问题往往没有经过深入思考,范围比较广泛,缺乏针对性。这就需要将问题层层分解,细化为若干问题,从而确定市场调查课题。

(二)市场调查课题的类型

按照市场调查的研究性质,调查课题可以分为探索性研究、描述性研究、因果关系研究三类。三类课题类型不是完全独立的。一个调查项目会根据需要将不同类型的课题整合，如何整合取决于调查课题的性质。

1. 探索性研究

探索性研究是为了使问题更加明朗化而采取的小范围的调查行动。通过这种调查将一个大而模糊的问题转化为小而明确的子问题，并识别出需要进一步调查的信息。例如，2022年，A公司产品销量下降了，A公司为找到原因，就可以用探索性调查来发掘问题：是经济形势严峻的影响？是广告投放量减少？还是消费者需求变化？探索性研究常用的方法有小样本调查、专家咨询、座谈会、个人访谈、二手资料分析等。

2. 描述性研究

描述性研究是寻求对"谁""什么事情""什么时候""什么地点"等问题的回答。它可以描述不同消费者在需要、态度、行为等方面的差异，但不能回答"为什么"。例如，某玩具超市了解到70%进店购物的顾客为年轻的妈妈，这样的描述性研究给超市提供了重要的决策信息，使其特别重视向年轻妈妈们开展促销活动。

3. 因果关系研究

因果关系研究是调查两个因素相关性的研究活动，目的是分析变量之间的因果关系，如产品的价格、投入的广告费用、产品的包装等对销售额是否有影响。这项工作要求调查人员对所研究的问题有足够的认知，能够判断一种情况发生了，另一种情况会接着发生，并能够说明原因。

二、调查课题确定的程序

确定课题是市场调查的第一步，也是市场调查方案编制的前提。只有清晰地认知市场调查课题，调查项目才能有效地实施。确定市场调查课题的程序如图2-2所示。

第一步 分析问题产生的背景　第二步 明确课题的调查途径　第三步 确定市场调查课题

图2-2　市场调查课题确定的程序

（一）分析问题产生的背景

任何问题的产生都存在一定的背景之中。了解这些背景有助于更准确地认识和把握问题。调查人员需要先了解企业和产业，尤其应该对如消费者行为、法律环境、经济环境等影响市场调查课题确定的因素进行分析。

1. 了解企业的基本情况

1) 了解企业的历史资料和发展趋势

了解企业的历史资料和发展趋势,如产品销售量、市场占有率、盈利能力等,能够帮助调查人员理解潜在的营销调查课题,对这种资料的分析应该在产业和企业层面上进行。例如,在整个产业销售业绩上升的情况下,某企业的销售业绩却处于下滑的态势,这和企业与产业销售业绩同时下滑是完全不同的问题。历史资料和未来趋势预测对于发现潜在的问题和机遇很有价值,尤其在企业资源有限和面临其他限制条件的时候。

2) 了解企业的资源和调查所要面临的限制性条件

若要准确、科学地确定调查课题,必须考虑企业可利用的资源及可能会面临的限制条件,如时间、成本等。例如,一个调查项目需要花费 20 万元,但企业的预算只有 10 万元,显然,企业管理层是不认可这样的方案的。

3) 分析决策者的目标

在界定管理决策课题时,需要分清楚组织目标和决策者个人目标。组织目标比较抽象,如增强企业的竞争力,对组织目标的描述往往比较笼统。调查人员须具备一定的能力,能将抽象的目标层层分解,找出具体目标。常用的目标细化方法是就某一问题告诉决策者各种可行的思路,然后询问其愿意采取的解决思路。如果决策者不满意,就进一步寻找新的目标,使得调查符合组织目标和决策的需要。

2. 了解企业的环境条件

1) 了解消费者行为

在企业营销决策中,问题最终都会体现在预测消费者对营销具体行为的反应上。理解消费者行为对市场调查课题的确定非常有用。预测消费者行为时应考虑的因素包括:消费者和非消费者的人数及地域分布;消费者心理特征;产品消费习惯及相关种类产品的消费;媒介对消费行为的影响;消费者对价格的敏感性;消费者的优先选择等。

2) 了解法律环境

客户企业面临的法律环境主要是公共政策、法律,涵盖专利、商标、特许经营权、交易合同等。法律对营销活动有很大的影响,法律环境对市场调查课题的确定具有重要作用。

3) 了解经济环境

经济环境主要包括收入总额、可支配收入、价格、储蓄等。经济的总体状况、变化趋势、变化速度等会对消费者和企业产生影响。因此,经济环境对于市场营销调查课题的影响较大。

PEST 分析法和 SWOT 分析法可以帮助调查人员了解企业所面临的环境条件。PEST 分析法通常用来分析企业所面临的宏观环境,如图 2-3 所示。

政治环境
如政府方针、政策等

科技环境
如组织所处领域的技术手段等

经济环境
如通货膨胀程度、利率水平、居民可支配收入等

社会环境
如居民受教育程度、消费心理、价值观念等

图 2-3　PEST 分析法

政治环境是指一个国家或地区的政治制度、体制、方针政策、法律法规等。这些因素与企业的经营活动息息相关,尤其是对企业长期的经营行为有着较大的影响。

经济环境是指一个国家或地区的经济政策、经济发展水平、经济结构、资源禀赋等。

社会环境是指组织所在的社会中成员的民族特征、文化传统、价值观念、宗教信仰、教育水平以及风俗习惯等。

科技环境是指组织所在的国家或地区的技术水平、技术政策、产品开发能力及技术发展的动态等。

SWOT 分析法是将与企业密切相关的各种内部优势、劣势和外部的机会、威胁等,通过调查列举出来,按照矩阵的形式进行排列,系统地将各种因素相互匹配,从而得出相应的结论,为企业的决策提供依据,如图 2-4 所示。

(二)明确课题的调查途径

先期的调查或交流工作对市场调查课题的确定是非常必要的。一般情况下,明确课题可以采用与决策者交流、专家咨询、二手资料分析等方式。

1. 与决策者交流

决策者希望市场调查的结果能为其经营决策提供依据。因此,决策者面临什么样的问题、希望在调查中获得什么信息是调查人员在确定课题过程中需要考虑

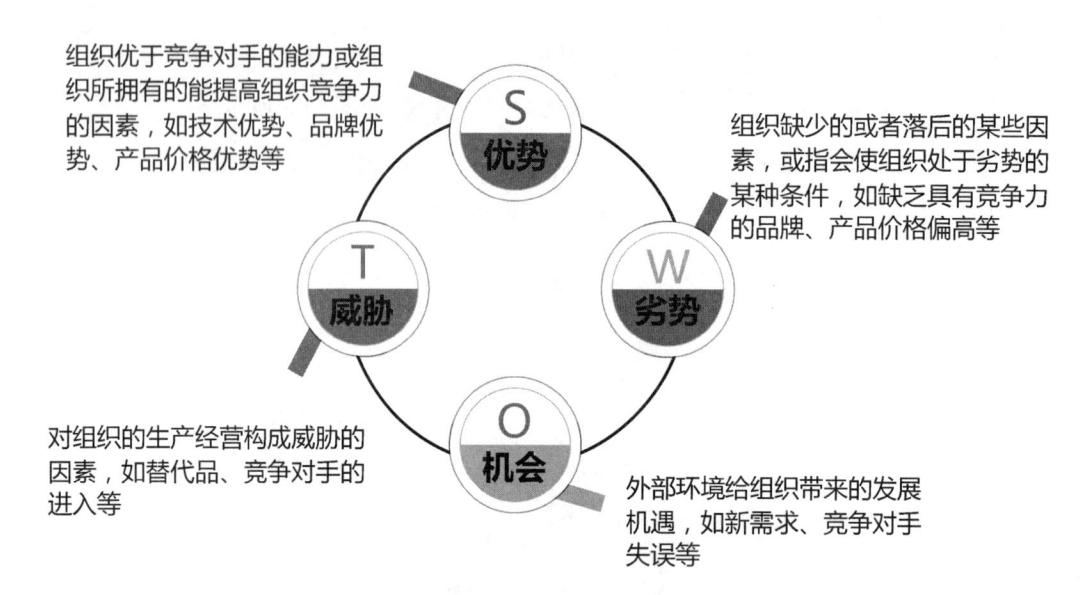

```
组织优于竞争对手的能力或组                          组织缺少的或者落后的某些因
织所拥有的能提高组织竞争力          S              素，或指会使组织处于劣势的
的因素，如技术优势、品牌优         优势             某种条件，如缺乏具有竞争力
势、产品价格优势等                                 的品牌、产品价格偏高等

                        T               W
                       威胁             劣势

对组织的生产经营构成威胁的          O
因素，如替代品、竞争对手的         机会             外部环境给组织带来的发展
进入等                                            机遇，如新需求、竞争对手
                                                 失误等
```

图 2-4 SWOT 分析法

的。与决策者进行交流，就相关问题交流看法，能够更加科学、准确地确定调查课题。

2. 专家咨询

向专家咨询有助于加深调查人员对市场调查课题的了解和认知。调查人员应该通过多种渠道发现和利用专家资源。在向专家咨询时，调查人员可以采用文字形式，也可以采用座谈的形式。

3. 二手资料分析

通常情况下，搜集二手资料是市场调查活动的开始。虽然搜集二手资料并不能提供特定调查课题的全部答案，但二手资料在很多方面都是有价值的。随着新媒体、新技术的不断应用，二手资料的搜集也越来越容易。

(三) 确定市场调查课题

调查人员在分析课题产生的背景后，运用与决策者交流、二手资料分析等方式对经营管理的决策问题有了较为清楚的了解和清晰的界定。在此基础上，经营管理决策课题进一步细化为市场调查的课题。细化的过程中要注意避免两种错误：一是过于空泛，以至于确定的课题不能为整体调查方案提供清晰的指导，如明确企业品牌的营销策略、增强企业竞争力等。二是过于狭窄，从而限制了视角，妨碍相关人员设计管理决策问题的重要部分。为了避免上述情况的发生，调查人员可以采用从抽象到具体层层递进的方式，即先将调查问题用抽象的、宽泛的术语来表述，再具体规定问题的各个组成部分，为进一步的操作提供清晰的思路。

资料链接2-7

市场调查课题的错误界定

在某消费品公司的市场调查中,管理决策课题是"如何应对某竞争对手发起的降价行动"。相关人员确定的市场调查课题是:降低本公司产品的价格以应对该竞争者产品的价格竞争。事实证明:以此为中心的调查,并没有给公司带来预期的结果。后来,公司请专业调查机构展开调查,才改变了这种状态。首先,他们将调查的课题确定为"扩大市场份额,提高产品线的生产能力"。其次,研究结果表明,在双盲实验(双盲实验是指在实验过程中,测验者与被测验者都不知道被测者所属的组别,分析者在分析资料时,通常也不知道所分析的资料属于哪一组)中,消费者并不能区分不同品牌的产品,而且消费者将价格看作指示产品质量的一个因素。这些发现就道出了一个有创造性的备选行动路线:提高现有产品价格的同时引进两个新产品,一个产品的价格与竞争者保持一致,另一个产品的价格降得比竞争者更低一些。

资料来源:杜明汉.市场调查与预测[M].大连:东北财经大学出版社,2011.

【范例2-2】

××市远程护理服务市场调查方案设计

一、调查背景

随着生活质量的提高,人们越来越关注自身的健康问题。远程护理系统融合先进的一流技术和信息技术,借助专业的医疗软件、终端和信息控制中心,把患者、医院、医学专家等联系起来,使人们足不出户即可接受健康咨询、线上远程诊断和护理。××市B集团有意进入远程护理服务市场,因此有必要全面了解消费者对远程护理服务概念的接受程度,明确消费者对远程护理服务的需求,预测远程护理服务市场的发展前景,为营销决策提供支撑。

二、调查目的

1. 了解消费者对远程护理的需求情况,预测远程护理服务市场容量。

2. 了解××市远程护理服务市场竞争对手及替代品的服务状况,预测××市远程护理服务市场的发展趋势。

3. 了解消费者对远程护理服务价格的接受程度,为后续营销决策提供信息支撑。

4. 明确远程护理目标消费群。

三、调查项目

1. 消费者的基本资料(年龄、性别、受教育程度、职业、可支配收入、家庭结构等)。

2. 了解消费者对个人护理服务的使用现状及对远程护理概念的认知、接受程度以及使用远程服务的需求意向。

3. 通过文案调查法搜集并了解远程护理的类别、竞争对手和替代品的现状及相关行业动态。

4. 通过价格测试了解消费者对远程护理服务价格的接受程度及敏感性。

5. 远程护理消费群体指标。

四、调查区域与样本设计

1. 调查区域：××市。

2. 样本设计：

定性研究采用深度访谈的方法对远程护理做探测性的市场医疗系统各类机构加以调查，调查对象为：①医疗/护理系统的医生、护士等专业人士；②医疗/护理服务设施购买的决策者；③机关、团体、学校、企业等机构医疗/护理服务产品购买的决策者；④典型的个体消费者。

样本容量为60个，具体情况如表2-6所示。

表2-6　　　　　　　定性研究样本的分配情况统计表

调查对象类型	配额（人）
医疗/护理系统的医生、护士等专业人士	20
医疗/护理服务设施购买的决策者	10
机关、团体、学校、企业等机构医疗/护理服务产品购买的决策者	10
典型的个体消费者	20

（2）定量研究为上门访问，样本容量为100人，具体情况如表2-7所示。

表2-7　　　　　　　定量研究样本的分配情况统计表

调查对象类型	配额（人）
离退休老干部	20
老年高级知识分子、专家	30
老年高收入阶层	50

五、调查时间和调查工作期限

调查时间和调查工作期限如表2-8所示。

表 2-8　　　　　　　　　　调查时间和调查工作期限

序号	调查阶段及内容	调查时间	天数(天)
1	调查项目的确认	6月1日	1
2	调查方案的设计	6月2日至6月6日	5
3	调查问卷的设计及修改	6月7日至6月12日	6
4	调查项目的准备阶段（调查者培训及其他）	6月13日至6月17日	5
5	调查实施阶段	6月18日至7月17日	30
6	调查数据预处理阶段	7月18日至7月20日	3
7	调查数据统计分析阶段	7月21日至8月5日	15
8	调查报告撰写阶段	8月6日至8月20日	15

六、调查人员的安排

1. 项目负责人：1人。

主要工作：

(1) 整个项目计划、组织工作。

(2) 设计调查问卷及相关执行活动方案。

(3) 培训项目组成员。

(4) 监控调查项目的进度与质量。

2. 督导：2人。

主要工作：

(1) 培训调查者。

(2) 甄别合适的被调查者。

(3) 调查质量的监控。

3. 复核督导：1人。

4. 调查者：10人。

5. 数据分析员：4人。

6. 程序员：1人。

7. 报告分析员：1人。

七、调查经费预算

调查经费预算如表2-9所示。

表 2-9　　　　　　　　　　调查经费预算表

序号	项目内容	金额(元)
1	调查方案的设计与策划	2 000
2	调查问卷的设计	1 000
3	调查问卷的印刷	1 000
4	调查者劳务费	10 000
5	调查督导费用	3 000
6	数据录入	1 000
7	调查问卷复查、审核	1 000
8	数据整理与分析	5 000
9	调查报告撰写	5 000
10	礼品	6 000
11	交通、通信、误餐费	5 000
	合计	40 000

本 章 测 试

一、单项选择题

1. （　　）是指在开展正式调查之前,基于一定的目的和要求,对调查过程中涉及的环节作出总体设计和安排,提出相应的实施方案。
   A. 市场调查方案　　　　　　　　B. 市场调查方法
   C. 市场数据采集方法　　　　　　D. 市场调查

2. （　　）是想要调查的具体内容。
   A. 调查方案　　B. 调查方法　　C. 调查项目　　D. 调查数据

3. 市场调查方案设计的（　　）原则是指在现有资源和信息的基础上,运用各种科学的分析工具和手段对各种市场调查方案的可行性和科学性进行综合评估,最终提出可行的方案。
   A. 灵活性　　　B. 可行性　　　C. 最优性　　　D. 柔性

4. （　　）是指要明确哪些问题需要在调查中解决,通过市场调查活动想要取得什么样的资料以及所取得资料的用途等。
   A. 确定调查目的　B. 确定调查对象　C. 确定调查单位　D. 确定调查方式

5. （　　）是在一定时空范围内所要调查的总体。
   A. 调查内容　　B. 调查对象　　C. 调查单位　　D. 填报单位

6. （　　）是市场调查方案正文前的情况说明,是对调查活动开展的必要性、原因的介绍,亦可以前言的形式体现。
   A. 调查背景　　B. 调查费用　　C. 调查组织　　D. 调查项目

7. 一张调查表上可登记多个单位的调查资料的调查表是（　　）。
   A. 分项表　　　B. 统计表　　　C. 单一表　　　D. 一览表

8. 撰写调查方案时,文字要间接、专业,能够让人直接抓住方案的主要内容。这是指在撰写调查方案时应注意（　　）。
   A. 完整性　　　B. 简洁性　　　C. 可操作性　　D. 效率性

9. （　　）是为了使问题更加明朗化而采取的小范围的调查活动。
   A. 探索性研究　B. 描述性研究　C. 因果关系研究　D. 说明性研究

10. 一般可以通过与决策者交流、(　　)和二手资料分析等方式进行先期的调查或交流工作。

　　A. 员工咨询　　　B. 方案设计　　　C. 团队合作　　　D. 专家咨询

二、判断题

1. 市场调查方案就是一份文件,有没有不会对调查活动产生很大的影响。(　　)
2. 在市场调查过程中,每一种数据采集方法都适用于所有的调查活动,不需要结合调查的相关事项。(　　)
3. 市场调查方案设计的最优性原则是指经过评估比较后确定的最优方案,包括资金的使用,人力、物力、时间上的耗费,必要时可以预测该方案下产出和投入的比值。(　　)
4. 调查单位是调查总体中的各个体单位。(　　)
5. 调查时间和期限一般用调查进度表的形式表示。(　　)

三、简答题

1. 简述市场调查方案设计的程序。
2. 简述调查方案设计的重要性。
3. 简述完整的市场调查方案包含的内容。
4. 简述市场调查课题选择的程序。
5. 结合本章知识,谈谈你对市场调查方案作用的理解。

四、实训题

　　位于B市的某商场成立于2010年,在十几年的经营过程中,在当地有了较高的知名度。2022年,该商场的斜对面出现了一家与其规模相当的商场,尽管商场同类商品的价格低于竞争者,但是客流量还是不断减少,商场的效益明显下滑,为此某商场决定开展一次市场调查活动。

　　要求:请帮该商场确定调查的课题并撰写调查方案。

第三章　市场调查数据采集方法

知识导航

市场调查数据采集方法
- 文案调查法
  - 文案调查法的含义
  - 文案调查法的渠道
  - 文案调查法的类型
  - 文案调查法的实施步骤
- 访问调查法
  - 面谈访问法
  - 邮寄调查法
  - 电话访问法
  - 留置调查法
- 观察调查法
  - 观察调查法的含义
  - 观察调查法的类型
  - 观察调查法的程序
- 实验调查法
  - 实验调查法的含义
  - 实验调查法的类型
  - 实验调查法的操作步骤
  - 实验调查法的优缺点
- 网络调查法
  - 网络调查法的含义
  - 网络调查法的操作步骤
  - 网络调查法的类型
  - 网络调查法的优缺点

学习目标

通过本章的学习,学生应了解常用的调查数据采集方法;理解各种方法的含义及优缺点;掌握各种方法的操作过程。

寓德于教

调查研究是谋事之基、成事之道,没有调查就没有发言权,没有调查就没有决策权。在地方工作时期,习近平就高度重视调研,亲身躬行调研,尤其讲究科学调研、高效调研。

在地方工作期间,习近平总书记在作出决策之前,尤其重视运用"问计于贤"座谈会方法,把人民的期盼、群众的智慧和基层的声音充分吸收到未来发展的规划编制当中。不论是在为正定指明走"半城郊型"经济新路上,还是在编制《福州市20年经济社会发展战略设想》的过程中,"问计于贤"座谈会的调研方法都曾被反复运用。1990年4月,习近平总书记到福州任市委书记时,面对的是福州发展相对落后于其他沿海城市的现实。为了改变这一现状,习近平总书记牵头开展福州市发展战略研究,展开了多项调查研究。除了万人调查问卷,习近平总书记还组织开展几十场专题研讨座谈会,广泛吸收了各方面意见。这些座谈会的对象有市人大、政协、民主党派有关方面负责人,有理论界、科技界的专家学者,有市直有关部门及县(市、区)领导,有关心福州发展建设的离退休老干部,还有福州市大中型企业家,有基层工作者等。正是这些类型多样的"问计于贤"调研座谈会,才为福州发展打下了坚实基础。曾与习近平总书记共事的黄瑞霖就曾提及,在作出一项举措之前,习近平总书记会找干部谈,找专家谈,找老同志谈,充分论证,听取各方面意见,并经常跑下去,开座谈会调研,倾听"八面来风"。

此外,"问计于贤"座谈会的调研方法有助于找准问题,聚焦解决问题的切入点,进而统一思想,凝聚共识。习近平总书记每次调研走访、听取汇报后,他都会安排座谈,有时候现场座谈还不够,回到机关还要再召开座谈会或总结会,直到把问题谈透为止。

资料来源:邱然,熊茜.问计于贤 在调查研究中用好座谈会的方式[N].四川日报(数字版),2023-09-04.

请思考:材料中提到了什么数据采集的方法?除此之外,还有什么数据采集方法可以运用到调查研究中?

第一节 文案调查法

一、文案调查法的含义

在正式调查之前,调查人员通常会通过查找报纸或其他文献资料,初步了解调查对象的性质、范围、内容和重点,为后续正式调查的开展提供条件,这时采用的方法就是文案调查法。文案调查法是指基于特定的调查目的,通过查看、检索、阅读、购买、复制等手段,收集企业内外部现有的各种信息、情报资料,对调查内容进行分析研究的一种调查方法。这是收集、整理和分析二手资料的方法。

二手资料,是既存的或者为其他目的而收集的资料。二手资料是针对原始资料而言,虽然二手资料不能直接回答现在所面临的问题,但它却能以最快的速度、最经济的方式提供解决问题的思路。

二、文案调查法的渠道

采用文案调查法进行调查数据采集的渠道主要包括企业内部资料的收集和企业外部资料的收集。

(一) 企业内部资料的收集

企业内部资料是来源于企业内部的信息资料,反映了企业生产和经营过程中的多项纪录。内部资料具有可靠、收集成本低等特点,是开展市场调查首先考虑的来源。内部资料的收集主要围绕着企业经济活动的各种业务记录和统计资料进行。其具体包括以下几个方面。

1. 业务资料

业务资料是围绕企业供应链如采购、库存、生产、销售等产生的原始记录和统计报表,如订货单、发货单、进货单、合同、销售记录、发票等。业务资料是考察和分析企业经营规律的重要依据,是企业制定营销策略的基础。

2. 财务资料

财务资料是企业财务部门提供的会计记录、报表和分析报告,包括成本、价格、利润等。财务资料反映的是企业的经济效应状况,可以用来考核企业的盈利状况和能力。

3. 统计资料

统计资料是企业各项经济活动的综合反映,主要包括各类统计报表,企业生产、销售、库存等各种数据资料、各类统计分析资料等。这是研究企业经营活动数量特征与规律的重要依据,也是企业进行预测和决策的基础。

4. 消费者资料

经过整理的消费者信息库已经成为企业非常重要的营销信息。消费者信息可以通过市场调查或其他途径收集整理,也可以是销售人员统计消费者购买和使用产品的数据。例如,产品销售时,请购买者填写一份个人信息表格,这些表格经过整理后就成了最基本的消费者数据库。

5. 其他资料

其他资料包括关于企业、产品、广告、促销的报道、调查报告、客户意见、工作总结、售后服务记录及其他相关的照片、影像等资料。这对企业进行市场调查具有一定的参考作用。

(二)企业外部资料的收集

企业外部资料主要来自统计部门与各级各类政府主管部门公布的相关资料,各种专业咨询机构、行业协会提供的市场信息和有关行业情报,国内外有关的书籍、报纸、杂志所提供的文献资料,有关生产和经营机构提供的商品目录、广告说明书、专利资料及商品价目表等,各类国际组织、商会所提供的国际市场信息等。企业外部资料数据的来源主要包括以下几个方面。

1. 政府统计资料

各级政府每年都会对外发布大量的、辐射面广的、有价值的资料,如《中国统计年鉴》《中国百科年鉴》等,这种由政府各级统计部门编撰的资料权威性很高,对企业开展某些调查项目具有很重要的参考价值。

【范例3-1】 某企业想了解2023年8月份居民消费价格变动情况的数据,通过文献调查法在国家统计局的官网上找到以下信息:

2023年8月,全国居民消费价格同比上涨0.1%。其中,城市上涨0.2%,农村下降0.2%,食品价格下降1.7%,非食品价格上涨0.5%,消费品价格下降0.7%,服务价格上涨1.3%。1~8月份,全国居民消费价格比去年同期上涨0.5%。

2. 行业协会资料

行业协会是政府和企业的连接者。行业协会会定期或不定期地通过内部刊物发布各种资料,如行业法规、市场信息、统计资料汇编等。这些资料齐全、专业性强,参考价值较高。当然,有些资料需要支付一定的费用才能获得。

【范例3-2】 某公司想进入保险行业,在中国保险行业协会官网上找到以下资料:

2022年,中国保险行业协会对外发布了《2021年度人身险公司互联网保险业务经营情况分析报告》(以下简称《报告》)。该《报告》根据各人身保险公司报送至保险业协会统计系统的互联网保险业务经营数据,从经营主体、规模保费、产品类型等方面分析了2021年人身险公司互联网业务经营情况。《报告》指出,2021年共有60家人身险公司开展互联网保险业务,较2020年减少1家,占保险业协会人身保险会员公司总数的65.9%,经营主体基本稳定。其中,中资公司38家,外资公司22家,占比分别为63.3%和36.7%。从规模保费情况来看,中资公司仍占主导地位,其市场份额达83.2%,较2020年下降1个百分点,外资公司市场份额为16.8%。

2021年,互联网人身保险业务继续保持平稳增长,累计实现规模保费2 916.7亿元,较2020年同比增长38.2%。从规模保费增速情况来看,35家公司规模保费实现不同程度正增长。

3. 图书馆、档案馆等公共机构收集的文献资料

图书、报刊、黄页等所提供的市场状况、竞争状况、市场预测等资料是文案调查的重要来源。工商业名录等提供了地区所有工商企业的名录和某个特定行业的名录,如《中国工商企业名录》《中国企业年鉴》等。

4. 其他资料

其他资料包括专业信息咨询机构、金融机构提供的信息资料,电视、广播、网络等提供的资料,各类交易会、博览会、展览会等提供的信息。

三、文案调查法的类型

常见的文案调查法主要有查找法、索取法、购买法和互换法。

(一) 查找法

查找法是获取二手资料的基本方法,一般会借助计算机系统。调查者基于调查的目的可以先从企业内部查找反映企业本身状况、客户、市场等方面的信息。在此基础上,其还需要在企业外部查找,主要包括图书馆、档案馆、资料室、信息中心等。

常用的查找方法包括:①查阅目录法,从分类目录、书名目录、主题目录等中查找文献的题目、作者;②参考文献查找法,利用正文中所列出的参考文献目录,追踪、查找有关文献资料;③检索工具查找法,利用检索工具逐个查找文献资料。

资料链接 3-1

搜索引擎：查阅二手资料的便捷途径

收集二手资料往往是一项艰苦的工作，互联网的发展为二手资料的收集提供了一种便捷途径——搜索引擎。

百度、谷歌、雅虎、360等搜索引擎被广大网民熟悉和使用。每一个搜索引擎都包含世界范围内的文档链接集合，以各自的索引系统为全球用户提供所需信息。只要输入一个或几个关键词，搜索引擎就能在互联网上找到所有关键词出现的地方，并逐一列出清单，供网民点击查询。通过搜索引擎还可以查询到专门提供调查资料的网站，但有些网站提供的信息是免费的，有些则是需要付费的。

资料来源：王玉华. 市场调查与预测[M]. 北京：机械工业出版社，2010.

（二）索取法

索取法是指调查者向有关机构或个人无偿索取相关资料的方法。一般来说，向有某种联系的或某种宣传需要的单位和个人索取资料效果会比较好，索取时多数采用复印的方式。

（三）购买法

购买法是指通过有偿购买信息资料收集和分析信息数据的方法。很多重要的信息资料通常会面向社会公开发行，企业可以通过订购这些资料获得相关数据，如统计年鉴、商业调查机构前期调查结果等。

（四）互换法

企业可以与其他机构或单位建立对等的信息交流机制，信息共享，无偿提供彼此需要的资料。一般先提供与本企业有关的资料，然后换回本企业所需的资料。

四、文案调查法的实施步骤

文案调查是一项复杂的工作，调查者在采用文案调查法收集数据时应遵循一定的步骤。

（一）确定市场调查目的，明确调查主题

资料是为了某种目的而收集的。文案调查工作需要明确调查的目的，即通过此次文案调查需要得到什么资料、解决什么问题。明确文案调查法是作为主要的调查手段还是作为其他调查手段的补充，是为提高企业经营管理效率提供帮助还是为制定企业

经营策略提供信息等。调查者需要根据调查主题来确定所需要的信息资料和资料来源。

(二) 确定收集资料的渠道和方法

调查者需要根据调查主题设计调查方案,确定获得二手资料的途径。一般来说,调查者需要组合运用多种方法才能收集较为全面的外部资料。

(三) 评估二手资料

二手资料的来源是判别其准确性的关键。信誉好的权威机构在资料收集过程中比较客观、科学,数据资料会比较可靠。一般情况下,各级政府统计部门、行业协会、大型调查公司的调查数据和报告往往是可以信赖的。调查者需要根据调查目的评估信息资料的价值。

(四) 筛选与分析二手资料

调查者应该围绕着调查的目的,运用统计方法对数据资料进行归纳、分类和整理,获取简洁、有效的信息。当同一数据资料可能有两种以上的出处时,要比较和筛选。

(五) 撰写文案调查报告

对调查数据进行筛选、评估和分析后,调查者可以撰写文案调查报告。文案调查报告主要包括调查目的、调查方法,报告的内容需要简明扼要、重点突出、结论明确。

第二节 访问调查法

访问调查法是指调查者通过多种方式向被调查者了解市场情况、搜集资料的一种实地调查方法。这种方法的特点是通过直接或间接的回答方式来了解被调查者的看法和意见。它是第一手资料搜集中最常用的、最基本的一种实地调查方法。

根据调查者与被调查者接触的方式不同,访问调查法可以分为面谈访问法、邮寄调查法、电话访问法和留置调查法。

一、面谈访问法

(一) 面谈访问法的含义

面谈访问法是指调查者通过与被调查者直接面谈来搜集调查资料的方法。它属于较为传统的调查方法,对调查者的心理素质和应变能力的要求较高。一般而言,面谈访问法适用于必须通过面谈才能获得消费者需求的数据或调查内容多而复杂的情况。

(二) 面谈访问法的优缺点

面谈访问法的优点包括:

(1) 灵活性。面谈访问能够根据被调查者的情况进行深入的访问,从而获得较多的一手资料。

(2) 直观性。调查人员可以对被调查者进行直接的观察来判断被调查者回答问题的可靠程度。

(3) 可信性。采用面谈访问法,数据的回收率高,可以提高调查结果的可信性。

面谈访问法的缺点包括:

(1) 费用高。相对而言,面对面交谈需要投入更多的人力、财力和物力。

(2) 时间长。调查人员直接面谈搜集资料,需要的时间要比其他方法长,特别是样本较大时,这个问题更为明显。

(3) 对调查者的可控性差。调查地点的多变性不利于对调查者的工作进行监督。

(4) 调查结果容易受调查者的工作态度和调查水平的影响。

(三) 面谈访问法的具体形式

1. 入户访问

入户访问是调查者按照调查项目规定的抽样原则到被调查者的家中或工作单位,找到符合条件的受访者,直接与受访者进行面对面的交流,获取受访者对于特定事物、现象的意愿或行为等多方面的一手资料与信息的调查方法。这种调查方法被认为是市场调查中最佳的访问方法,也是使用非常普遍的调查方法。

【范例3-3】　　××区居民满意度入户访问调查

1. 访问时间:2022年10月20日至11月5日。

2. 访问区域:×市××区。

3. 访问对象:同时满足以下两个条件:①×市××区常住居民(居住一年及一年以上);②年龄在18周岁以上。

4. 抽样方法:本次抽样采用多层随机抽样法。首先,通过××区人口比例来确定各街道需要的样本数。其次,根据各街道数量来确定各居委会所需样本量。再次,根据各居委会样本量确定各住宅小区的样本量。最后,通过随机抽样的方式获得样本。在访问过程中,如果遇到拒访、无人或不符合条件,以下一个样本替代。

5. 访问方法:采用入户面对面访问的形式。访问采用读录法进行,由访问员读出问题及选项,必要时出示图片或示卡,由受访者回答,访问员填写答案。访问结束时赠送小礼品。

2. 定点拦截访问

定点拦截访问是根据调研目的和被调查者的特点,在街区恰当的地点(如大型商场、公园、娱乐场所等)选择一个相对固定的访问点,对符合访问条件的被调查者进行访问的一种调查方法。

在访问过程中,访问员要注意采用恰当的方式控制受访者受到其他人包括受访者同伴对其的影响。拦截访问过程中可能会遇到热心观众主动要求接受访问的现象,此时,访问员需要注意甄别,如果是不符合访问条件的对象,要采用礼貌的方式谢绝。

【范例3-4】　　××商场顾客满意度拦截访问调查

1. 拦截时间:2022年5月20日至5月31日。

2. 拦截地点:××商场东、西两个出口。

3. 拦截对象:在2022年5月20日至5月31日期间出入××商场的18~60周岁的顾客。

4. 拦截方法:采用拦截即时访问的方式,访问时,由受访者填写调查问卷,若受访者因各种原因无法独立完成问卷的填写,访问员需要根据受访者的回答如实填写。必要时访问员要对受访者的疑问进行解释。访问结束时赠送小礼品。

3. 小组座谈会

小组座谈会是指经过训练的主持人以一种无结构的、自然的形式与受调查者交谈,主持人负责组织讨论,从而深入了解被调查者对某一产品、观念或看法的市场调查法。

采用小组座谈会成本较低,执行相对简单。搜集数据信息过程中,受访者的回答不受答案类型的限制,调查者能够获得大量的关于意见、看法或观点的资料。小组座谈会发挥的是"群体动力"的效应,一个人的发言会启动其他参与者的一连串反应,从而激发灵感、产生想法。但是,小组座谈会亦有其局限。小组座谈会一般6~10人为一组,抽样人数少,误差可能比较大,搜集到的数据或信息大多是无结构的,不易于编码,难以量化统计。并且小组座谈会对主持人的要求较高,调查结果的质量十分依赖于主持人的主持技巧。

资料链接3-2

在线座谈会

在线座谈会是基于互联网的小组座谈会,是将分散在不同地域的受访者通过互联网的视频聊天功能虚拟地组织起来,在主持人的引导下讨论调查问题的调查方法。这种调查方法的原理与小组座谈法相似,不同之处是参与调查的受访者不必实际地聚集在一起,而是分散在任何可以连接互联网的地方,因此,在线座谈会在某些情况下更具便利性。

资料来源:王玉华.市场调查与预测[M].北京:机械工业出版社,2010.

4. 深度访谈

深度访谈是市场调查中较常使用的一种定性调查方法,原意是调查者和被调查者一对一会谈。深度访谈探讨的话题相对更深,访谈内容相对较多,能够探察到被调查者的内心想法,同时能避免公开讨论敏感性话题可能引起的尴尬。

深度访谈与小组座谈会的不同体现在以下两个方面:①深度访谈是访问员和受访者之间一对一的交流,访谈的规模要比小组座谈会小,程序相对简单。②小组座谈会的适用范围要比深度访谈广泛,通常只有在不便于进行小组座谈的情况下才采取深度访谈法。

(四)面谈访问法的适用范围

面谈访问法主要适用于消费者研究,如消费者的消费心理、消费需求、消费习惯、消费满意度;产品研究,如新产品研发、产品质量、性能、使用状况等;媒介研究,如广告投放效果、媒介接触行为研究等;市场容量研究,如某类产品市场容量研究等方面。

二、邮寄调查法

(一)邮寄调查法的含义

邮寄调查法是调查者将事先编制好的调查问卷邮寄给被调查者,由被调查者按要求填好后寄回的调查方法。邮寄调查法的形式主要有两种:一种是调查者利用通讯录、消费者名单等选择调查对象,将问卷邮寄给被调查者,并请被调查者填好后寄回;另一种是调查者委托某一媒体发布调查问题,请被调查者完成问卷后邮寄给调查单位。

(二)邮寄调查法的优缺点

1. 邮寄调查法的优点

(1)调查范围广。邮寄调查法打破时空的限制,只要邮件能够到达的地方都可以成为调查的范围。

(2) 被调查者受影响小且时间充分。被调查者可以避免受到调查人员的影响,有充分的时间考虑问题的答案。

(3) 调查费用低。采用邮寄调查法,样本数目较多而且费用比较低,只需要支付邮费和问卷印刷费。

2. 邮寄调查法的缺点

(1) 问卷的回收率比较低。在几种调查方法中,邮寄调查法的回收率是最低的。邮寄调查法的回收率低可能是被调查者对问题不感兴趣;可能是由于问卷过长、过于复杂,使被调查者没有时间或能力回答。

(2) 信息反馈周期长。被调查者因为各种原因不会及时填写问卷或立即寄回,因此调查回收周期长,这也影响了调查数据的时效性。

(3) 填写问卷的质量难以控制。由于没有调查人员在现场监督、检查,被调查者常常会有意或者无意地遗漏掉某些问题。例如,被访者可能误解问题的意思,可能会找人代为回答,或者没有填答全部问题就停止了,也可能只挑选自己感兴趣的问题来回答等,这些都将影响数据的质量。

(三) 邮寄调查法的实施步骤

1. 进行科学抽样,确定被调查者

根据调查的目的确定调查的总体,收集被调查对象名单、通信地址或电话,采用科学的抽样方法,确定被调查者。

2. 事前与被调查者沟通,寻求其支持

在问卷寄出前,通过电话或邮件、信件等方式,与被调查者进行事先的沟通,请求他们协助填写调查问卷。但是在经费或时间不允许的情况下这一步常常被省略。

3. 向被调查者寄出调查邮件

调查邮件一般包括信封、信、调查问卷、礼品等。调查邮件的质量对回收率有直接的影响。

4. 再次接触被调查者

调查邮件寄出一段时间后,调查者通过电话或提示信等方式与被调查者再一次接触,询问其是否收到了问卷,并请求被调查者早日寄回问卷。

5. 统计回收的问卷

这一过程包括给问卷编码、登记问卷寄回的日期、登记寄回的地址、按问卷的日期统计回收的数量等。如果回收率没有达到调查所需的理想水平,则再次电话或邮寄提示信。

(四) 提高邮寄调查问卷回收率技巧

问卷的回收率是邮寄调查的关键问题,也是困扰调查者的一个难题,回收率的高低影响调查样本的代表性,也与调查费用有直接关系。为了保障调查的顺利进行,提高回收率和准确性,就需要依靠一定的方法和技巧。

1. 用电话或短信跟踪提醒

采用电话或短信跟踪提醒被调查者回答问卷能够有效提高回收率,但需要有雄厚的资金支持。

2. 提前通知被调查者

采用电话、短信或邮件等方式提前告知被调查者随后会有问卷要答是有效增加问卷回收率和加快回收速度的有效办法。

3. 做好问卷回寄后勤保障工作

在将问卷邮寄给被调查者时,可以附上回寄问卷邮寄包装袋,如信封、足够的邮费或邮票,并在回寄问卷邮寄包装袋上手写地址,使得被调查者感到亲切、真诚。

4. 物质激励

随邮寄问卷附上某种有价值的物品,或采取抽奖的方式来刺激被调查者以增加问卷的回收率。

三、电话访问法

(一) 电话访问法的含义

电话访问法是指调查者利用电话与被调查者进行语言交流搜集数据的一种方法。电话访问法常用于样本数量多,且内容简单、易于接受、需要快速获取资料的项目的调查,适用于调查热点问题或突发性问题,适合调查内容比较固定的企业。

(二) 电话访问法的类别

电话访问法主要有传统电话访问和计算机辅助电话访问两种形式。

1. 传统电话访问

传统电话访问就是选取一定的被调查者样本,通过拨打电话的方式,向被调查者询问问卷中所列出的一系列问题,并在调查过程中记录答案的方法。调查员一般集中在某个场所或专门的电话访问间,在固定的时间内开始数据收集工作。

2. 计算机辅助电话访问

计算机辅助电话访问是访问员通过计算机辅助电话调查系统向受访者了解和记录有关信息的统计调查方式,它是现代信息技术与抽样调查方法有机结合的产物。

计算机辅助电话访问具有调查效率高、覆盖范围广、质量控制方便、调查成本较低等优势,在抽样调查中被广泛采用,也是我国统计系统开展社情民意调查的主要调查方式。

资料链接3-3

计算机辅助电话调查是如何开展的

随着互联网、人工智能技术的发展,计算机辅助电话调查系统(CATI系统)与互联网、人工智能技术融合成为社情民意调查新方式。

在互联网技术运用方面,一是省级民调电话访问系统与市级民调电话访问系统实时联网,实现省市两端同步在线监听访问过程,便于提高监督审核效率;二是在CATI系统的基础上采用云调查平台,推动云端计算机辅助电话调查系统、移动端调查等方式深度融合和远程监控方式实施;三是"云平台"调查通过随机抽选的手机号码定向发送调查短信,采用网页链接答题,避免转发、刷票和重复回答,调查对象答题的私密性更强、反映的意见建议更为充分。

在人工智能技术应用方面,搭建了智能外呼机器人系统,与CATI系统对接,其外呼项目的样本数据可通过接口方式与智能外呼机器人访问系统实现共享;智能外呼机器人访问系统将外呼生成的答卷、录音等信息同步到CATI系统,由CATI系统进行后续的录音核验和质量控制。上述技术无人工调查员、质控标准统一,一定程度上解决了调查时间、空间、人员受限等问题。

资料来源:翟宏伟,陈曦.计算机辅助电话调查是如何开展的[EB/OL].(2023-01-01)[2023-07-30]. https://www.stats.gov.cn/zs/tjws/tjdc/202301/t20230101_1903798.html.

(三)电话访问法实施的注意事项

(1) 以问卷形式预先设计电话调查的问题,确保调查工作顺利有效进行。

(2) 为降低拒接率、提高访问效率,对某些重要的访问可与被调查者提前约定好相关事宜。

(3) 挑选和培训好调查员。在电话访问实施前需对调查员围绕职业道德、礼仪、与访问有关知识和技能等方面进行培训。

(4) 选择理想的访问时机。如对企业员工的调查,可选择在上班时间;对普通消费者的调查,则最好避开工作时间。

(5)讲究访问技巧。访问员的态度应文明礼貌、情绪饱满。通话的主动权应始终掌握在访问员手中。

(四)电话访问法的优缺点

电话访问法的优点包括:调查速度快、操作方便、效率高;花费时间少、回答率高;覆盖面广;能够减轻被调查者心理压力,易被接受等。其缺点包括:很难判断样本的代表性,数据只能来源于接通电话的群体;受通话时长的限制,很难涉及太复杂的问题;获得数据的质量可能会受到语言的障碍等。

四、留置调查法

(一)留置调查法的含义

留置调查法,是指调查者将调查问卷送至被调查者手中,解释说明问卷填写要求后将问卷留下,由被调查者自行填写,调查者再定期收回的调查方法。采用这种方法,调查者可以当面向被调查者说明填写要求,从而避免因被调查者不理解或误解问题而产生误差。

(二)留置调查法的操作与注意事项

采用留置调查法进行数据搜集是调查员按面谈访问的方式找到被调查者,说明调查目的和填写要求,调查者将问卷留置于被调查者处,并与被调查者约定再次登门取回填好问卷的时间。若送达问卷时,被调查者方便填写,调查者可等待被调查者填写完毕后当面收回问卷。

需要注意的是,尽管在调查问卷中已对作答的技巧、方法及相关事项作了充分的说明,但是,调查者依然有必要在发送问卷时进行说明,因为可能会存在被调查者不阅读问卷填写说明就进行作答的情况。如果调查者在回收问卷时发现答案填写不规范、不清楚、漏答的情况,要及时纠正。

(三)留置调查法的优缺点

留置调查法是介于邮寄调查法和面谈访问法之间的一种方法,比较好地结合了两种方法的优势。被调查者填写问卷的时间比较充裕,而且不受调查者的影响;既有效避免了被调查者对问题的误解,又在时间上得到了保证。但是,留置调查法也具有费用高、受地区限制、对调查者的活动难以有效监督的缺点。

上述四种访问调查法的比较,如表3-1所示。

表 3-1　　　　　　　　　　　四种访问调查法的比较

	面谈访问法	邮寄调查法	电话访问法	留置调查法
回收率	高	低	较高	高
灵活性	强	差	较强	强
准确性	好	较好	好	好
速度	较慢	较慢	快	较慢
成本	高	较低	低	较高
复杂程度	复杂	简单	较简单	复杂
调查范围	窄	广	较广	较窄

第三节　观察调查法

一、观察调查法的含义

观察调查法是指调查者根据一定的调查目的、提纲或观察表,用自己的感官和借助辅助工具直接观察被调查者,从而获得第一手资料的方法。观察调查法要求调查者深入市场、商店、展销会、博览会或其他消费者集中的场合,借助自己的感官和照相机、录音机、显微录像机等记录工具,在被调查者未察觉的情况下,记录被调查者的行为、活动等,以搜集市场信息。如某企业为了了解顾客选择商品的习惯、偏好,制定切实可行的营销策略,调查者可以到市场或商场,观察顾客所关注产品的花色、款式、品牌及摆放位置等。

二、观察调查法的类型

常见的观察调查法主要有直接观察法、神秘顾客调查法、痕迹观察法、行为记录法等。

(一) 直接观察法

直接观察法是指调查者在比较近的距离内,对被调查者的行为进行细致的观察和记录的方法,可以分为参与观察和非参与观察。

参与观察是调查者直接到特定的环境对市场现象进行观察,搜集市场信息。调查者通过参与观察既可以观察到市场现象的具体表现,又可以了解交易双方较深层次的互动。非参与观察是指调查者以旁观者的身份深入调查现场,从侧面观察、记录所发生的市场行为或状况。例如,某服装设计师到商场看时尚衣服的款式,他的注意力并未放在衣服上,而是认真倾听顾客的交流。他听到一位女顾客说她很喜欢帽子上有独特的小装饰,深受启发。

(二)神秘顾客调查法

神秘顾客调查法是让神秘顾客假装成普通的消费者,进入特定的调查环境对事先设计的一系列问题逐一进行评估或评定的一种方法。神秘顾客是由经过培训的调查者在规定或指定的时间里扮演的。神秘顾客调查法观察到的是真实发生的行为,避免了调查中被调查者自述行为与真实行为不一致的可能。神秘顾客调查法比较适合过程复杂、顾客自身又难以评价的服务过程或现场服务质量的调查。

(三)痕迹观察法

痕迹观察法是指调查者不直接观察被调查者的行为,而是通过其他途径来了解他们行为的痕迹的一种方法。研究垃圾是痕迹观察法的典型方式,是指市场调查者通过对家庭垃圾的观察和记录,搜集家庭消费资料的调查方法,其特点是通过查看住户处理的垃圾对家庭食品消费进行调查。

(四)行为记录法

行为记录法是借助照相机等相关仪器,通过录音、录像等方式获取有关信息。用照像机记录用户行为是行为记录法的典型方式。

三、观察调查法的程序

(一)明确目的,制订相应计划

调查人员首先要明确观察的目的,即通过观察想获取什么资料,并以此确定观察的范围、对象,制定观察计划,明确观察的时间、次数、位置、方法、注意事项等,尽可能避免或减少观察误差。

(二)选择合适的工具,设计相关表格

观察调查法的记录工具比较多,实施调查前,调查人员需要根据调查项目选择合适的工作,提前制作卡片和相关表格,并调试好仪器设备,以便将观察结果快速、准确地记录下来。例如,顾客流量与购物调查表,如表3-2所示。

表 3-2 顾客流量与购物调查

观察地点：_____

观察时间：_____

观察员：_____

观察项目	进口方向	出口方向

（三）确定观察的时间和地点

根据观察对象的具体情况，确定最佳的观察时间和地点，提前考察现场，注意既要便于调查人员的观察，又要注意其隐蔽性。

（四）实施观察并客观记录

在实施观察过程中，需要灵活地安排观察顺序，尽可能减少观察活动对被调查者的干扰。在对被调查者进行观察的同时，要做好观察记录。记录在观察中占有非常重要的位置。在观察过程中，调查人员应该根据不同的观察类型采用合适的记录方法。常见的记录方法有以下五种。

1. 观察卡片

观察卡片与调查问卷的结构基本相同，卡片上应列出一些比较重要的问题，并列出每个项目中可能出现的各种情况。

2. 符号

在观察前先约定好一些简单符号与观察中出现的各种情况的对应关系。在记录时，只需根据所出现的情况记下相应的符号，不需要采用文字叙述的方式。

3. 速记

速记是用简便的线段、圆点等符号来代表文字进行记录的方法，可以提高记录的速度。

4. 记忆

在观察调查法中，可以采用事后追忆的方式进行记录。这是由于人脑不能准确无误地记忆很多信息，只能抓住要点记忆，事后进行及时回忆和整理。

5. 机械记录

机械记录是指运用录音、录像、照相、各种专用仪器等手段进行记录。这种方法能详细记录所观察到的事实，免去观察者的负担，但容易增加被观察者的压力，致其产生顾虑,从而使得调查结果失去真实性。

第四节 实验调查法

一、实验调查法的含义

实验调查法是指调查者有目的地改变一个或几个影响因素,通过实验对比的方式观察市场现象在这些因素影响下的变动情况,以获得市场信息资料的方法,其观察的主要是某些变量之间的因果关系。从某种意义上讲,实验调查法是把事物放在某一特定的条件下进行观察,因此也可以看作是一种特殊的观察法。

实验调查法广泛应用于对研究产品改变品种、包装、设计、广告、价格、陈列等市场效果的调查。例如,某企业产品销售情况变差,初步分析是产品包装老旧。企业可以先对少量产品的包装进行重新设计,然后推向市场试销。如果试销后销量有了显著的增加,那么企业就可以改换新包装。

在实验中,接受实验的被研究对象叫作实验组。往往与实验组进行对比实验调查的非实验对象叫作控制组。有的实验是在现实情况下进行的,是现场实验,而有的实验是在受控制的环境下进行的,属于实验室实验。

二、实验调查法的类型

常用的实验调查法主要有实验前后无控制对比实验、实验前后有控制对比实验、控制组和实验组连续对比实验三种。

(一) 实验前后无控制对比实验

实验前后无控制对比实验是最简单的实验调查法,它是指在同一个调查区域内,实验前在正常情况下搜集必要的资料,实验后一段时间再搜集实验期间的数据,通过对比实验前后的数据,了解实验效果。

【范例3-5】 某公司的某一款商品销量下降,初步分析是商品外包装不符合消费者的喜好。因此,该公司决定做商品包装更换实验,实验期限暂定一个月。实验前先记录该商品在某商场一个月的销量,然后在同一商场销售包装更换后的商品。一个月后,再统计此商品的销量。结果如表3-3所示。

表 3-3　　　　　　　　　　　新旧包装对商品销量的影响　　　　　　　　　　单位：件

项目	实验前	实验后
商品的销量	100	180

经过实验可见，更换包装后，商品的销售量增加了 80 件，如果没有其他因素影响，说明新包装可以采用。

(二) 实验前后有控制对比实验

实验前后有控制对比实验需要设置非实验单位和参与实验的单位，即控制组和实验组，两者的条件应该大体相同。该种实验方法是将控制组事前事后实验结果与实验组事前事后实验结果进行对比。在不同企、事业单位之间选取控制组和实验组，并对实验结果分别进行事前和事后测量，再进行事前事后对比，可以大大提高实验的准确性。

【范例 3-6】 某电器销售公司欲测定改进包装对 Q 电器销售量的影响，选定了 A、B、C 三家销售网点作为实验组，销售更换包装后的 Q 电器；选定 D、E、F 三家销售网点作为控制组，销售旧包装的产品。实验期限为一个月，实验前后 Q 电器销量数据如表 3-4 所示。

表 3-4　　　　　　　　　　Q 电器新旧包装销售量统计表　　　　　　　　　　单位：台

组别	实验前	实验后	变动情况	实验效果
实验组	260(新)	350(新)	90↑	70
控制组	240(旧)	260(旧)	20↑	

经过实验前后的数据对比，实验组新包装后的 Q 电器的销售量增加了 90 台，控制组使用原包装 Q 电器的销售量增加了 20 台，实验效果为 70 台。这说明排除其他因素的影响，Q 电器采用新包装有利于销售，该电器销售公司可以更换产品包装。

(三) 控制组和实验组连续对比实验

控制组和实验组连续对比实验，是指将控制组实验前后的情况与实验组实验前后的情况进行对比，以排除实验因素影响的一种实验调查方法，这是一种最复杂也是最科学的实验调查方法。

【范例 3-7】 承接[范例 3-6]，如果该电器销售公司的实验采用控制组和实验组连续对比实验，实验组在实验前销售旧包装 Q 电器，实验期间销售更新包装后的 Q 电器。控制组实验前后均销售旧包装 Q 电器。实验前后 Q 电器销量统计表如表 3-5 所示。

表 3-5　　　　　　　　　Q 电器新旧包装销售量统计表　　　　　　　　单位：台

组别	实验前	实验后	变动情况
实验组	260（旧）	350（新）	90↑
控制组	240（旧）	260（旧）	30↑

经过实验可见，实验组更换包装后的 Q 电器销量比旧包装的销量在实验后增加了 90 台，扣除控制组实验前后增加的 20 台和实验前的两组销量的差异 20 台。实验结果表明，更换新包装后的 Q 电器的销量增加了 50 台。不考虑其他因素的影响，该公司可以更换改进 Q 电器的包装。

三、实验调查法的操作步骤

（一）根据调查目的，提出研究假设

研究假设是采用实验法搜集数据的前提。调查人员在实验调查之前，需要根据调查的目的和具体要求，提出具有因果关系的研究假设，并综合考虑，确定实验中需要控制或改变的市场因素。例如，公司想要调查商品价格的增长对销量的影响，那么可以假设公司商品价格的上涨可以增加公司的销售额。

（二）进行实验设计

实验设计是调查人员进行实验活动，对实验相关事宜进行控制的指导性方案，是实验的中心环节，决定着所提研究假设能否被确认。

（三）选择实验对象，确定合适的实验方法

实验对象的选择对调查结果有直接影响，调查人员应坚持广泛性、代表性的原则选择实验对象，再根据实验对象的特征，选择合适的实验方法。

（四）正式实验

实验过程中，调查者需要严格按照事先设定好的实验计划持续推动实验的进程，认真观察和记录实验结果，必要时可以进行重复实验，以获取更为准确的实验数据。

（五）资料整理得出实验结论

实验结束后，调查人员需要对实验数据进行整理和分析，得出实验结论，供相关部门和人员参考以作出相应决策。

四、实验调查法的优缺点

1. 实验调查法的优点

（1）能够获得大量的一手资料，得到的实验数据比较客观，精确度较高。这是实验调查法最突出的优点。实验调查法能在变化的市场环境中通过具体的实验进行调查，获得大量的一手资料。通过观察搜集的数据比较客观，有一定的实用性和可信度。同时，根据调查目的的需要，调查人员可以多次进行相关实验，获得更精确的数据。

（2）实验过程具有可控性和主动性。调查人员可以积极主动地引起某些市场因素的变化，通过控制其变化来分析某些市场现象之间的因果关系及相互影响程度。

2. 实验调查法的缺点

（1）实验花费的时间长。实验法需要搞清各种要素之间的关系，经常需要进行多组实验，并进行数据的分析和整理，耗费的时间比较长。

（2）实验对象和实验环境的选择难度系数大。实验对象和环境的选择应具有代表性，而这一点在操作过程中难度系数比较大。

（3）在实施过程中可能会遇到大量的阻碍。

第五节　网络调查法

根据互联网世界统计测算数据显示，2020年上半年全球互联网渗透率为59.600%，截至2021年3月，全球互联网渗透率达65.60%，较2009年渗透率提升40.111个百分点。根据世界银行及Think全球联保服务公布的数据显示，截至2021年3月，全球互联网用户数量达到51.69亿人。由此可见，网络调查法会成为市场调查数据采集的主要方法之一。

一、网络调查法的含义

关于网络调查的名称比较多，如互联网调查、网上调查、网络调查、在线调查等。在此，统一采用网络调查这一名称。

网络调查法是指利用互联网搜集、整理、分析和研究企业所需的市场信息的一种调查方法。目前，可以借助的、比较成熟的网络平台有微信、公众号、微博、电子邮箱、QQ

等。与传统的调查方法相比,网络调查法可以节省时间、人力和成本,在组织实施、信息采集、数据处理、结果分析、调查效果等方面具有明显的优势。

二、网络调查法的操作步骤

(一) 确定调查的目的和任务

网络调查法实施的第一步是确定调查的目的和任务,这与传统的调查方法是保持一致的。

(二) 确定调查的对象

根据调查的目的和任务确定调查对象,即确定哪些人能够提供调查所需要的信息。通常情况下,企业产品或服务的目标顾客或潜在顾客是调查的对象。

(三) 设计网络调查问卷

这一步需要将调查的目的和任务转化为具体的问题,形成科学、合理的调查问卷。网络调查在较为复杂的调查项目方面具有局限性。因此,调查表的设计应尽量简单、易答。问题的表述也要符合网民的特征及心理特点。问题答案的设计除了特殊问题需要被调查者输入文字回答之外,尽可能让被调查者通过简单点击操作即可回答。

(四) 确定网络调查的具体方法

网络调查的具体方法有站点法、电子邮件法、网上在线座谈会、在线监控调查法、网络随机抽样等。调查人员需要根据调查的目的和任务、调查对象的特征选择恰当的调查方法。

(五) 分析调查结果并撰写调查报告

在调查问卷回收后,调查人员需要对回收的问卷进行检查、处理、分析,得出相应的结论。这一步是网络调查能否发挥作用的关键。在此基础上,调查人员还应对调查的数据和结论进行系统的说明,并对有关结论进行探讨,形成调查报告。

三、网络调查法的类型

网络调查法包括站点法、电子邮件法、网上在线座谈会、在线监控调查法、网络随机抽样等,下面主要介绍前三种方法。

(一) 站点法

站点法是将调查问卷放在某个专业网络站点上,由访问者自愿填写,访问者填写完整后,站点进行汇总和分析。站点法需要利用网络调查系统,其中的可视化问卷编辑器就可以完成整体问卷的设计,传输软件可将其自动传输到网络服务器上,通过网络站点,调查人员可以随时在屏幕上对回答数据进行统计分析,如问卷星。

资料链接3-4

利用问卷星进行网络调查

问卷星官方网站显示,问卷星适用于问卷调查、在线考试、在线测评、在线投票、人才盘点等各种场景。其问卷调查系统支持30多种题型,可以设置跳转、关联和引用逻辑。支持微信、邮件和短信等方式接收数据,数据回收后可以进行分类统计、交叉分析,并且可以导出Word、Excel、SPSS等文件格式。

资料来源:许以洪,陈青姣.市场调查与预测[M].北京:机械工业出版社,2020.07.

站点法是目前网络调查的基本方法。如果企业网站建设比较成熟,已经拥有固定数量的访问者,则完全可以用自己的网站开展网络调查。如果自己的网站没有建好或者访问量不大,则可以利用第三方网站进行调查。

(二) 电子邮件法

电子邮件法是用电子邮件将调查问卷发送给被调查者,被调查者在收到问卷后,填写问卷,并将填好的问卷发送到指定的邮箱。

电子邮件法不要求企业有自己的网站,只要有被调查者的电子邮件地址即可。这种方式可以在一定程度上对用户进行选择,方便快捷。但是电子邮件调查收到的每份问卷都以邮件的形式发回,需要重新导入数据库才能进行后续的处理。

(三) 网上在线座谈会

网上在线座谈会是在同一时间邀请4~6位被调查者进入一个特定的网络聊天室,主持人给出调查的问题,引导被调查者相互讨论、发表看法。目前,网上在线座谈会可以通过多种途径实现,如QQ群、微信群、腾讯会议、钉钉等。这种方法可以减少被调查者的顾虑,使其比较自由地发表个人观点。

四、网络调查法的优缺点

(一) 网络调查法的优点

1. 信息传递和收集速度快

网络调查法是速度最快、最节省时间的一种调查方法。只要有网络,想要调查的信息就可以不受时空的限制传递给用户。从信息采集、录入、检验到处理都可以借助计算机系统来完成,改变了传统调查方式在处理数据中耗费时间长的状况。

2. 成本低

网络调查法只需要支付网络使用费用和给被调查者的劳务报酬(委托第三方机构进行网络调查除外),节省了包括差旅、住宿、问卷印刷等其他费用。

3. 准确性高

由于网络调查的匿名性,被调查者可以无压力地表达自己真实的想法,同时因为调查过程的无直接接触,被调查者不会受到调查人员的影响。信息整理借助计算机系统,避免了人工误差的出现。调查人员更容易获得真实的信息。

(二) 网络调查法的缺点

1. 难以控制问卷的填写质量

网络调查中,调查人员和被调查者没有直接的接触,因此,调查人员不能进一步地向被调查者介绍问卷填写的相关事宜,也不能在第一时间发现影响问卷填写的质量问题,如拒绝回答、大面积不答或者多次重复回答等。

2. 具有地域性要求的调查难以推进

对诸如居民收入、消费水平、消费品价格指数等具有地域性要求的调查来说,网络调查所得信息很难反映被调查者的地域。

3. 难以获得样本的背景信息

因为网络的匿名性,被调查者的身份和特征很难得到验证。在网络上,诸如性别、职业、年龄等背景信息在填写时可能出现故意错填的情况,影响调查的可信度。

本 章 测 试

一、单项选择题

1. ( )是调查者直接到特定的环境对市场现象进行观察,搜集市场信息。
   A. 参与观察　　　B. 非参与观察　　　C. 入户访问　　　D. 观察

2. 神秘顾客法主要用来检查( )。
   A. 产品质量　　　B. 价格规范　　　C. 客流量　　　D. 服务质量

3. 实验调查法最突出的优点是( )。
   A. 具有可重复性　　　　　　　　　B. 能有效控制实验过程
   C. 直接掌握大量的一手资料　　　　D. 能进行因果关系分析

4. ( )是根据调研目的和被调查者的特点,在街区恰当的地点选择一个相对固定的访问点,对符合访问条件的被调查者进行访问的一种调查方法。
   A. 入户访问　　　B. 定点拦截访问　　　C. 小组座谈　　　D. 深度访谈

5. 我国统计系统开展社情民意调查的主要调查方式是( )。
   A. 入户访问　　　　　　　　　B. 传统电话调查
   C. 计算机辅助电话调查　　　　D. 深度访谈

6. 第一手资料搜集中最常用的、最基本的实地调查方法是( )。
   A. 文案调查法　　　B. 访问调查法　　　C. 观察法　　　D. 实验法

7. ( )广泛应用于对研究产品改变品种、包装、设计、广告、价格、陈列方式等市场效果的调查。
   A. 文案调查法　　　B. 访问调查法　　　C. 观察法　　　D. 实验法

8. ( )不直接向调查对象提出问题,被调查者可能完全不知道自己在被调查。
   A. 二手资料调查法　　B. 入户访问法　　C. 观察法　　D. 对比实验法

9. 适用于调查热点问题或突发性问题,适合调查内容比较固定的企业的调查方法是( )。
   A. 面谈访问法　　　B. 电话访问法　　　C. 邮寄调查法　　　D. 留置调查法

10. ( )打破时空的限制,只要邮件能够到达的地方都可以成为调查的范围。
    A. 文案调查法　　　B. 电话访问法　　　C. 邮寄调查法　　　D. 留置调查法

二、判断题

1. 互换法是指通过有偿购买信息资料收集和分析信息数据的方法。　　　　( )
2. 在互联网上收集到的文献资料可以直接参考使用。　　　　　　　　　　( )

3. 因为实验法花费的成本比较高,所以一次实验之后记录的数据就能支撑调查项目,不需要进行多次实验。　　　　　　　　　　　　　　　　　　　(　　)
4. 市场调查中最古老、最通用的调查方法是面谈访问法。　　　　　(　　)
5. 留置调查法是介于面谈访问法和邮寄调查法之间的一种调查方法。(　　)

三、简答题

1. 简述面谈访问法有哪些形式。
2. 简述文案调查法的操作过程。
3. 简述实验法的优缺点。
4. 简述常见的记录方法。
5. 结合所学知识,谈谈你对深度访谈法的理解。

四、案例分析题

国内知名民调公司——零点调查开展了一项网络生态环境的调查,对党的十八大以来国内网络生态环境的各方面变化情况进行了系统调查。调查在全国45个大中城市进行,调查结果显示:网民普遍肯定党的十八大以来网络环境的积极变化。80%以上的网民认为网络充满正能量、网络秩序变得更好、网络舆论环境得到改善;网民普遍认为网络有害信息和侵权行为有所减少;90%以上的网民表示支持政府发起的各项网络治理行动;90.6%的网民对我国网络的健康规范发展充满信心。

党的十八大以来,政府在网络治理、网络空间建设和网络安全方面开展了大量管理工作,并出台了相应的网络管理政策。最引人注目的是,政府发起了多项网络治理专项行动。在这些网络治理行动的作用下,网络环境发生了明显的改善,网民对于治理后的网络环境也表现出明显的积极评价,表示网络环境发生积极变化的网民比例普遍在八成以上。

调查显示,95.6%的网民表示网络对个人生活产生了大的影响,"木马病毒等恶意软件导致个人信息泄露"和"钓鱼网站等欺诈手段盗取个人信息"是网民最担心的网络不安全因素。在使用网络的同时,网民的网络风险防范意识也在不断提高,有84.6%的网民认为个人网络风险防范意识高,只有15.4%的网民觉得个人网络风险防范意识低。

网民对6项网络治理行动的支持率均超过了90%。有4项治理行动的支持率超过了95%。网络治理行动的成效使得网民对政府网络治理水平的评价有了新变化。有84.3%的网民表示政府的网络治理水平提高了。相对更为活跃的年轻网民对政府治理能力水平的认可程度更高一些,比例接近90%。

要求:请分析并回答此次零点公司开展的调查采用了什么样的调查方法,这种方法应该怎么实施?常见的方法有什么?

第四章　市场调查问卷设计

知识导航

市场调查问卷设计
- 市场调查问卷概述
  - 市场调查问卷的概念
  - 市场调查问卷的类型
- 市场调查问卷中问题表述的设计
  - 问题表述的基本原则
  - 问题表述的一般方式
  - 问卷中问句的设计
- 市场调查问卷中问题答案的设计
  - 问题答案设计的基本原则
  - 封闭式问题的答案设计
  - 开放式问题的答案设计
- 市场调查问卷的版式设计
  - 问卷版式设计的一般要求
  - 问题的排列顺序
- 网络市场调查问卷的创建
  - 网络注册
  - 问卷设计方式选择
  - 问卷题项设计及有关提示
- 市场调查问卷的接收、检查和校订
  - 市场调查问卷的接收
  - 市场调查问卷的检查
  - 市场调查问卷的校订

学习目标

通过本章的学习,学生应了解调查问卷的概念、类型;掌握问卷的基本原则及设计方法;熟悉问卷设计的版式要求;掌握创建网络问卷的基本技能。

> **寓德于教**
>
> 习近平总书记主张真研究问题、研究真问题。在厦门工作期间,他到同安的次数,当地人说多到"记不清"。有一回,他前往"英雄三岛"(大嶝、小嶝、角屿)调研,当天傍晚就召开联合办公会,把了解到的问题一一列出来,要求按时解决。大家以为视察过、开完会,这事就这么过去了,没想到3个月后,习近平总书记专门问相关财政资金有没有到位,让县里抓好落实。
>
> 党的十八大以来,习近平总书记的调研足迹遍布祖国山山水水。在湖南十八洞村调研,创造性提出"精准扶贫"理念;到江苏调研,首次公开将"全面从严治党"与全面建成小康社会、全面深化改革、全面推进依法治国一并提出;赴浙江调研后,首次正式提出"新发展格局"。习近平作过精辟概括:衡量调查研究搞得好不好,不是看调查研究的规模有多大、时间有多长,也不是光看调研报告写得怎么样,关键要看调查研究的实效,看调研成果的运用,看能不能把问题解决好。
>
> 资料来源:央视网.调研搞得好不好,习近平提出3条标准[EB/OL].(2023-04-26)[2024-08-23]. https://news.cctv.com/2023/04/26/ARTIhateHzDGLyMBsPFTozzm230426.shtml.
>
> 请思考:调查研究工作的实效应该如何衡量?

第一节 市场调查问卷概述

一、市场调查问卷的概念

市场调查问卷,又称调查表,是指调查研究者根据调查目的和要求,设计出的由一系列问题、备选答案及填答说明等组成的向被调查者搜集调查数据的一种工具。问卷可以是表格式、卡片式或簿记式。

设计问卷,是询问调查的关键。完美的问卷必须具备两个功能,即能将问题清晰、准确地传达给被调查者和使被调查者乐于回答。要完成这两项功能,问卷设计应当遵循一定的原则和程序,运用一定的技巧。

问卷在自然科学、社会科学的许多领域具有广泛的用途。就市场调查活动而言,它是搜集市场信息的基本工具之一。市场研究需要进行规范的调查,标准化的问卷不仅有利于准确、迅速地搜集市场资料和信息,而且便于快速、高效地对这些数据进行处理和分析。

二、市场调查问卷的类型

问卷的设计必须满足具体的调查目的和任务的要求,需要针对不同的调查研究目的、调查对象、调查内容、调查方法设计不同类型的问卷。

(一) 根据使用问卷的方法分类

根据使用问卷的方法划分,问卷可分为自填式问卷和访问式问卷两类。

1. 自填式问卷

自填式问卷,是指调查者把问卷发给被调查者,由被调查者自己填写的问卷。大多数情况下,被调查者在回答此类问卷时,不能与调查者面对面交流,缺乏填答问卷的现场指导,因而从被调查者角度考虑,设计自填式问卷时应尽可能使问卷简单明了、方便填答,无论是问题的表述还是备选答案的表述,都必须能够使被调查者易于准确理解,以确保填答质量。

2. 访问式问卷

访问式问卷是由调查者在各种方式的访问中所使用的一种问卷。访问方式包括入户面访、街头拦截访问、小组座谈访问、深层访谈、电话访问等。在访问调查中,由于被调查者与调查者能够面对面交流,有机会获得填答问卷的现场指导,所以访问式问卷较自填式问卷可以设计得稍微复杂一些,以便能够搜集更深层次的数据。但电话访问只是调查者与被调查者的一种语言交流,被调查者不能见到问卷,而且受到时间限制,所以电话访问中的问卷一般比较简单,不能使用比较复杂的问卷。访问式问卷根据需要,可以由调查者向被调查者提问,调查者记录被调查者的回答,也可以由被调查者自行填写。

(二) 根据问卷发放的形式分类

根据问卷发放的形式不同,问卷可分为现场发放式问卷、报刊式问卷、邮寄式问卷、电话访问式问卷、网络问卷。

1. 现场发放式问卷

现场发放式问卷,是指在调查现场由调查者将调查问卷直接发给选定好的目标群体,待回答完问题后再进行统一收回的问卷,如各类面访问卷。其特点是有确定的传播途径、回收率高、回收时间短,但费用也高。

2. 报刊式问卷

报刊式问卷,是指把问卷刊登在报刊上,随报刊发送到各地,当读者看到报刊后在报刊上填写,然后寄回报刊编辑部的问卷。其特点是有稳定的传播途径、保密性好、费用低,但回收时间长且回收率不高。

3. 邮寄式问卷

邮寄式问卷,是指通过邮局把问卷邮寄给相应的人员,待答完问题后再通过邮局将问卷统一回收的问卷。此类问卷适用于特定群体的调查。其特点是有确定的传播途径、保密性好、费用低,但回收时间较长且回收率较低。

4. 电话访问式问卷

电话访问式问卷是通过互通电话的形式,向被调查者提问,调查者根据被调查者在电话中的回答情况进行填写。其特点是有确定的传播途径、内容较少、回收率高、回收时间短、费用相对较低。

5. 网络问卷

网络问卷是当前较为普遍的一种形式,即将问卷在网络上发布。其特点是保密措施好,有相对稳定的传播途径,不受时间和空间的限制,可以获得更多的信息。

(三) 根据问卷标准化程度分类

根据问卷标准化程度不同,问卷可分为封闭式问卷和开放式问卷。

1. 封闭式问卷

封闭式问卷,是指问卷中事先拟定了问题的备选答案,由被调查者进行选择性回答的问卷。封闭式问卷的标准化程度高,提问的方式与备选的答案都是统一的,有利于对调查数据进行统计处理。在调查活动中,若偏重搜集定量数据或可以量化的数据,则提倡采用封闭式问卷。

2. 开放式问卷

开放式问卷,是指问卷中只提出问题而没有提供备选的答案,完全由被调查者根据自己的理解或感受进行填答的问卷。开放式问卷由于未提供统一的备选方案,因而其标准化程度低,不便于对调查结果进行统计处理。开放式问卷广泛应用于定性的探索性研究。

第二节 市场调查问卷中问题表述的设计

市场调查问卷中问题表述的设计,就是将调查变量具体地转换成问卷中一个个问题的过程。这一过程主要是根据调查变量的属性与特点,运用合适的方式进行问题的表述。问句的表述可以采用问句的形式,也可以采用陈述句的形式。

一、问题表述的基本原则

问题的表述,既要考虑调查变量的属性与特点,又要考虑被调查者的理解能力、回答兴趣与回答心理。设计问卷时需要遵循下列基本原则。

1. 准确性原则

准确性原则是指问题的表述能够准确地表达所要调查的内容。调查研究课题确定了调查的内容,围绕调查研究的课题而设计的一系列调查变量又将调查内容进一步具体化,问题的表述将调查变量转换成一个个问题。如果问题的表述不能准确地表达调查的内容,所搜集的数据偏离调查研究课题,就会失去调查意义,达不到调查研究的目的。

将调查变量转换成调查问卷中的问题,可能会存在两种情形:一种情形是一个调查变量对应一个问题,另一种情形是一个调查变量对应一组问题。如果使用一个问题能够测度所要调查的某个变量,就采用第一种情形,否则采用第二种情形。

【范例4-1】 调查的变量是"广告的传达效果",对应的问题表述为:
您是否认为××广告具有较好的效果?
①是　　　　　　　　　　　　　②否

[范例4-1]的问题针对广告传达效果,表述并不准确。首先,变量是要测度广告传达效果,而问题的表述中则抽象化为广告的效果。其次,广告的传达效果需要通过到达度、注意率、记忆率、理解度、喜爱程度等几个方面来进行评价,而[范例4-1]问题的表述中没能将广告传达效果具体化。所以,针对广告传达效果这个变量,就可以根据上述5个测评指标至少可以提出5个问题。只有这样才能准确地测评广告的传达效果。

2. 清晰性原则

清晰性原则是指问题的表述要清晰明了,便于理解,不致使被调查者对问题产生歧义。问卷是要给被调查者阅读与回答的,如果问题表述不清、意思模棱两可,容易导致被调查者误解,且易造成回答困难。

【范例4-2】 您是否认为色彩鲜艳的广告会给人带来积极的视觉效应?

[范例4-2]表述中的"积极的视觉效应"可能使很多调查者难以理解。这样的问题表述就不符合清晰性原则的要求。

3. 客观性原则

客观性原则是指问题的表述应该使用中性词,避免引导和提示,不能体现设计者自己的主观意识。

【范例4-3】 人们都认为××冰箱的制冷效果不错,您觉得呢?

[范例4-3]中问题的表述明显带有诱导性,可能有不少被调查者会被问题诱导,以人们普遍认为的观点作为自己的回答结果,然而这种回答并不一定是自己真实的观点,从而破坏了数据的真实性。

上述原则是问题表述中应遵循的最基本的原则。问句的设计还有许多应该注意的具体细节问题,将在后续内容中介绍。

二、问题表述的一般方式

问题的表述有两类方式,即直接表述法与间接表述法。

直接表述法又称直接提问法,是指将调查意图与所要调查的内容直接用文字表述出来,被调查者能够清楚地了解所要调查的真实意图与内容。直接表述法有许多具体方法,如简单询问法、简单陈述法、释疑法、假定法。直接表述法适用于非敏感性问题,而间接表述法则适用于敏感性问题。这是因为对被调查者来说,敏感性问题往往具有隐私性、恐惧性、难堪性,如果采取直接表述的方式,他们往往不愿意给出真实的回答。

(一) 直接表述法

1. 简单询问法

简单询问法就是将调查内容用一句简短的疑问句直接表述出来。该表述方法是问句设计中最常见的一种问题表述方式。

【范例4-4】 您在购买服装时考虑的最主要的因素是什么?

①颜色　②款式　③质地　④价格　⑤品牌　⑥产地

[范例4-4]的表述方式就是简单询问法。简单询问法的表述方式简单明了,被调查者容易理解题意,设计也比较简单。但这种表述方式只适用于比较简单的问题,对于比较复杂的问题效果并不好。

2. 简单陈述法

简单陈述法就是将调查内容用简短的陈述句形式表述出来。该表述方法也是问句设计中一种常见的问题表述方式。

【范例4-5】 请您阅读表4-1中关于本酒店服务的陈述句,根据您自己的感知经历作出判断。(在相应的格子中画"√")

表 4-1　　　　　　　　　　　客人对酒店服务的评价

酒店服务评价陈述	评价				
	非常满意	满意	无评价	不满意	很不满意
入住手续办理速度快					
房间干净整洁					
洗漱用品齐全					

简单陈述的表述方式也比较简单明了,具有简单询问法的特点,但比简单询问法效率更高。在测度被调查者的主观态度时,如果测度的项目较多,而测度的量表相同,采用该种表述方式就比较合适,既能节省问卷篇幅,又能方便被调查者阅读与回答。

3. 释疑法

释疑法就是在问题的主题之前加上一段解释性的文字,对被调查者可能不太熟悉的专业词汇进行解释,帮助其准确理解题意,或消除被调查者的回答顾虑,促使其表露自己真实的想法或态度。

【范例 4-6】　随着社会的进步,有越来越多的男士使用化妆品。您(男士)使用过男士化妆品吗?

①使用过　　　　　　　　　　②未使用过

有部分男士认为自己使用化妆品是一件不好意思的事情,在询问其是否使用过化妆品时,即便有使用经历,也可能不如实回答。此时,在问题前面加上一句解释性文字,有助于消除男士的回答顾虑,以便获得真实回答。如果设计者认为所提的问题可能带有一定的敏感性,就可以考虑使用释疑法来表述问句。但在问卷设计中,这种表述方法不宜过多使用,否则会增加问卷篇幅和被调查者的阅读量,不利于被调查者的回答。

4. 假定法

假定法就是用一个假言判断作为问题的前提,然后再询问被调查者的看法,常用于意愿调查。其常用格式是:"假定……您是否会……""如果……您将……?"

【范例 4-7】　如果有以下工作,您将会选择哪一项?

①月薪 5 000 元,每天工作 8 小时

②月薪 7 000 元,每天工作 10 小时

③月薪 9 000 元,每天工作 12 小时

采用假定法来了解被调查者的意愿和行为倾向是比较有效的,但不宜多用。假定

条件毕竟不是事实,被调查者有时也很难把握自己,当假设成为现实时,其态度与行为可能会发生改变。所以,此时我们所搜集的数据不一定十分可靠。

(二) 间接表述法

间接表述法又称间接提问法,是指将调查的真实意图与所要调查的内容采用隐含性文字或图表表述出来,被调查者并不清楚所要调查的真实意图,在此情形下,被调查者更可能就调查的问题给予真实的回答。间接表述法有许多具体方法,如转移法、情景法、投影技法等。

1. 转移法

转移法是指由他人直接回答问题,再请被调查者对他人的回答做出评价。采用这样的表述方法可以降低问题的敏感性和减轻对被调查者的威胁性。例如,在家庭产品测试中,需要征询用户对产品的评价意见,由于产品是免费试用的,用户往往不好意思对产品给予差评,可能会做出比较中性的评价。此时,若运用转移法提问,可能效果会好些。

【范例4-8】 对于您试用的这款产品,有的用户认为使用方便,有的用户认为使用不方便,您同意哪种看法?

①同意第一种看法　　　　　　②同意第二种看法

转移法虽然降低了问题的敏感性,但问题的陈述中一般不能表述出他人过多的观点和比较细致的看法,所以搜集到的数据往往计量层次较低。

2. 情景法

情景法是指设计一个情景,让被调查者设身处地地表露自己的看法或意向。这种方法有利于了解被调查者的真实想法。情景法与假定法既有相同之处,又存在不同特点。两者都是从假定出发,要求被调查者在假设条件的前提下回答问题。两者的区别在于,情景法要设计一个与调查内容相关的情景,而且调查的意图往往隐藏在问题本身之中,被调查者不易察觉设计者的真实意图。

【范例4-9】 某女工在企业实行的优化组合中失去了工作。您能猜猜是什么原因使她失去了工作吗?

①人际关系不好　　　　　　②工作不努力

③技术水平不高　　　　　　④身体不好,经常请假

⑤没有什么特殊原因,只因她是女性

情景法将被调查者置于某种情景之中,容易使被调查者将该情景与现实情况联系起来,且不知不觉地根据自己的真实看法或现实生活中的真实感受做出选择,其所选择

的答案往往是其内心的真实想法。如果直接询问被调查者,在企业的优化组合中是否存在性别歧视,他们往往会按照社会共同价值观而不是根据自己的真实想法来回答问题,选择的答案可能是不存在性别歧视,而其内心深处往往不这么认为。

3. 投影技法

投影技法是指采用一种无结构的、非直接的询问方式,激励被调查者将他们所关心话题的潜在动机、态度或情感反映出来的调查方法。小组座谈法和深层访谈法都是直接在调查中向被调查者表露调查目的,这些方法在关于动机、原因以及敏感性问题的提问等场合都不太合适,此时,就需要采取那些在很大程度上不依赖研究对象自我意识和情感的新方法。投影技法就是这样的新方法。它有联想技法、完成技法、结构技法和表现技法四种表现方法。投影技法适用于了解以下问题或情形:①某种行为的原因。②拥有或使用某产品对消费者意味着什么。③当人们不清楚其情感和意见,或不愿意承认对其形象有影响的方面时,或出于礼貌不愿意批评他人时。

1)联想技法

联想技法是先在被调查者面前设置某一刺激物,然后了解其最初联想事物的一种方法。这类技法中最常用的是词语联想法,即向被调查者提供一些刺激词,让其说出或写出所联想的东西,调查员通过回答者的不同反应,分析其态度。词语联想法具体分以下三种:

(1)自由联想法。自由联想法是不限制联想性质和范围的方法,回答者可充分发挥其想象力。

【范例4-10】 请您写出(或说出)由下面词所引发的联想。

白酒

[范例4-10],回答者可能回答:"豪爽""醉""浓烈""营养""暴力"等。这从不同方面反映了酒的特点,为企业改进工艺和市场定位提供了有关信息。

(2)控制联想法。控制联想法是把联想控制在一定范围内的方法。

【范例4-11】 请您写出(或说出)由下面词语所联想到的食品。

电视

[范例4-11],由电视所联想到的食品,有的是电视广告中出现的食品,有的是看电视时消费的食品,有的兼而有之,有的则什么也不是。对此,研究者在分析结果时可加以区分。

(3)引导联想法。引导联想法是在提出刺激词语的同时,也提供相关联想词语的一种方法。

【范例 4-12】 请您就所给的词语按提示写出(或说出)所引发的相关联想。

自行车

联想提示：代步、健身、娱乐、载物、运动、其他。

引导联想法所给出的联想提示带有导向性，如[范例 4-12]的提示，将联想往自行车功能方向引导，回答者的思维也由此向这方面集中。

需要说明的是，在实际调查中运用上述方法时通常会给出一串词语(包括一些隐含调查目的的中性词语)，让被调查者一一回答。

2) 完成技法

完成技法是指设计出一种不完全的刺激情景，要求被调查者来完成的调查方法。常用的方法有句子完成法和故事完成法。

（1）句子完成法是提出一些不完整的句子，让被调查者完成该句子。

【范例 4-13】

（1）拥有一套住房_____。

（2）一个家庭必须拥有的交通工具是_____。

（3）如果我有十万元，我会_____。

每个人对同一个问题的答案都可能不同，不同的答案表明不同的看法。

句子完成法与词语联想法相比，其优点是具有足够的引导性来使回答者产生一些联想，利用此法进行调查，同样要求被调查者用自己的第一想法回答问题，调查员按原文记录回答并加以分析。

（2）故事完成法是提出一个能引起人们兴趣但未完成的故事，由被调查者来完成，从中看出其态度和情感的方法。

【范例 4-14】 某位消费者在一家商场花了很长时间才选中一组价格适宜、造型新颖的家具，在他即将下决心购买时，却遇到售货员的怠慢，这位消费者将做出何种反应？

3) 结构技法

结构技法与完成技法很相近，最常用的是主题统觉法。它是先让被调查者看一些内容模糊、意义模棱两可的图画，然后让其根据图画编一段故事并加以解释。由于这种图画本身没有特定的含义，被调查者往往会通过对意义的解释，将其性格和态度反映出来，据此了解其内心活动及潜在需求。

4) 表现技法

表现技法是指给被调查者提供一种文字的或形象化的情景，请他们将其他人的态度和情感与该情景联系起来进行调查的方法。具体方法有角色扮演法和第三者技法。

（1）角色扮演法是请被调查者以他人的角色来处理某件事，以间接反映其真实动机和态度。

【范例4-15】 美国某公司在50年代就曾用这种方法调查速溶咖啡滞销的原因。他们向被调查者展示两张购物单，让其说出购买速溶咖啡和新鲜咖啡的两个家庭主妇的特点。

[范例4-15]的调查结果显示，被调查者普遍认为，购买速溶咖啡者是懒惰、不会理财、不称职的家庭主妇。这个结果帮助公司了解消费者不愿购买速溶咖啡的真实原因。被调查者在形容购买速溶咖啡的家庭主妇特点时，不知不觉地将自己的看法投射进去了。

（2）第三者技法与角色扮演法有所不同，它是给被调查者提供一种文字的或形象化的情景，让被调查者将第三者的态度与该情景相联系。调查者可以判断被调查者如何把他自己投影到这个第三者身上，从而揭示出被调查者的真实想法。

【范例4-16】 这是一套待售的住房。如果您的同事有意购买，那么当他去观看这套住房时，您认为他会如何表现？

三、问卷中问句的设计

问卷中的问句是给被调查者阅读的，这就使得调查者必须站在被调查者的角度来设计问句。调查者在设计问句时除了要遵循前述的基本原则，在用词造句、表达习惯与表述规范方面还要注意以下问题，以便被调查者能够准确理解所要调查的内容，并给予准确的回答。

（一）问句设计中的用词造句

问句设计中的用词造句是有讲究的，设计者不可以随心所欲地表述问题。问句用词造句最基本的要求就是，被调查者既要能够准确理解问句的含义，又要能够给出尽可能准确的回答。问句设计中的用词造句需要注意以下几个方面的问题。

1. 问句要通俗易懂

设计问句时，要考虑调查对象的特征，问句的表述不能超过被调查者的理解能力。如果所设计的问卷是用于大规模调查，被调查者的文化程度可能参差不齐，问卷设计的原则只能是"就低不就高"，也就是问句的表述应尽可能使文化水平较低的被调查者能够准确理解其意义。这就要求在问句的表述中尽可能使用通俗的、一般的词语，避免使用专有名词和专业性术语。

【范例4-17】 如果要调查居民对物价变动的感受，问题表述为"您认为CPI是否真实地反映了物价水平的综合变动?"

[范例4-17]问句中的"CPI"是英文居民消费价格指数的缩写,是一个专有名词,有些被调查者可能不了解其含义,这个问句就不符合通俗易懂的要求。此时,可以将问句改为"您感觉目前的物价水平怎么样?",这样提问就能够使大多数被调查者理解问句的含义。

2. 问句要精练简洁

一般而言,被调查者不乐意阅读表述过长的问题。表述过长的问句会增加被调查者的阅读量,增加其接受调查的时间,同时也可能造成理解难度,进而影响被调查者的情绪,这对搜集数据都是不利的。所以,在意思能够表达清楚的前提下,问句越短越好、越简单越好。

【范例4-18】 奢侈品消费在一些群体已成为一种时尚,您是否考虑在适当的时候加入奢侈品消费群体的可能性?

[范例4-18]问句不仅冗长,而且语义不清,不便理解。如果改为"您最近半年是否有购买奢侈品的愿望?",此时问句就显得简洁明了,易于理解。

3. 问句要清楚明了

问题的表述不能包含概念不清、含义模糊的词语。否则,被调查者难以准确理解问题的含义,或者难以进行准确的回答。

【范例4-19】 您经常在超市购物吗?

[范例4-19]的问句中,使用了"经常"这个意义比较含糊不清的词语,被调查者很难把握"经常"究竟是指什么频率,不同的被调查者对"经常"的理解或感知是不一样的。两个对此问题回答"是"的被调查者,可能每月到超市购物的次数相差甚远,这样就难以准确度量人们到超市购物的频率。如果将此问题改为"您每月到超市购物有多少次?",这样提问既便于被调查者准确理解问题的含义,也能使其给予比较准确的回答。例如,"您春节是出门旅游,还是休息?"这个问句的概念表述就不清晰,被调查者很难回答。该问句中似乎将出门旅游与休息两个概念对立起来,其实这是两个有关联意义的概念,出门旅游也是休息的一种形式。如果将此问句改为"您春节是出门旅游,还是在家休息?"就不存在概念不清的问题了,被调查者也能方便作答。

4. 问句要一题一问

一题一问是指每个问句中只能提一个问题,不能存在一问多答的表述。

【范例4-20】 您觉得海尔空调的价格与性能怎么样?

[范例4-20]的问句就存在一问多答的问题,被调查者是难以作答的。可能有被调

查者认为海尔空调价格合理但性能一般,或价格稍贵但性能较好,如果只用一个答案来回答相关联的两个问题,被调查者就不好作答。该问句实际上包含了两个问题,应该对海尔空调的价格与性能分别进行提问。设计问句时特别要注意,一个问句只能涉及一个单一的事物,不要用两个以上的观念或事件。

5. 问句要尽量避免否定形式提问

被调查者阅读问卷时往往一扫而过,一般不会去仔细阅读。这样就容易把句子中的否定词看漏,误将否定句看成肯定句,造成答案错乱。

【范例 4-21】 您平时对广告不感兴趣吗?与您是否赞成电视节目之间不插播广告?

[范例 4-21]的两个问句均采用了否定式提问。有研究表明,被调查者对于否定式提问,一是感觉别扭,二是容易忽视否定句,从而给出不准确的答案。而且,采用否定式提问也存在一定的诱导倾向,容易造成被调查者朝着诱导性方向回答问题。上述两个问句分别改为"您平时对广告感兴趣吗?"与"您是否赞成电视节目之间插播广告?",这样被调查者在阅读时既不感到别扭,也不会被诱导,从而会给出准确的回答。

6. 问句要尽量避免敏感性问题

敏感性问题是指涉及被调查者隐私、被调查者回答可能感到难堪或威胁的一类问题。对于敏感性问题,被调查者是不愿意或不敢给出真实回答的。如果问句中涉及敏感性问题,则难以获得真实的回答。

【范例 4-22】 您公司有过偷税的行为吗?

[范例 4-22]的问句就涉及敏感性问题。被调查者是不愿意或不敢做出真实回答的。

7. 问句要考虑时间性

在调查某些具有时间属性的变量时,不可避免地会采用时间限定词。设计问句时,需要考虑时间限定的合理性。如果时间限定周期太长。容易造成被调查者回忆与回答的难度,影响回答结果的准确性。

【范例 4-23】 您去年家庭生活费支出是多少?

[范例 4-23]的问句时间限定周期较长,被调查者是难以进行回忆与准确回答的。如果缩短时间限定周期,改为"您上月家庭生活费支出是多少?",被调查者的回答难度则大大降低,给出比较准确答案的可能性就会提高。问卷设计者在设计问题时,应根据调查变量的特点,选定合适的时间限定周期。如果问卷设计者认为,问卷中所设定的时间限定周期可能会对被调查者造成回忆困难,就应该缩短时间限定周期。

8. 问句的表述要有礼貌

一般情况下，作为被调查者是没有义务来接受调查的，既然他能够接受调查，就应该对他的合作态度表示充分的尊重。其中，在设计问句时就要体现对被调查者的尊重，问句的表述应该礼貌谦逊。

【范例 4-24】 您有刷牙的习惯吗？

[范例 4-24]的问句存在提问不礼貌的问题。讲究个人卫生，应该是人们的一种良好习惯，如果直接询问被调查者是否有刷牙的习惯，就是对被调查者的不尊重，容易引起被调查者的反感或敌意，从而带来回答的偏差。如果将上述问题改为"您每天刷几次牙？"就不存在礼貌问题了。另外，在称谓上最好使用"您"而不使用"你"，给被调查者一种被尊重的感觉，这有利于提高被调查者参与调查的配合程度。

(二) 问句的非倾向性

保持问卷的非倾向性是问题设计应遵循的基本原则之一。设计问卷时，要保证问卷中的每一个问句都是中性的，不能带有某种提示性、诱导性、倾向性。如果不注意这一点，往往不能客观地测量被调查者的行为与态度，从而使问卷的效度与信度受到影响。问卷设计者往往会有意无意地将自己的观点、看法、态度、习惯显露在问句中，或由于问题的提法不妥，而使问句具有提示性、诱导性。这些问题都应该尽力避免。为了保持问句的非倾向性，需要注意以下几个方面的问题。

1. 避免掺杂问卷设计者的主观成分

问句中如果掺杂了问卷设计者的诸如态度、情感、愿望、看法、认识、判断等主观成分，则问句就会存在诱导性，会牵引被调查者的回答，影响调查数据的真实性。

【范例 4-25】 为了不影响收看电视节目的情绪，您是否赞成电视节目之间插播广告？

[范例 4-25]中出现的"为了不影响收看电视节目的情绪"这句话，实际上是问卷设计者个人的一种主观认识与判断，在这句话的引导下，被调查者将会有更大的可能性选择否定的答案。为了保持问句的客观性，完全可以将此句多余的话删除。

2. 避免采用特殊语气的措辞

问句中应尽量使用中性词语，既要避免使用具有价值判断的褒义词与贬义词，也要避免使用具有某种感情色彩的词语，问句的表意不能具有主观上的倾向性，否则会引导被调查者给出具有偏差的回答。

【范例 4-26】 您如何评价购买高档消费品这种奢侈行为？

[范例 4-26]的问句使用了"奢侈行为"这个贬义词，此时，被调查者将会受到这种

贬义表述的影响,一般会对购买高档消费品的行为给予负面评价。此时,可以将上述问句表述为"您对购买高档消费品持什么态度?",该问句就属于中性提问,可以使被调查者自由表达个人的观点与态度。

3. 避免问题的从众效应

从调查心理角度而言,被调查者往往会在回答动机上存在一定程度的从众心态,如果他事先已知或感觉别人普遍对某种现象或行为具有某种评价态度时,他很可能会依照别人的态度来回答问题,从而产生所谓的从众效应,其回答就有可能产生回归偏差。

【范例4-27】 人们都认为华为Mate50手机功能不错,您觉得呢?

[范例4-27]的问句给出人们对华为Mate50手机功能的普遍评价,被调查者在这种提示下,其回答很可能会有意识地选择大多数人的看法,即便其内心深处并不这么认为。所以,上述问句可以改为"您认为华为Mate50手机的功能怎么样?"这种中性提问。

4. 避免问题的权威效应

社会对某些问题比较一致的看法,权威人士或权威机构的态度,知名人士的意见,在被调查者的心目中往往具有一定的影响力和权威性,容易得到被调查者的认可,这种现象被称为权威效应。权威效应的存在往往会使被调查者放弃自我态度、看法、意见等,其回答将会自觉地向权威效应回归,调查数据的真实性就值得怀疑。因此,在设计问句时应尽量避免权威效应。

【范例4-28】 世界卫生组织经过二十多年的跟踪调查发现,饮酒有害健康。您是否也这么认为?

[范例4-28]的问句使用了"世界卫生组织"这一权威机构的研究结果,被调查者无论自身的感知如何,很容易被这种具有权威性的研究结果所左右,失去自我认知,从而我们难以获得其真实看法。如果将该问句改为"您是否认为饮酒有害健康?",就不存在权威效应,调查结果的真实性就会提高。

第三节 市场调查问卷中问题答案的设计

问题答案的设计是标准化问卷设计的重要组成部分。问题答案的设计包括两个方面的内容,一是问题答案类型的设计,二是问题答案内容的设计。由于调查的目的、对象、内容不同,问题答案的具体内容千差万别,难以对其一一作出具体规定,但答案的类型是可以进行归纳的。所以,本书重点介绍问题答案类型的设计方法。

一、问题答案设计的基本原则

问题的答案是用来供被调查者选择的项目,答案呈现的方式与答案的具体内容,都需要设计者进行科学设计,以保证被调查者能够方便阅读、准确理解、正确选择问题的答案项目。设计问题的答案,应遵循下列基本原则。

1. 穷尽性原则

穷尽性原则是指所设计的问题答案应该包括该问题全部可能的潜在答案,不能有任何遗漏。在答案有遗漏的情况下,有些被调查者难以做选择,有可能放弃回答而导致数据的缺失。但是,一个问题的潜在答案可能太多,如果全部将其一一列出往往不可能或没有必要,此时可以将一些重要的答案列示出来,而那些不重要或研究者可能并不关注的潜在答案可以使用其他选项来囊括,这样就保证了答案的穷尽性。

例如,根据《中华人民共和国职业分类大典》,我国职业划分为四个层次,有 8 个大类、66 个中类、413 个小类和 1 838 个细类。如果调查问题是被调查者的职业,那么显然,在设计职业选项时不可能按小类与细类的划分标准列示职业种类,而按照 8 个大类列示职业又显层次太粗,所以,按中类划分职业就比较合适。但种类也有 66 种职业类别,问卷中不可能列示出 66 种职业名称。为了保证答案的穷尽性,可以将研究者重点关注的职业类别列示出来,其余的职业一并归入"其他"选项。顺便指出,答案选项一般控制在 8 个以内比较合适,以减轻被调查者的阅读量,方便被调查者选择。

2. 互斥性原则

互斥性原则是指设计的问题答案彼此之间完全不相关,互不包容。如果答案之间相互关联,不同被调查者则会根据个人的理解或主观认知进行选择,而造成选择的标准与口径不统一,降低了调查数据的标准化。在后续对调查数据进行整理与分析时,有可能出现矛盾的结果,不便于对分析结果进行解释。

例如,如果调查的问题是被调查者的职业,答案选项中出现了"售货员"和"商业人员",这就违背了互斥性原则,因为售货员包含在商业人员中。此时,可以将"售货员"一项删除。

3. 通俗性原则

通俗性原则是指问题答案的用词与表述应通俗易懂,便于被调查者理解。问题的答案主要由词语、短句或数字来表述,也有用图形、数轴等几何方式呈现的情况。如果是使用词语或短句来表述答案,则不宜采用过于专业、生僻的词语,短句表意要通俗易懂;如果用几何的方式来表述答案,则不宜采用过于复杂的图形或刻度不明确的数轴。

例如,在询问人们购买某种商品的原因时,设计的答案中出现了"比照集团行为促使购买"这一选项。对于大多数被调查者来说,可能并不知晓"比照集团行为"是什么意思,从而难以选择。实际上,"比照集团行为"是一个社会学概念,其含义是指人们的相互攀比心理。设计答案选项时,要尽量避免出现类似的情况。

4. 准确性原则

准确性原则是指问题答案的内容能够准确反映调查问题的内涵,答案必须与问题相匹配,不能答非所问。问卷设计者应该准确把握调查问题的内涵,根据初步探索所获得的信息,结合研究对象的具体特征,设计出与问题相匹配的答案选项,尤其是在潜在答案较多或者潜在答案不太明确的情况下,应力图筛选出其中主要的潜在答案。答案的设计必须针对问题的内容及调查目的,否则,脱离主题的答案就是不准确的。

例如,调查的问题是人们购买某种商品的动机,如果答案中出现了"经常购买"这一选项,就不符合准确性原则,因为"经常购买"是一种行为而不是动机。所以,该项答案应该删除。

除了上述基本原则,设计问题答案时还要考虑被调查者的阅读兴趣、理解能力、回答能力和回答的方便程度,应注意答案的排列顺序,灵活运用各种不同计量层次和不同形式的量表工具设计比较科学的答案选项。能够使用计量层次较高的量表工具设计问题答案,就不要使用计量层次较低的量表工具。计量层次越高的答案,对问题的度量就越精确,对其进行数据处理与分析的方法也越多,有利于对所调查的问题进行深入的定量研究。

二、封闭式问题的答案设计

封闭式问题是指事先设计好问题的备选答案,由被调查者从备选答案中按照回答要求,选择自己认同的答案。问题的回答被限制在备选答案中,被调查者只能从备选答案中进行选择,不能在答案以外回答。

封闭式问题的答案类型有多种,常用的主要是两项选择法、多项选择法、排序法、等级法、双向列联法、过滤法及比较法。

1. 两项选择法

两项选择法又称真伪法或二分法,是指问题只有两个相互排斥和对立的答案供被调查者选择。答案往往表现为"是"或"否""有"或"没有""喜欢或不喜欢"等类似的答案组合。被调查者只能从中选择一项,作选择的特点是非此即彼。

【范例 4-29】 在本年度中,您是否购买过自己使用的电冰箱?

①是　　　　　　　　　　　　　　②否

两项选择法简单明了,容易回答,便于统计处理和分析,但不能获得深层次的信息,适用于互相排斥的两项择一式的问题,或询问较为简单的事实性问题。该方法可以独立使用,也可以作甄别之用。如果是作甄别之用,这种询问方法后面常常紧跟着另外一个问题,目的是对某个特定的群体进行深入的调查。

2. 多项选择法

多项选择法是指针对一个问题设计了两个以上的备选答案,被调查者按规定或提示从中作选。为了遵守穷尽原则,答案中往往会设置一个"其他"项。

多项选择法根据要求选择的答案多少不同,又有单项选择,多项选择和限制选择三种具体的选择类型。

(1) 单项选择要求被调查者从多项备选答案中只选择其中一项。

【范例 4-30】 电视播放广告时,您通常的做法是(选一项)。

①兴趣很浓,从头看到尾　　　　　②马上换其他频道

③开着电视去干其他事情　　　　　④只选择自己感兴趣的广告看

⑤虽然不感兴趣,但还是耐心地等待　⑥其他

(2) 多项选择型是让被调查者从多项备选答案中,选择自己认为合适的答案,选择数量不限。

【范例 4-31】 您对广告感兴趣的原因是(可选多项)。

①广告带来商品信息　　　　　　　②广告带来许多新的生活观念

③广告有较高的欣赏价值　　　　　④其他

(3) 限制选择型是要求被调查者从多项备选答案中,选择自己认为合适的答案,但选择数量有限定。

【范例 4-32】 促使您购买西门子冰箱的主要原因是什么(最多选三项)。

①名牌产品　②性能良好　③价格合理　④广告宣传

⑤售后服务　⑥他人推荐　⑦外观中意　⑧其他

运用多项选择法时,要注意不要使备选答案的排列顺序存在某种规律,因为有些被调查者习惯选择第一个答案,如果排列有规律性,就会产生偏差。此外,备选答案不能太多,当样本量有限时,容易使调查结果分散,缺乏说服力。如前所述,备选答案的数量

不宜超过8个。

3. 排序法

排序法又称顺序选择法或优先顺位法,是指由被调查者根据自己的经验和认知程度、专业知识以及兴趣需要等,对多个备选答案按重要性(也可以是熟悉程度、重视程度等)排序。排序法有两种方式,一是对全部备选答案排序,二是对部分备选答案排序。

(1) 对全部备选答案排序是要求被调查者对全部备选答案按重要程度从高到低或从低到高的顺序进行排序。在[范例4-32]中,如果在题干后提示"请按重要程度由高到低对全部选项进行排序",就属于对全部备选答案进行排序。

(2) 对部分备选答案排序是要求被调查者对部分备选答案按重要程度从高到低或从低到高的顺序进行排序。在[范例4-32]中,如果在题干后提示"请在下列选项中选出三项,并按重要程度由高到低进行排序",就属于对部分备选答案进行排序。

排序法不仅能够比较全面地了解被调查者对所调查问题的态度,还能够区别不同态度的重要性,增加了信息量,有利于对调查结果进行深入分析。但备选答案的个数不能太多,否则会增加顺位的难度与准确性。如果根据研究的需要,要求作选答案有先后顺序,就要使用排序法。

4. 等级法

等级法是将备选答案按照强度或程度分成若干等级依次排列,要求被调查者从中选择一个答案的方法。这种答案设计方法适用于了解被调查者意见、态度、感情、情绪等的强烈程度的定序问题。备选答案由表示主观意见、态度等不同等级的词汇组成,如"完全同意""基本同意""无所谓""不太同意""很不同意"。等级一般按奇数次划分,可以是三级、五级甚至七级。

但等级划分不能过多,如果等级过多,被调查者难以区分相邻两个等级之间的区别,增加选择难度。从经验来看,七级以内的分等比较易于操作。等级除了可使用文字直接表达外,也可以用数字在量表上表示。

【范例4-33】 电视广告这种形式适用于食品、化妆品这样的生活用品,而不适用于水泥、农药这样的非生活用品,您的看法是:

①完全同意　　　　②基本同意　　　　③无所谓

④不太同意　　　　⑤很不同意

[范例4-33]属于用文字表达的等级法。在设计这种等级答案时,没有特别的先验信息或特殊目的,正反等级数目应该相等,以保持答案分布的均匀性。

此外,[范例4-33]也可以使用语义差别量表的方式来设计答案。其方法是使用一个标有刻度的数轴,数轴两端标注意义相反的两个等级词语,如一端标注"完全同意",另一端标注"完全不同意",要求被调查者在数轴上认为恰当的位置做上标记即可。

【范例 4-34】 承接[范例 4-33]的问题,以数轴的形式设计答案如下:

完全同意 ├──┼──┼──┼──┤ 完全不同意

这种以数轴的方式设计的答案,也可以在数轴上标上数字,如果"1"表示"完全同意","5"表示"完全不同意"。则上述答案形式可以改为:

完全同意 ├─1─┼─2─┼─3─┼─4─┼─5─┤ 完全不同意

这种答案设计方法,实际上就是让被调查者在完全同意与完全不同意两者之间进行选择,如果被调查者在数轴上的标记越靠左,则表示同意的程度越高;反之,越靠右,则表示不同意的程度越高。数据汇总时,分析者可以将标记转化为数字,便于数据的量化处理。

如果在一份问卷中设计有一连串的等级回答方式的问题,最好不要分开选择,可以采用列表的方式设计答案。调查的问题放在列表中的横栏位置,等级词语放在纵栏位置,被调查者只需要在纵横相交所形成的方格中进行勾选即可。这样设计既可以节省问卷篇幅,又便于被调查者阅读与选择。

【范例 4-35】 请阅读表 4-2 中关于小米智能手环特征的陈述,您的看法如何?(在相应的方格中画"√")

表 4-2　　　　　　　　　　消费者对小米智能手环的评价

小米智能手环评价陈述	评价				
	完全同意	比较同意	一般	不同意	很不同意
品牌知名度					
使用方便					
价格合理					
外形轻巧美观					

被调查者在选择每一项陈述的答案时只能作单项选择,不可能出现复选情况,否则就是无效回答。等级法可用于表示事物大小、多少之类的定距与定比问题的答案设计,所设计的答案往往用表示事物数量大小或多少的数值区间来表示,数值区间由低到高

排列成序,形成数值等级,反映事物数量上的差异状况。

【范例 4-36】 您的年龄是多少?

①21～30 岁　　　　　②31～40 岁　　　　　③41～50 岁

④51～60 岁　　　　　⑤61 岁及以上

[范例 4-36]通过五组数值区间,对目标群体的年龄进行调查。五个年龄区间就是年龄的五个等级,这种等级的划分可以根据研究的具体目的,设置不同的数值区间。

5. 双向列联法

双向列联法是将两类不同的问题综合在一起,通常用表格的形式来表现。表格的横行是一种类型的问题,纵列是另一类型的问题。这样可以反映两方面因素的综合作用,提供单一类型的问题所无法提供的信息,而且可以节省问卷的篇幅。但被调查者需要较多时间的思考与填答,故在一份问卷中,此类问题不宜过多。

【范例 4-37】 请您对表 4-3 中各种媒体的广告进行评价。(在相应的方格中画"√")

表 4-3　　　　　　　　　　关于各种媒体广告的评价

特征描述	电视广告	报纸广告	广播广告	杂志广告
有较高的欣赏价值				
有较高的可信度				
容易给人留下深刻印象				
不感兴趣				

被调查者在选择答案时,无论在横向还是纵向上,均可以进行多项选择,也可能有弃选的情况。弃选情况的出现,只能说明答案设计存在问题,研究假设的建立缺乏理论与事实依据。研究者在设计问卷前必须做好充分的初步探索工作。

6. 过滤法

过滤法又称条件法,是指通过一个前奏问题的答案,来筛选被调查者的方法。有时,研究者仅对某一类群体的信息感兴趣,就需要对调查对象进行过滤,筛选掉不需要的部分。然后针对特定群体进行提问,这时需要两个或两个以上的问题相连接,第一个问题起过滤作用,从第二个问题开始是具体的调查内容。运用过滤法设计答案时,设计者首先必须明确对于具有何种属性的被调查者需要进一步调查,要将被调查的这种属性设计在答案中。

【范例4-38】 研究者为了深入研究对广告感兴趣的群体,就可以通过下列设计来筛选被调查者。

Q1. 您平时对广告感兴趣吗?

①很感兴趣　　②较感兴趣　　③一般　　④不感兴趣　　⑤很不感兴趣

如果选择①或②,请回答下列问题:

Q2. 您对广告感兴趣的原因是什么?

①广告带来商品信息　　　　②广告带来许多新的生活观念

③广告有较高的欣赏价值　　④其他

[范例4-38]中第一个问题中的答案①和②,都是用来筛选对广告感兴趣的被调查者的,如果将答案设计成感兴趣、一般、不感兴趣,也能达到筛选目的。

7. 比较法

比较法是把若干可以比较的同类事物或现象,整理成两两对比的形式,要求被调查者进行两两比较,按要求选择其中一种事物或现象的方法。在市场调查中,该方法适用于对消费者的偏好进行调查。运用比较法要考虑被调查者对所要比较的事物或现象是否熟悉,否则会导致选择空白。

【范例4-39】 请比较下列每一对不同品牌的洗发液,哪一种您更喜欢?(每一对中只选一个,并在□内面"√"):

□海飞丝　　　　　　□潘婷

□潘婷　　　　　　　□飘柔

□飘柔　　　　　　　□威娜宝

□威娜宝　　　　　　□清扬花王

[范例4-39]共涉及5个品牌的洗发液,如果某个被调查者对其中一个品牌不熟悉,就没法进行比较,也不能做出有效选择。所以,用来配对比较的事物或现象都必须是被调查者熟悉的。否则,该方法不能采用。

三、开放式问题的答案设计

开放式问题是指对问题的回答不提供任何具体的答案,也不规定回答的范围,由被调查者根据自己的想法与态度自由填答。开放式问题的这种回答方式被称为自由回答法。虽然开放式问题一般不需要设计问题的答案,但被调查者必须给出答案。为了使被调查者尽可能准确回答开放式问题,问卷设计者在设计问题时,要充分考虑被调查者回答的方便性,为其自由回答提供空间。

开放式问题的答案设计主要是设计预留给被调查者回答问题的书写空间。由于开放式问题的回答属于非标准化回答,回答内容可能千差万别,回答的篇幅可长可短,这将给事后进行数据的编码、处理与分析带来较大的麻烦。所以,对开放式问题的回答要进行适当的数量上的控制。其方法是在问题后适当预留用于填写回答内容的下划线行数。

【范例4-40】 您喜欢这款商品的原因是:＿＿＿＿＿＿＿＿＿＿＿＿

【范例4-41】 您喜欢这款商品的原因是:

＿＿＿＿＿＿＿＿＿＿＿＿＿＿＿＿＿＿＿＿＿＿＿＿＿＿＿＿＿＿＿＿＿

＿＿＿＿＿＿＿＿＿＿＿＿＿＿＿＿＿＿＿＿＿＿＿＿＿＿＿＿＿＿＿＿＿

＿＿＿＿＿＿＿＿＿＿＿＿＿＿＿＿＿＿＿＿＿＿＿＿＿＿＿＿＿＿＿＿＿

＿＿＿＿＿＿＿＿＿＿＿＿＿＿＿＿＿＿＿＿＿＿＿＿＿＿＿＿＿＿＿＿＿

[范例4-40][范例4-41]预留的回答空间都是不合适的。[范例4-40]所留下划线行数过少,且一行的下划线长度也太短,被调查者即便只是回答喜欢这款商品的主要原因,预留空间也不够,将会限制被调查者的思考与回答。[范例4-41]所预留的下划线行数过多,一是给被调查者带来思考与回答压力,影响其回答情绪与兴趣;二是给研究者带来数据处理的一些困难。一般而言,凡属于了解被调查者意见、态度、建议、看法、感受等主观层面的资料时,下划线的行数以控制在三行以内为宜。这样既可以让被调查者比较充分地发表看法,又不至于长篇大论。

在混合型回答方式下,预留的下划线一般只需一行,且不必过长。

【范例4-42】 对多项选择法中的"其他"项,如果研究者对"其他"项的具体内容感兴趣,可以再将"其他"改为"其他(请注明)＿＿＿＿＿＿＿"即可。

此时,下划线的长度可参考其他具有明确内容选项的文字长度,一般不会太长。有时,下划线的长度可能只需要两三个字符的长度。

【范例4-43】 您的年龄:＿＿＿＿＿＿

这个开放式问题所预留的下划线有三个字符长度就足够了,这是由年龄这个数字的位数决定的。

在某些面访调查中,并不采用被调查者自填问卷的方式,而是采用由调查员提问、被调查者回答、调查员记录的方式搜集调查数据。其中,可能有些开放式问题采用回忆法进行调查,了解被调查者对不同事物(如商品质量、品牌)印象的深浅。在问卷设计时,不仅要考虑回忆的结果与秩序,还要考虑回忆的速度。在这种情况下,问卷中的问题最好设计成用于记录回忆过程与结果的表格,以便调查员进行记录。

【范例 4-44】 请您尽可能回忆出最近在电视广告中出现的手机品牌,由调查员填列于表 4-4 中。

表 4-4　　　　　　　　　回忆法调查记录表

回忆秩序	1	2	3	……	N
品牌名称					
回忆时间					

针对[范例 4-44]的开放式问题,答案要件包括回忆秩序、品牌名称,回忆时间属于作业记录。此时,所搜集的开放式问题的数据具有标准化特点,有利于分析与比较不同品牌手机的广告传达效果。

需要说明的是,在某些特定情况下,开放式问题有时也需要设计答案。例如,运用联想技法进行调查时,就可以给被调查者提供联想的词语供其选择。

第四节　市场调查问卷的版式设计

市场调查问卷的版式设计是指将已经设计好的问题进行适当的排列组合,并确定问题在问卷版面上的位置和形式。版式设计也是问卷设计的重要内容,应该给予足够的重视。同样内容的问卷,采用不同的版式,会给被调查者带来不同的感受,对调查过程产生不同的效果,也给研究者进行数据处理与分析带来不同的效率。

一、问卷版式设计的一般要求

问卷版式设计的总体要求是简洁、整齐、美观、清晰便于阅读与填答。一般而言,问卷版式设计要考虑以下问题。

(一) 问卷结构的整体布局

一份问卷由标题、卷首语、正文、编码、被调查者基本情况、结尾等六个部分组成。问卷结构的整体布局,原则上根据这六个部分的先后顺序进行排列。问卷的构成及主要内容说明如表 4-5 所示。

表 4-5　　　　　　　　　　　问卷的构成及主要内容

结构	内容
标题	一般置于说明词或正文的前面,单独一行居中的位置。市场调查对象及其核心概念、时空特征等应包含其中,表述应简明新颖
卷首语	如果说明词内容比较简单,就直接将其排列在问卷卷首;如果说明词内容比较复杂,就可以考虑将其单独作为问卷的一封附信,独立于问卷的其他部分
正文	问卷的主体,由问题与被选答案所组成。对这一部分编排的总体要求是便于被调查者阅读与填答。问题的排列可以分模块,每一模块内的问题排列要有一定逻辑。必要时需要提示被调查者的回答方式,提示要明确、醒目
编码	包括问题的编码与答案的编码,随同问题与答案一起编排。问题的编码一般使用"Q1、Q2…",对于封闭式问题,答案的编码一般使用阿拉伯数字标示,如①、②…或1、2…,对于开放式问题,因为无固定答案,设计问卷时事先不编码
结尾	一般是作业记录和致谢语。致谢语采用简明的述语表达对被调查者完成调查问卷填写的感谢与支持

被调查者基本情况部分既可以排列在结尾部分的前面,也可以排列在说明词之后。一般来讲,被调查者基本情况不会涉及任何敏感性问题,大部分被调查者不会介意这些问题。所以,被调查者基本情况排列在前还是在后,并不是一个本质性问题。但是,可能还是有少数被调查者觉得,一开始就询问其个人的一些基本情况,可能心存戒备,产生某种抵触情绪。考虑到这种因素,将被调查者基本情况排列在问卷的结尾之前可能更为妥当。

(二) 问卷编排的一般版式

1. 问卷的整体格式

问卷的整体格式要求版面活泼、字体字号选用得当、行间距选择合理、问卷各组成部分之间层次清晰、填答引导语说明醒目、填答方便。设计者在排版时可以根据这些要求,进行灵活处理。例如,问卷的标题、各模块的标题均可以使用加粗字体,行间距可选择1.25倍,问题与答案可以分别采用不同字体与字号加以区别等。问卷的整体格式安排没有严格意义上的统一规定,究竟以什么格式来编排问卷,很大程度上取决于设计者的审美水平。

2. 问题的编排版式

问卷中所有的问题排列要整齐,题项前的编码上下对齐。文字可采用五号宋体或其他视觉效果较好的字体。若是封闭式问题,对于统一的回答方式已在填答说明中作了统一规定。但有些问题具有某种特殊性,需要在题干后进行回答方式的提示。例如,使用等级法回答方式时,如果采用了数轴的形式让被调查者在数轴上做标记,题干后就必须说明如何做标记。题干后面往往要预留填写答案的括号或方框,如果预留的是方框,方框的数量应该是所回答问题答案编码的最大位数与应选答案个数的乘积。

【范例 4-45】 对于"您放弃使用智能手环的原因是(可多选)"这个问题,可以采用两种版式:

版式一:Q1. 您放弃使用智能手环的原因是(可多选,请将所选答案的编码填入题干后的"□"中)□□□□□□

① 监测数据不准　　　② 功能不实用　　　③ 用的人太少
④ 与手机关联使用　　⑤ 不够防水　　　　⑥ 其他(请注明)

版式二:Q1. 您放弃使用智能手环的原因是(可多选,请在所选答案前的编码上画"√")

① 监测数据不准　　　② 功能不实用　　　③ 用的人太少
④ 与手机关联使用　　⑤ 不够防水　　　　⑥ 其他(请注明)

由于问题已提示可以多选,答案编码的最大位数是一位,可选答案可能有六个,则版式一的题干后就需要预留六个方框。如果该问题限选三项,就只需要留三个方框。从方便被调查者填答角度评价,版式二只需要被调查者在选项前的编码上画"√",较版式一更方便。但版式二不利于数据的录入。究竟采用何种版式,完全由设计者的个人偏好来决定。

3. 答案的编排版式

对于封闭式问题,设计有固定的备选答案。答案的排列要整齐,答案与答案之间要保持适当的距离,答案前的编码上下要对齐。为了提高视觉效果,答案可以采用与问题不同的字体,字号最好不要大于问题的字号。如果答案较多而采用分行表达,则行间距应不小于 1.25 倍。一般来讲,答案前最好有编码,编码最好用阿拉伯数字标示,这样有利于减轻事后编码的工作量。有些问题中,由于问题的答案并不确定,难以事先编码。例如,采用等级法回答方式中的数轴标示方法,就不需要编码。对于开放式问题,如前所述,所预留的用于回答问题的下划线长度要适当。

【范例 4-46】 承[范例 4-45]的版式一,将问题与答案编排如下:

Q1. 您放弃使用智能手环的原因是(可多选,请将所选答案的编码填入题干后的"□"中)□□□□□□

① 监测数据不准　　　② 功能不实用　　　③ 用的人太少
④ 与手机关联使用　　⑤ 不够防水　　　　⑥ 其他(请注明)＿＿＿＿＿

[范例 4-46]中,问题的文字采用小五号宋体,答案的文字采用 11 号楷体,相较

[范例 4-45]中的版式更具有层次感,不会导致被调者的视觉疲劳。

4. 图表的编排版式

问卷中无论是问题还是答案,有时会使用一些图形或表格。例如,投影技法中的图像理解测验法,就需要设计一幅与调查内容有关的漫画,由被调查者根据漫画的理解来回答相关问题。此类漫画往往不要画得过于清晰,画中人物和事物只需要有大致轮廓即可。对于涉及人物的漫画,人物的表情最好不要画得太明确,人物之间的关系可以根据调查目的与内容来设计。总之,此类漫画以不给被调查者带来某种回答暗示为宜。又如,等级法回答方式中所使用的数轴应该标有刻度,以便于被调查者在数轴上比较准确地标示自己的态度与看法。对于问题与答案中出现的表格,可按照统计表的制作要求进行设计。

二、问题的排列顺序

问卷中问题的排列是有一定技巧的。心理学研究表明,调查问题的排列顺序可能影响被调查者的情绪,同样的调查问题,如果排列顺序合理、恰当,可以及时、有效地获得调查数据。反之,会影响被调查者作答,影响问卷的回收率及调查数据的质量。设计问卷时,设计者应该始终站在被调查者的角度,考虑被调查者的思维习惯,合理排列问题的顺序。问题的排列应该遵循下列基本原则。

1. 问题的排列应具有逻辑性

问题排列顺序的逻辑性是指问题的编排应该与调查内容的逻辑结果相匹配。一份问卷的内容往往会划分成几个模块,每个模块中又包含着若干调查问题。模块之间及模块内各问题之间的逻辑关系,设计者必须清楚。问题的排列顺序,就是基于这种模块之间及模块内各问题之间的逻辑关系来决定的。

例如,在调查用户满意度的问卷中,应该包括用户的期望、用户感知的质量、感知的价值、满意度、抱怨及被调查者背景这六个模块。根据满意度内涵及各模块之间的内在关系来看,六个模块就应该按照上述这种顺序进行排列。

2. 问题的排列要考虑问题的性质或类别

按照调查内容的不同,所有的问题可分为三大类,即了解被调查者基本资料的问题,了解行为方面的问题和了解态度方面的问题。在考虑每个模块内问题的排列顺序时,最好将同一类问题排在一起。可以考虑先排列行为调查方面的问题,再排列态度调查方面的问题。若采用邮寄调查、电话调查等方法,则可把被调查者基本资料放在问卷的后面;若采用面访法进行调查,则被调查者基本资料(其中的敏感问题除外)可放在前面。

3. 问题的排列应该先易后难

从调动被调查者回答兴趣的角度考虑,同性质的问题应该按先易后难的顺序排列。被调查者首先回答一些比较容易回答的问题,有利于提高其回答问题的积极性,促进其完成整份问卷的填答。如果一开始就回答一些较难回答的问题,容易降低被调查者的回答兴趣。一般而言,有关公开的事实或状态的描述性问题要相对容易一些,被调查者不需要思考即能回答,可将这类问题列在所属模块前面的位置;而有关看法、意见、态度、情感等主观判断性问题,被调查者需要动脑筋思考后才能作答,应该放在所属模块后面的位置。

4. 问题的排列需要考虑时间要素

从时间角度考虑,一份问卷可能包括几个时间阶段的问题,可能既涉及近期的事情(最近一周、最近一个月),也涉及远期的事情(前几个月、上一年度等)。由于近期的事情容易回想,便于作答,此类问题可以置于所属模块靠前的位置。对于远期的事情,由于记忆容易受到干扰,回忆难度较大,此类问题可以置于所属模块靠后一点的位置。

例如,在询问被调查者使用的洗发液品牌问题时,可以先问"您现在使用的是什么品牌的洗发液?",再问"您最近一年以来使用过哪些品牌的洗发液?"。

有时,为了帮助被调查者回忆过去的事情,问卷设计者可以采用一些提示办法,如运用时间(如重大节日)提示、事件(重要事件)提示、列单提示等方法。

5. 敏感性问题与开放性问题可以置于问卷的后面

敏感性问题往往是被调查者不愿回答的问题,应该放在所属模块的后面位置。因为这类问题容易遭到被调查者的拒答,从而影响后继问题的回答。如果将此类问题置于后面,即使这些问题被拒答,对之前问题的回答仍有利用价值。开放式问题一般需要被调查者进行一些思考,需要花费较多的时间作答,这些都是被调查者不太愿意做的事情。如果将开放式问题置于问卷的前面,会对被调查者的回答情绪产生负面影响。开放式问题置于问卷的后面,即便被调查者没有作答,也不影响前面问题的回答及问答结果的利用价值。需要指出的是,有些关于事实性的开放式问题比较简单,如"您的年龄:_____"这类开放式问题即便置于问卷的前面也不会对被调查者产生回答的负担,不会影响后续问题的作答。

6. 要注意问题编排的顺序效应

问卷中可能会出现一些相关联的问题,如果被调查者对前面问题的回答影响了对后续问题的答案选择,这时就会产生问题编排的顺序效应。顺序效应往往会对被调查者回答的真实性产生负面影响,因此要尽可能避免。

【范例4-47】 下列两个问题属于关联性问题:

Q1. 您是否认为购买高档消费品是一种奢侈行为?

①是 ②否 ③不知道

Q2. 如果条件允许,您是否有购买高档消费品的打算?

①是 ②否 ③不知道

对于第一个问题,如果被调查者选择了①,那么在回答第二个问题时,即便他在条件允许时会有购买高档消费品的打算,也很可能选择②或③,因为他并不希望别人认为他是一个有奢侈动机的人。此时,对第二个问题的回答就失真了。

为了避免这种问题编排的顺序效应,问卷设计者有必要对问卷中出现的一些关联性问题进行评估,判断是否存在顺序效应。如果确定存在顺序效应,就应考虑将这些关联性问题错开。

第五节 网络市场调查问卷的创建

一、网络注册

常见的用于创建网络问卷的软件有问卷星、问卷网、调研家、腾讯问卷等,下面以问卷星为例展开介绍。

首先,进入问卷星网址 https://www.wjx.cn,打开问卷星首页,点击"注册"按钮,成为问卷星的用户。其次,设定用户名、密码,并输入常用的电子邮件地址。在用户类型项中选择"免费版",根据自身需求也可以选择支付一定的费用选择"专业版"和"企业版"。最后,填入验证码,并点击"创建用户"按钮。之后问卷星会向你注册的邮箱发送一封验证邮件,进入邮箱确认邮件内容后,即完成注册。注意,一个邮箱只能注册使用一次。

二、问卷设计方式选择

首先,登录问卷星系统,点击页面右上方的"设计新问卷"按钮。问卷星提供了两种设计问卷的方式:一是利用模板创建;二是利用文本创建。

(一) 模板创建问卷

问卷星系统中内置了一些常用的问卷类型,如员工满意度调查、就业情况调查等问卷,如果问卷性质和目标比较一致,就可以利用模板创建问卷。如果没有相似的问卷,则点击"使用空白模板"。使用空白模板设计一份新问卷需要进行问卷基本信息的设置。这些设置包括问卷名称、问卷说明、主题、语言、截止日期、分类、问卷公开级别、问卷密码保护、结果公开级别,设置完成后点击"下一步"按钮开始对问卷题项进行设置。

(二) 文本创建问卷

如果已经在 Word 等文字编辑软件中设计好问卷,可以采用文本创建问卷的方式,将 Word 中的内容直接复制到问卷星所提供的文本框中。然后点击"生成问卷"按钮,即可生成一份问卷星的问卷。生成问卷后,可以修改题目属性,如为选项增加分值、设置跳题逻辑、引用逻辑、转换题型等。

三、问卷题项设计及有关提示

问卷星提供了单选题、多选题、测评与测试、矩阵题、主观题等多种题型。

(一) 单选题设计

鼠标指向"单选题",选择具体题型,如列表单选、组合单选、下拉框、投票单选等。下面以列表单选为例,介绍设计单选题的主要流程。

(1) 单击"列表单选",出现本题的编辑框。

(2) 输入问题的题干。例如,在此输入问题"您的学历"。

(3) 输入问题的选项,如果有多个选项,请点击选项后的"加号"。如果该选项允许参与者填空,请在选项后的允许填空一列画"√"。

(4) 系统默认所增加的每道题都是"必答题",可以取消"必答题"的设置,将该题改为"选答"。

(5) 组合单选是默认最后一个选项允许参与者填空;而下拉框则是将选项以下拉框的方式进行呈现。

(6) 设计完成后,点击"完成"按钮,完成该题的编辑。如果还需要继续编辑,只需将鼠标移动到该题上方,再点击"编辑"按钮即可。如果设计多道题目,可以点击"上移"和"下移"按钮改变题的顺序,也可以点击"复制"和"删除"按钮执行相应的操作。

(二) 多选题设计

鼠标指向"多选题",选择具体题型,如列表多选、组合多选、投票多选。下面以组合多选为例,介绍设计多选题的主要流程。

(1) 单击"组合多选",出现本题的编辑框。

(2) 输入问题的题干。例如,在此输入问题"您购买电脑时主要考虑哪些因素"。

(3) 输入问题的选项,如品牌、价格等,并保留最后一个选项"其他"。由于选择的是"组合多选",默认最后一个选项为填空选项,允许参与者手动输入,如果取消"允许填空"则该题变成"列表多选"。如果还有其他选项,请点击选项后的"删掉选项"。

(4) 设计完成后,点击"完成"按钮,完成该题的编辑。如果还需要继续编辑,只需将鼠标移动到该题上方,再点击"编辑"按钮即可。如果设计多道题目,可以点击"上移"和"下移"按钮改变题的顺序。

(5) 设计完成的题干,也可以通过题型编辑菜单中的"转换题型"功能快速地转换题型,如转换为列表单选题、下拉框单选题以及问答题等。

(三) 测评与测试设计

鼠标指向"测评与测试",选择具体题型,如量表题、评分单选题、评分多选题、测试单选题,测试多选题。该题型适用于态度测量问题,根据采用的量表不同而选择不同的回答方式。例如,如果采用的是语义差别量表,可选择"高级题型"中的"滑动条"。这一类题型的选项都有可设定分值或设为备选答案。下面重点介绍量表题的设计流程。

(1) 单击"量表题",出现本题的编辑框。

(2) 输入该题的题干。例如,在此输入问题"您对目前所使用的电脑的满意态度"。

(3) 量表题默认本题选项为五个级别,并且选项文字为"很不满意""不满意""一般""满意""很满意"。可以修改选项的描述文字,或者重新设定每个选项的具体分值。

(4) 设计完成后,点击"完成"按钮,完成该题编辑。

(5) 问卷星中的多种题型都可以设置跳转逻辑。如果勾选"无条件跳题",则参与者无论选择哪个选项都将跳转到设定的题作答。

(6) 此外,也可以设置不同选项跳转到不同的题作答。例如,选择"很不满意"则填写第6题,选择很满意则跳转到第7题。这样的设置需要勾选选项后的"跳题",同时设置跳转的具体选择。

(四) 矩阵题设计

鼠标指向"矩阵题",选择具体题型,如矩阵单选题、矩阵多选题、矩阵量表题、矩阵文本题等,该题型适用于双向列联表的设计。下面以矩阵单选题介绍该题型的设计流程。

(1) 点击"矩阵单选题",出现本题的编辑框。

(2) 输入该题的题干。例如,在此输入问题"请为下列品牌的电脑打分"。

(3) 矩阵单选题默认左行标题为两个,可以通过换行增加标题。该题型默认本题的选项评价有五个等级,并且选项文字为"很不满意""不满意""一般""满意""很满意"。可以修改选项描述文字,也可以增加或调整选项内容。

(4) 设计完成后,点击"完成"按钮,完成该题编辑。

(五) 主观题设计

鼠标指向"主观题",选择具体题型,如单行文本、多行文本、数值、日期、省份、市区、地址等。单行文本和多行文本只是在答题框的大小设置上有所区别,而其他的选项则是在答题内容的格式上有所区别。下面以单行文本题介绍该题型的设计流程。

(1) 点击"单行文本",出现本题的编辑框。

(2) 输入该题的题干。例如,在此输入问题"你的姓名"。

(3) 根据答题内容的多少设置答题框的高度,如1行、2行、3行等。

(4) 设计完成后,点击"完成"按钮,完成该题编辑。

第六节 市场调查问卷的接收、检查和校订

一、市场调查问卷的接收

调查数据的预处理应该在研究设计阶段就制订好,但真正着手整理是从仍在实施的现场中回收的第一份问卷开始的。因此,一旦发现问题,还可以及时纠正或改进实施的工作。

调查机构通常需要非常仔细地控制数据搜集和整理的过程。从实施一开始,实施主管就要每天一次或至少每周二至三次从每一个调查员或督导那里获取工作进度的报告。

完成的问卷就是获取调查数据的原始文件,调查者需要设计一套工作系统来处理原始文件,并在接收资料的过程中自始至终地坚持这个工作系统。这个工作系统的第一步通常就是打开所收到的材料,记录收到的日期和交付人的姓名。问卷接收工作系统样表如表4-6所示。

表 4-6　　　　　　　　　　　　问卷接收工作系统样表

日期	问卷编号	完成情况	接收情况	存放处或保管人
10月1日				

此外,所有接收的问卷应按问卷编号的顺序记录,问卷编号不但记录在原始文件上,也同时记录在数据库的数据列表中。如有要与原文件核对时,研究者可以随时找到原始的资料。规定并坚持一套系统的记录制度,明确原始文件的责任人,原始文件不得错放或丢失,责任人负有保管的责任。如果事后发现任何问题或错误,都能找到责任人。

二、市场调查问卷的检查

市场调查问卷的检查是指对回收问卷的完整性和访问质量的检查,目的是确定哪些问卷可以接收,哪些问卷要作废。这些检查常常是在调查还在进行的过程中就开始了。如果调查是委托某个数据收集机构去做的,那么研究者在调查工作结束后还要进行独立的检查。其重点是:规定若干规则,使检查人员明确问卷完整到什么程度才可以接收,包括完成问题数量和每一题完成的回答情况。

对于每份看似完成了的问卷都必须彻底检查,要检查每一页和每一题及其回答,以确认调查员是按照指导语进行了访问并将答案记录在了恰当的位置上。

当出现下列情况时,问卷不符合接收标准,相关人员需要慎重考虑是否接收。

(1) 问卷明显不完整,如缺页或多页。

(2) 问卷整体上回答不完整,如只回答开头部分或关键部分未回答。

(3) 问卷填写未按要求跳答。

(4) 问卷填写的答案单一或重复,几乎无变化。

(5) 问卷逾期提交。

(6) 问卷由不符合要求的被调查者填写。

如果有配额的规定或对某些子样本有具体的规定,那么应将可以接收的问卷分类并数出其数量。如果没有满足抽样的要求,就要采取相应的行动,如在资料的校订之前对不足份额的类别再做一些补充访问。

三、市场调查问卷的校订

市场调查问卷的校订包括两个环节:找到回答不满意的问卷、处理不满意的答案。

(一) 找到回答不满意的问卷

通过检查,找到回复不满意的问卷。不满意的问卷主要有:①字迹模糊的回答问卷;②回答不完全的问卷;③回答问题前后不一致的问卷;④模棱两可或分类错误的问卷。校订人员应该用颜色鲜艳的笔将这些问卷中的回答圈写出来,使之与问卷中用于记录数据的方式有明显的区别,同时对这些不满意的回答进行适当的处理。

(二) 处理不满意的答卷

处理不满意的答卷,通常有三种处理办法。

1. 退回实施现场以获取更好的数据

被判定为不满意答卷的问卷应退回实施现场,由调查员再次去接触被调查者。在市场调查中,有时候样本量比较小,而且被调查者比较容易识别。不过由于访问时间和所采用方法的变化,第二次得到的数据和第一次的可能会有些差别。

2. 按缺失值处理

如果将答卷退回实施现场的做法无法实现,校订人员就要把不满意的答案按缺失数据来处理。在满足以下条件的前提下,这种方法是可行的:有不满意答案的问卷数量很少;每份有这种情况的答卷中,不满意答案的比例很小;有不满意答案的变量不是关键变量。

3. 整个答卷作废

当存在以下情况时,问卷可作废处理:①不满意答卷的比例很小(小于10%);②样本量很大;③不满意的答卷和满意的答卷之间没有明显的差别(如人口背景资料、产品适用特征等);④每份不满意的答卷中,不满意答案的比例很大;⑤关键变量的答案缺失。由于不满意的答卷与满意的答卷之间一般都会有差异,而且将某份答卷指定为不满意的答卷也可能是主观的。按缺失值处理或将整个答卷作废,都可能会使数据产生偏差。如果研究者决定要扔掉不满意的答卷,应该向客户报告识别这些答卷的方法和作废的数量。

【范例 4-48】

大学生旅游调查问卷

您好,这是一份关于大学生旅游的调查问卷,希望您在百忙之中能够接受我们的问卷调查,我们采取的是不记名方式,您的想法对我们很重要,所以诚挚地希望您把您的真实想法填写到问卷上,谢谢您的合作,我们不胜感激。

1. 您的性别是?

   □男　　　　　　□女

2. 您一个月的生活费是多少？

□1 000元以下　　□1 001～1 500元　　□1 501～2 000元　　□2 001元以上

3. 您对大学生旅游的态度是？

□提倡，可以丰富大学生活，增广见闻

□一般，大学生旅游可有可无

□不提倡，大学生旅游影响学习，增加经济负担

4. 您认为阻碍大学生出游的最大问题是？

□资金不足　　□闲暇时间不足　　□缺少同伴　　□以上都有

5. 您去旅游主要考虑哪些因素？

□价格　　□景点　　□时间　　□同伴

6. 您最喜欢的旅游景点类型是？

□繁华都市　　□水乡古镇　　□名胜古迹

□海滨海岛　　□自然奇观　　□其他

7. 一般选在什么时候出游？

□寒暑假　　□法定节假日

□周末　　□其他

8. 每年用于旅游的花费大概是多少？

□500元以下　　□501～1 000元

□1 001～1 500元　　□1 501元以上

9. 出行前一般通过哪些途径了解旅游信息？（最多选两项）

□旅行社　　□宣传海报、媒体广告

□朋友介绍　　□网络查找

10. 您的出行方式是？（最多选两项）

□旅行社跟团　　□找几个朋友自助游

□班级集体出行　　□独自出游探险

11. 您出游的目的？（最多选两项）

□休闲娱乐，缓解工作学习中的压力

□结交朋友，希望在旅途中增加人脉

□游览祖国的大好河山，增长见识

□喜欢拍照摄影、写生绘画等

□没有目的，就是想出去走走

12. 您出行的主要开销是？（可以多选）

☐交通　　　　　☐住宿　　　　　☐门票

☐购物　　　　　☐饮食　　　　　☐娱乐

××地区房地产需求调查

您好，这是一份关于房地产需求的调查问卷，希望您在百忙之中能够接受我们的问卷调查，我们采取的是不记名方式，您的想法对我们很重要，所以诚挚地希望您把您的真实想法填写到问卷上，谢谢您的合作，我们不胜感激。

1. 您的性别为？

   ☐男　　　　　☐女

2. 您的最高学历是？

   ☐博士　　　　　☐硕士　　　　　☐大学本科

   ☐大专　　　　　☐大专以下

3. 您目前的居住条件是？

   ☐出租房　　　☐自购商品房　　　☐经济适用房　　　☐福利分房

4. 你理想的房型是？

   ☐一房　　　　☐二房　　　　☐三房　　　　☐复式

5. 您想要购买的住房面积是？

   ☐75平方米以下　　☐76～90平方米　　☐91～110平方米

   ☐111～130平方米　☐131～150平方米　☐151平方米以上

6. 您理想的房屋总价是？

   ☐80万以下/套　　　☐81万～120万元/套　　　☐121万～160万元/套

   ☐161万～200万元/套　☐200万元以上/套

7. 您一般通过什么途径获得房地产方面信息？（最多选2项）

   ☐报纸　　　　☐户外广告　　　　☐电视　　　　☐电台

   ☐网络　　　　☐朋友传播　　　　☐杂志

8. 您希望住宅小区内应有以下哪些配套设施？（最多选2项）

   ☐超市　　　　☐菜场　　　　☐银行　　　　☐邮局

   ☐学校　　　　☐商场　　　　☐电影院

9. 您的购房预算是_____万元。

10. 您所能接受的最高单价是_____万元/平方米。

本 章 测 试

一、单项选择题

1. 根据问卷填答方式,问卷可分为自填式问卷和( )。
   A. 访问式问卷　　B. 邮寄式问卷　　C. 电话式问卷　　D. 网络式问卷

2. 下列各项中,不属于访问方式的是( )。
   A. 入户面访　　B. 街头拦截访问　　C. 小组座谈访问　　D. 问卷调查

3. 调查问卷结构不包括( )。
   A. 标题　　B. 卷首语　　C. 参考文献　　D. 正文

4. 问题表述的基本原则不包括( )。
   A. 准确性　　B. 清晰性　　C. 主观性　　D. 客观性

5. 下列各项中,不属于直接表述法的是( )。
   A. 简单询问法　　B. 联想法　　C. 释疑法　　D. 假定法

6. 问题答案设计的基本原则不包括( )。
   A. 穷尽性　　B. 互斥性　　C. 准确性　　D. 具体性

7. 对于敏感信息,一般可用( )方式获取。
   A. 直接提问　　B. 间接提问　　C. 试探提问　　D. 有偿提问

8. 量表题默认答案选项为( )项。
   A. 4　　B. 5　　C. 6　　D. 7

9. 问题的编码与答案的编码可采用( )。
   A. 阿拉伯数字　　B. 英文小写　　C. 英文大写　　D. 不同符号

10. 下列各项中,不属于处理不满意的答卷的方式是( )。
    A. 退回实施现场　　　　　　B. 不予理会
    C. 按缺失值处理　　　　　　D. 整个作废

二、判断题

1. 一般情况下,我们需要根据调查的内容和主题确定调查方法。　　　　　　( )
2. 在问卷设计中,将主观题与客观题相结合有助于获得更加丰富的信息。　　( )

3. 调查问卷是调查工作中的唯一方式。　　　　　　　　　　（　　）

4. 调查问卷中问句设计的原则只能是"就低不就高"。　　　（　　）

5. 当问卷答案不满意时我们就可将问卷作废处理。　　　　（　　）

三、简答题

1. 简述市场调查问卷的类型。
2. 封闭式问题的答案有哪些类型?
3. 设计市场调查问卷应该遵循的基本原则有哪些?
4. 问卷问题的表述方式有哪些?
5. 问句设计中用词造句需要注意哪些问题?

四、实训题

B市某商场决定开展一次市场调查活动。目前,此次市场调查活动的调查方案已经编制,在方案中,计划采用市场调查问卷的方式进行调查。

要求:请为B市某商场设计一份市场调查问卷。

第五章　量表测量技术

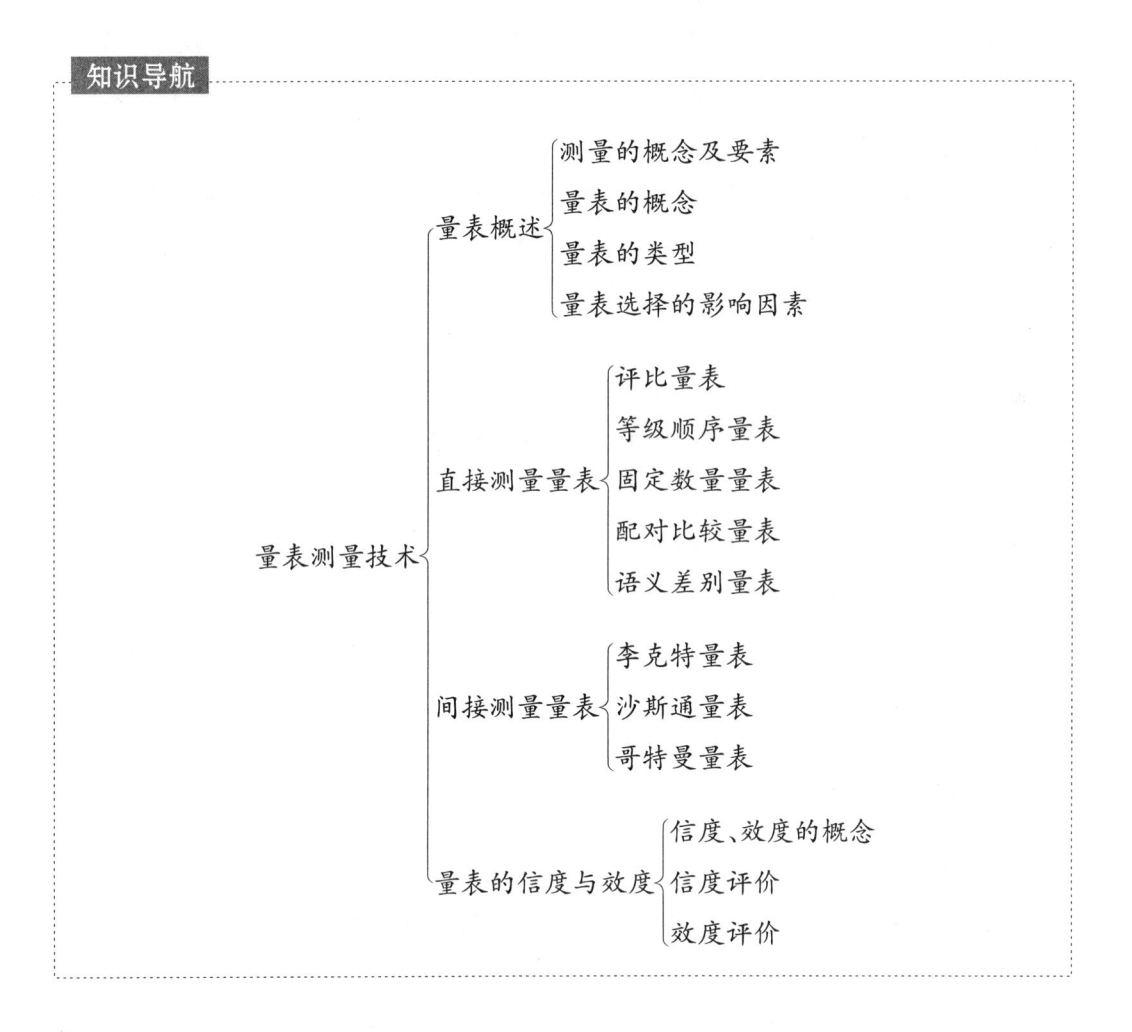

知识导航

量表测量技术
- 量表概述
  - 测量的概念及要素
  - 量表的概念
  - 量表的类型
  - 量表选择的影响因素
- 直接测量量表
  - 评比量表
  - 等级顺序量表
  - 固定数量量表
  - 配对比较量表
  - 语义差别量表
- 间接测量量表
  - 李克特量表
  - 沙斯通量表
  - 哥特曼量表
- 量表的信度与效度
  - 信度、效度的概念
  - 信度评价
  - 效度评价

学习目标

通过本章的学习,学生应了解量表的概念及类型;理解量表的信度和效度的含义及评价方法;掌握市场调查中常用的量表;学会根据调查的具体情况编制科学的量表。

寓德于教

习近平总书记在中央党校(国家行政学院)青年干部培训班开班式上指出,要了解实际,就要掌握调查研究这个基本功。要眼睛向下、脚步向下,经常扑下身子、沉到一线,近的远的都要去,好的差的都要看,干部群众表扬和批评都要听,真正把情况摸实摸透。既要"身入"基层,更要"心到"基层,听真话、察真情,真研究问题、研究真问题,不能搞作秀式调研、盆景式调研、蜻蜓点水式调研。要在深入分析思考上下功夫,去粗取精、去伪存真,由此及彼、由表及里,找到事物的本质和规律,找到解决问题的办法。

习近平总书记强调,衡量调查研究搞得好不好,不是看调查研究的规模有多大、时间有多长,也不是光看调研报告写得怎么样,关键要看调查研究的实效,看调研成果的运用,看能不能把问题解决好。

请思考:我们可以通过什么方式找到调查对象尤其是主观意识方面的本质和规律呢?

第一节 量表概述

调查活动中,调研人员常常需要收集关于被调查者心理活动或主观意识方面定性的数据。然而被调查者心理活动往往比较复杂,主观意识难以准确表达,这给数据的收集和分析带来了困难。因此,在市场调查活动中,当需要调查被调查者的态度、意见、动机、偏好、认知等心理与主观方面的问题时,必须采用专门的量表测量技术。

一、测量的概念及要素

(一)测量的概念

测量是按照特定的规则,将数字或符号分派于研究对象的特征之上,从而将其特征量化的过程。实施测量时,可供选择的测量工具有物理测量工具和量表。

测量活动在市场调查中有着重要的作用。通过测量,企业可以客观而准确地把握各种市场现象和社会现象存在的状况,发现一些未知的现象和规律。

(二)测量的要素

1. 测量客体

市场调查中测量的客体是调查对象的特性。一般而言,调查对象包括消费者、品牌、产品、实体店、广告及调查人员感兴趣的帮助企业的经营活动作出决策的其他对象。特性指的是可以将某一事物从众多事物中区别开来的特征。例如,调查对象为某产品,其特性如表 5-1 所示,表 5-2 则同时比较了 A、B、C 三种不同品牌的蓝牙耳机的特性。

表 5-1　　　　　　　　　　　　产品特性列举表

对象	特性	度量设计
某产品(A 品牌蓝牙耳机)	形状	U 形
	体积	小
	价位	中等
	音质	很清晰

表 5-2　　　　　　　　　三种不同品牌的蓝牙耳机特性对比

特性	度量设计		
	A 品牌	B 品牌	C 品牌
形状	U 型	豌豆型	水滴型
体积	小	小	小
价位	中等	较低	偏高
音质	很清晰	一般	清晰

2. 测量标度

测量标度是对测量项目的范围、尺度和频次等方面的划分。标度的形式多种多样,一般有量词式标度,如"少、较少、一般、较多、多";数量式标度,如"1、2、3、4、5";符号式标度,如"A、B、C"等。在量表中,一般用数字或序号来反映调查对象的特征。

3. 测量规则

市场调查者需要制定针对调查对象主观特性的测量标准,也就是分配数字或序号的测量规则。

二、量表的概念

量表是指通过一套事先设计的用语、符号和数字来测量人们心理活动的度量工具。量表在调查中具有重要的地位,主要表现在:量表将不能直接测量的定性问题转化为直接测量,从而提高了测量的可行性;通过量表调查出的数据,标准化程度比较高,便于后续数据的统计与分析。

三、量表的类型

按照不同的标准,量表可以分为不同的类型。

(一) 按照量表的尺度划分

量表的尺度也称为量表的计量层次,是指量表对客观事物、现象测度的程度或精确水平。

按照量表的尺度划分,量表可分为类别量表、顺序量表、等距量表、比例量表四类。

1. 类别量表

类别量表是指采用名义标度对被调查者的品质属性或态度、意见等进行分类处理的量表。名义标度又称为类别标度,代表每类答案的编号。其作用主要包括两个方面:一是对被调查者的品质属性,如性别、民族、职业、文化程度、职称等进行分类处理。二是对被调查者的某些心理态度,如对某种商品是喜欢还是不喜欢、对某种事物的看法是赞同还是不赞同等问题的测量和处理。

【范例5-1】 您的受教育程度是(　　)。

A. 高中及以下　　　　　　B. 大学专科

C. 大学本科　　　　　　　D. 硕士研究生及以上

2. 顺序量表

顺序量表是采用有序标度表示各类别之间的顺序关系的量表。有序标度是指采用数字或字母对被调查者的评价程度或语义差别进行排序的尺度,只能排出等级或顺序关系,不能确定各类别之间的差距。各等级的评分可以采用自然叙述法,也可采用固定总数评分法。

【范例5-2】 请按照个人的喜好对下列彩电品牌进行打分。

很喜欢5分,比较喜欢4分,一般3分,不太喜欢2分,不喜欢1分

1. 康佳(　) 2. 海尔(　) 3. 索尼(　) 4. 海信(　)

5. 长虹(　) 6. 三星(　) 7. 小米(　) 8. 华为(　)

调查者可以将被调查者的打分按照顺序进行排列。

3. 等距量表

等距量表是利用间隔标度表示各类别之间差距的量表,相邻数值之间的差距是相等的。等距量表较之于顺序量表又高了一个层次,不仅包含了顺序量表提供的一切信息,同时能测量各顺序位置之间的差别。

【范例5-3】 请您对《如果历史是一群喵》的趣味性进行打分（　　　）。

A. 10分　　　　　B. 7分　　　　　C. 4分　　　　　D. 1分

4. 比例量表

比例量表是采用比例标度来说明各类别之间的顺序关系成比率的量表，用于测量被调查者在某种属性或特征上的等级差异、差异的绝对水平和相对水平的测量工具。比例量表的计量层次高于等距量表，具备了等距量表的一切特性，还具备绝对零点这一特征。例如，你的年收入是多少元？你的工作单位离居住地的距离是多少千米？这两个问题都有一个共同的起始点——零点。

(二) 按照测量变量的数目划分

按照测量变量的数目多少，量表可分为一维量表和多维量表。

1. 一维量表

一维量表是用于测量被测量对象单一属性的量表，如果调查问题只涉及被测评对象的一个属性就可以采用一维量表。

【范例5-4】 您认为X商品的广告（　　　）

A. 非常有趣　　　B. 比较有趣　　　C. 一般　　　D. 比较乏味

E. 非常乏味

2. 多维量表

多维量表是用于测量被测量对象多个特性的量表。如想要了解被调查者对某商场的服务态度、价格、环境、商品种类等方面的态度，适合采用多维量表进行测量。

【范例5-5】 表5-3为××百货情况调查表，请根据自己的感受进行打分。1分表示非常不满意，2分表示不满意，3分表示一般，4分表示满意，5分表示非常满意。

表5-3　　　　　　　　　××百货情况调查表

问题	得分
××百货的服务态度	
××百货的商品种类	
××百货的环境	
××百货商品的价格	
……	

(三) 按照测定的方式划分

按照测定的方式不同,量表可分为分等式量表和排列式量表。

1. 分等式量表

分等式量表是指被调查者在没有其他事物的参照下,直接确定其对某事物或现象的态度等级的量表

【范例5-6】 您对××银行掌上银行使用便捷性的评价态度是( )。

A. 非常满意　　　B. 比较满意　　　C. 一般　　　D. 不太满意

E. 很不满意

2. 排列式量表

排列式量表是指被调查者先对多个受测项目进行比较,然后按照偏好程度对这些项目进行排序的量表。

【范例5-7】 请比较下列每一组不同品牌的手机,您更喜欢哪一种?(每组中只选一个,并在□内画"√")

□华为　　　　　　　　□OPPO

□OPPO　　　　　　　□小米

□小米　　　　　　　　□ViVo

(四) 按照测定语句确定者的不同划分

按照测定语句确定者的不同,量表可分为直接量表和间接量表。

1. 直接量表

直接量表由调查设计者事先设计好有关态度问题的各种语句及答案,直接询问被调查者,由被调查者评定,以反映其态度。大多数情况下,用于测量的语句都是事先设计好的,凡是对事先设计好的语句进行测量的量表都属于直接量表。

2. 间接量表

间接量表是由被调查者决定测量用的语句,调查设计者提供答案,由被调查者来评定,以反映其态度。事先设计好的测量语句可能并不是被调查者感兴趣或关注的,如果测量用的语句由被调查者自己来决定,则测量的内容一定是被调查者所关心或感兴趣的,再使用合理的量表对其进行测量,测量的结果对研究可能更有帮助。

四、量表选择的影响因素

(一) 量表的类型

大多数调查方案设计者倾向于使用那些能够通过电话进行操作,节省访问费用的

量表,易于管理和制作也是重要的考虑因素。例如,顺序量表容易制作,而李克特量表的开发、制作过程却繁杂。此外,调查者还要考虑被调查者可能会更喜欢的量表类型。量表的选择取决于顾客的需求、所要解决的问题和想要知道的答案。为了实现调查的目的,调查中也可以采用多种量表类型。

(二) 平衡量表与非平衡量表的选择

平衡量表是指肯定答案的数目与否定答案的数目相等,否则为非平衡量表。平衡量表能使调查人员得到更加广泛的意见。如果之前的调查或研究数据表明大多数意见是肯定的,那么量表中应该有更多的肯定倾向。例如,以往的调查数据显示某企业的形象是正面的。那么在强调该企业的形象时,就可以使用以下分类:①特别好;②很好;③好;④一般;⑤差。

(三) 量级的层次数量

当量表中量级层次只有好、中、差三个层次时,量表显得过于粗略,不够全面。但量级层次数量过多则会超出被调查者的分辨能力。一般而言,量表的量级以5~9层为宜。5层的量表使用频率最高。如果采用电话调查的形式,量级层次个数只能为5层。

(四) 量级层次奇偶数选择

量级层次为偶数时,表示该量表没有中间答案,如问题的答案设置为:①很好;②好;③差;④很差。此种情况下,被调查者只能按照量表的设计选择一个正向或负向的答案,确实持有中立意见的人就无法表达他们的观点。另外,在某些项目如调查消费者对产品新包装的态度或对新产品接受程度等,使得被调查者表达某些强烈感受也是不合适的,通常选择奇数量级。

量级层次为奇数的量表,设置一个中间点,可以解决被调查者被迫选择的问题,如问题的答案设置为:①很好;②好;③一般;④差;⑤很差。这给被调查者提供了一个简单的思路,当其对某些调查问题确实没有很强烈的意见时,不必思考其真实感受,可以简单选择中间答案。在使用奇数个层次量表时,选择中间答案的被调查者可以分为真正持中间态度和不知如何回答问题两类。一些调查人员通过加入"不知道"这一选项解决了这一问题,但也可能会使部分被调查者偷懒。

(五) 强迫性与非强迫性量表的选择

"没有""不知道"意见或中间答案的量表会迫使被调查者给出一个肯定或否定的选择,甚至强迫那些对所测目标一无所知的人也给出一种意见。支持被迫性选择的依据与支持偶数个层次量表的大致相同。反对强迫性选择的依据是这样做会使数据不精确或导致被调查者拒绝回答问题。若被调查者实际上缺少足够信息,不能作出决定时仍要求其给出意见,可能会导致被调查者产生厌恶情况,从而使得调查过早结束。因此,通常设置非强迫性量表。

(六) 量级层次的描述

量级层次描述方式的不同可能会对测量结果造成影响。量级层次描述方式主要有文字、数字或图形等。量表可以标记全部层次、部分层次或只标记两级的层次。对量表量级进行标记时使用的形容词的强度不同也会影响测量结果。例如,使用语气强烈的形容词,如1＝完全赞同、7＝完全不赞同,被调查者不大可能选择靠近两端的答案,调查结果分布会比较集中。而使用语气较弱的形容词,如1＝基本同意、5＝基本不同意,得到的结果会比较分散。

第二节 直接测量量表

直接测量量表是指调查者提前设计好或者选择想要询问的项目,直接询问被调查者,被调查者根据自己的实际情况作出选择,从而获得相关的调查信息。直接测量量表主要包括评比量表、等级顺序量表、固定数量量表、配对比较量表、语义差别量表等。

一、评比量表

评比量表是市场调查中应用较为普遍的一种分等式量表。在研究事物的某一个特性时,调查者事先在问卷中拟定并列举有关问题的答案,要求被调查者在依序排列的几个水平或项目中选择一个最能代表其态度的。量表的两端分别为两个极端性的答案,中间划分为若干个层级。一般来说,以5～9个层级为宜,但常用的是5个层级。

评比量表的表述方式有文字式、表式和图式三种方式。

【范例5-8】 下列问题的设置即采用了文字式表述方式。

您对××牌笔记本电脑的喜欢程度是(　　)。

A. 非常喜欢　　　　　　　　B. 比较喜欢
C. 一般　　　　　　　　　　D. 不太喜欢
E. 很不喜欢

【范例5-9】 下列问题的表述方式即为表式。

请对表5-4手机品牌的性能进行评价,并在相应位置打"√"。

表5-4　　　　　　　　　　手机品牌的性能评价表

项目	诺基亚	三星	OPPO	金立	苹果
非常好					
好					
一般					
差					
非常差					

【范例5-10】　下列问题的设置为图式表述方式。

问题:您对××产品性能的评价是(请在线段中适合您的态度的点的位置作出标记)。

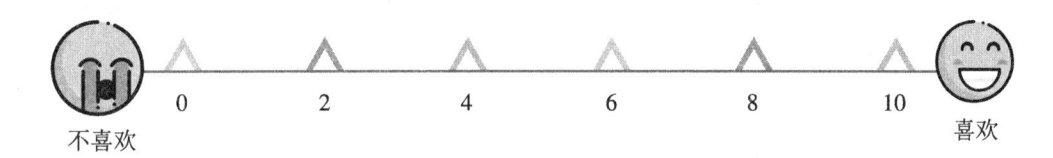

```
  0      2      4      6      8     10
不喜欢                                 喜欢
```

评比量表具有省时、有趣、用途广,可以用来处理大量变量等特点,但是采用这种量表也可能产生以下三种误差:

(1) 仁慈误差:有些人在对客体进行评价时,倾向于给予较高的评价,这会产生所谓的仁慈误差;反之,则会引起负向的仁慈误差。

(2) 中间倾向误差:有些人不愿意给予客体很高或很低的评价,特别是当不了解或者难以用恰当的方式表达时,往往倾向于给予中间性的评价。

(3) 晕轮效应:如果被调查者对客体有一种整体印象,则可能会导致系统偏差。可以用每次只评价一个变量或问卷每页只列出一种特性等方法来预防晕轮效应的出现。

二、等级顺序量表

等级顺序量表是比较性量表,此种量表将许多研究对象同时展示给应答者,要求他们根据某个标准将这些对象排序或分级。应答者是在有其他客体、观念或人参照的情况下作出判断的。

【范例5-11】　下面是五种牙膏的品牌,请您根据对各品牌的喜爱程度按照1~5个等级进行排序。等级1表示您最喜爱的品牌,等级5表示您最不喜爱的品牌,以此类推。(请注意:每个等级数字只出现一次。)

牙膏品牌名称	等级
佳洁士	_____
中华	_____
纳爱斯	_____
高露洁	_____
两面针	_____

等级顺序量表容易制作、使用方便,被调查者不但容易掌握方法,而且为事物排序的过程类似于购买决策过程,促使被调查者用现实的态度进行评价。当然,等级顺序量表也存在着两个缺陷:第一,等级顺序量表只能测出排在第一位的是应答者最喜欢的,排在最后一位的是应答者最不喜欢的。但是当选项中没有应答者喜爱项,或者测评的因素超出了个人的选择范围,则会产生毫无意义的调查数据。第二,等级顺序量表只能得出顺序或等级的数据,每个顺序或等级之间的差距很难界定。

三、固定数量量表

固定数量量表是指被调查者在规定的数值范围内(通常是10或者100)根据一些标准将数值分配,通过分配数值的不同来表明不同态度的量表。如果被调查者认为指标1的重要性是指标2的两倍,那么其分配给指标1的分数会是指标2的两倍。若被调查者认为两个指标重要性相同时,也会被如实地表示出来。固定数量量表通常用于调查消费者对某种商品不同规格、型号的态度。

【范例5-12】以下是电脑这一产品的5个特性,请将10分分配给这些特性。每个特性得到的分值代表您认为它们的重要程度。分值越高代表这个特性越重要。如果您认为这个特性根本不重要,可以得0分。请仔细检查,保证总分为10分。

特性	分值
屏幕大,视觉舒服	_____
内存大,反应速度快	_____
名牌	_____
功能多	_____
物有所值	_____

使用固定数量表时应注意以下两个问题：

（1）由调查者规定总数值，是固定总数量表的基础标准，并不是随意给出的数。

（2）被调查者在填写量表时，必须使被分配的各数值之和为总数值。有时也可以规定每个特性的评分最高为10分或100分，而不规定各特性的评分总和。

四、配对比较量表

配对比较量表是一种使用很普遍的态度量表。配对比较量表要求被调查者根据某个标准对一系列的对象两两比较做出选择。对被调查者来说，从一组对象中选择一个要比从一系列对象中选择一个容易得多。但是若有 n 个对象，就要进行 $n(n-1)/2$ 次配对，所以设置的对象个数不宜太多，以免被调查者厌烦而影响量表的回答质量。

【范例5-13】 表5-5是10组护肤品品牌，请您选择每一组品牌中您更喜欢的那一个，并在选中的品牌右边的（   ）内标"◎"。

表 5-5　　　　　　　　　　十组护肤品品牌配对比较表

组别	品牌	
1	韩束（　　）	韩后（　　）
2	韩束（　　）	雪花秀（　　）
3	韩束（　　）	欧莱雅（　　）
4	韩束（　　）	美宝莲（　　）
5	韩后（　　）	雪花秀（　　）
6	韩后（　　）	欧莱雅（　　）
7	韩后（　　）	美宝莲（　　）
8	雪花秀（　　）	欧莱雅（　　）
9	雪花秀（　　）	美宝莲（　　）
10	欧莱雅（　　）	美宝莲（　　）

五、语义差别量表

语义差别量表由多个两头为极端答案、共分为七个难度类别的项目评比量表组成。

调查者在采用语义差别量表测量时,只是简单地要求被调查者根据他们对事物的态度在量表列出的每一个指标中找到恰当的位置,做出标记。

【范例5-14】 请根据自己对X、Y两个商场的了解情况,结合下面列出的指标作出选择。

便宜 ＿＿ ＿＿ ＿＿ ＿＿ ＿＿ ＿＿ ＿＿ 贵
质量可靠 ＿＿ ＿＿ ＿＿ ＿＿ ＿＿ ＿＿ ＿＿ 质量不可靠
紧跟潮流 ＿＿ ＿＿ ＿＿ ＿＿ ＿＿ ＿＿ ＿＿ 东西过时
高档 ＿＿ ＿＿ ＿＿ ＿＿ ＿＿ ＿＿ ＿＿ 低档
服务态度好 ＿＿ ＿＿ ＿＿ ＿＿ ＿＿ ＿＿ ＿＿ 服务态度不好

对采用语义差别量表收集到的资料进行分析的步骤有三步:第一,给每个指标的各类别赋值,数值一般从有利态度向不利态度递减,如7、6、5、4、3、2、1;第二,把所有被调查者在每一个指标上的打分加总、平均,即得到被调查者对该调查事物每一个指标的态度;第三,将上一步的结果编制成图表,并进行分析。

第三节 间接测量量表

间接测量量表是指被调查者自行决定所要询问问题的方式和答案,由调查者进行测量从而获得相关调查信息。间接测量量表主要包括李克特量表、沙斯通量表、哥特曼量表等。

一、李克特量表

(一)李克特量表简介

李克特量表是由美国社会心理学家李克特提出的,由一系列表达对所研究的概念是肯定还是否定态度的陈述构成,被调查者被要求回答对每一种陈述同意或不同意的程度,每种程度对应一个分数,将分数加总,就可以测定被调查者的态度。李克特量表制作简便、快捷,易操作,而且可以通过电话进行,或者给被调查者一个范围,由其挑选出一个答案。

【范例5-15】 表5-6为××商场形象测量量表,请根据您的情况对下列意见做出选择,1=非常不同意、2=不同意、3=无所谓、4=同意、5=非常同意。

表 5-6　　　　　　　　　　××商场形象测量量表

意见	非常不同意	不同意	无所谓	同意	非常同意
××商场的商品质量很好	1	2	3	4	5
××商场的服务水平很高	1	2	3	4	5
××商场商品种类很多	1	2	3	4	5
××商场做的广告很吸引人	1	2	3	4	5
××商场的声誉很好	1	2	3	4	5
我不喜欢去××商场购物	5	4	3	2	1
大多数人都不喜欢在××商场购物	5	4	3	2	1

（二）李克特量表的优缺点

李克特量表的优点如下：

(1) 用多个题来测量同一个变量时，如果设计得当，则测量效果有较高的信度和效度。

(2) 可以运用多种统计方法对测量的信度和效度进行评估。

(3) 便于设计和操作。

(4) 测量结果可以看作一个"准连续变量"，因此可以使用较为复杂的统计工具对调查结果进行分析。

李克特量表的缺点主要是占用问卷的版面较大，当调查内容较多时，问卷就会很长，可能会让被调查者心中生厌。

（三）李克特量表的设计步骤

(1) 确定想要测量的概念，如形象、满意度等。

(2) 收集比较多的关于公众对所要测量概念看法的陈述，约50～100条数据。

(3) 将公众的陈述按照"肯定"或"否定"进行初步的分类，不需要对陈述进行具体的测量，只需实施一次涵盖全部陈述和有限被调查者的预先测试。

(4) 在预先测试中，被调查者确定对每一个陈述的观点，如同意（不同意），然后在后面的描述中进行选择：

A. 非常不同意　B. 不同意　C. 无所谓　D. 同意　E. 非常同意

(5) 给每个强度选项确定分值，如1、2、3、4、5。态度的方向应与陈述保持一致。例如，肯定陈述句从非常不同意到非常同意分值为：1、2、3、4、5；否定陈述句的分值从非常不同意到非常同意分值为：5、4、3、2、1。

（6）对被调查者选出的每一条陈述数据的分值加总求和，得到个人态度总分，并根据总分多少将被调查者划分为高分组和低分组。

（7）选出在高的总分与低的总分之间比较好地表现出差别的陈述。一般选出20~25个陈述（用平均值表示）构成李克特量表。

借助李克特量表，调查者可以根据调查得出的分数判断被调查者对所调查概念的态度。例如，在一个有30个陈述句的量表中，赞同总分最高为150分，某一被调查者打分为130分，就可以认定他对此概念持肯定态度。当然，打分相同的被调查者可能对各种陈述有不同的评价。以[范例5-15]为例，假如被调查者A对第一条陈述"××商场的商品质量很好"做出5分的选择，对第四条陈述"××商场做的广告很吸引人"打分1分；但被调查者B可能会持相反的态度，对第一条、第四条数据分别打出1分和5分，但他们这两项的总分都为6分。

二、沙斯通量表

（一）沙斯通量表简介

沙斯通量表由一系列要求被调查者加以评判的表述组成，通过被调查者在若干与态度有关的语句中选择同意或不同意的方式获得被调查者关于某一调查主题的观点或看法。量表中的语句的排列没有规律性，每条语句根据其类别都设有一个分值，在测量的过程中，由被调查者选出他认为能表达对所研究事物态度的陈述，被选出来的陈述的平均分就是被调查者态度的测量值。如果被调查者选择的分值过于分散，则判定其没有明确的态度。

【范例5-16】 关于××视频平台上投放的商业广告态度测量的沙斯通量表

（1）××视频平台上的大部分的商业广告是枯燥的。

（2）××视频平台上的大部分的商业广告效果是非常差的。

（3）在××视频平台上看商业广告是很浪费时间的。

（4）我很不喜欢观看××视频平台上的商业广告。

（5）在××视频平台浏览视频时看到商业广告会影响我继续观看视频的心情。

（6）在××视频平台浏览视频时看到商业广告我没有特别的感觉。

（7）××视频平台上的商业广告质量挺高的。

（8）我喜欢购买在××视频平台上看到的广告的商品。

（9）××视频平台上的商业广告能帮助我选择更好的商品。

（10）××视频平台上的商业广告要比其他平台的商业广告更有趣。

（11）我很喜欢××视频平台上的商业广告。

通过计算被调查者所同意陈述句分值的平均数即可求得其态度分数。某位被调查者同意分数越高说明被调查者对调查项目的态度越有利。

(二) 沙斯通量表的优缺点

沙斯通量表的语句是根据评定人员的标准差确定的,有一定的科学性。它只要求被调查者选出量表中其同意的语句,语句的排列可以随机,操作起来比较简单。然而该量表有其缺陷：①该量表在制定的过程中比较费时和费力。②当评定人员态度和实际被调查者态度发生比较大的差异时,沙斯通量表所获得数据的信度会降低。③该量表只能得出被调查者总体上的态度,并不能反映被调查者态度在程度上的区别。

(三) 沙斯通量表的设计步骤

（1）收集大量的与想要测量的态度有关的语句,一般在100条以上,对调查主题不利的、中立的和有利的语句都应该占有足够的比例,并将其分别写在特制的卡片上。

（2）选定不低于20人的评定人员,按照每条语句表明的态度有利或不利的程度进行归类,一般分为11类,其中第1类代表对调查主题最不利的态度,第六类代表中立的态度,第11类代表最有利的态度。

（3）计算各条语句被归在这11类中的次数分布。

（4）将次数分布过于分散的语句删除。

（5）按各保留语句的中位数进行归类,如中位数是 n,则该态度语句归到第 n 类。

（6）从每个类别中选出1~2条各评定人员对其分类的判断最为一致的具有代表性的语句,将这些语句混合排列,从而得到沙斯通量表。

三、哥特曼量表

(一) 哥特曼量表简介

哥特曼量表是由美国心理测量学家哥特曼于1950年编制的单维态度量表。该量表运用单一维度或累计强度的多重指标来测量人们对某个事物或概念的态度,量表自身结构中存在着某种由强变弱或由弱变强的逻辑。其逻辑基础是被调查者如果同意高层级问题的陈述,一般也会同意低层级问题的陈述。

【范例5-17】对拍摄合适的生活短视频并发布态度的哥特曼量表

关于拍摄合适的生活短视频并发布态度的陈述有：

（1）如果条件允许,我可能会拍摄合适的生活短视频并发布。

(2) 条件允许的情况下,我赞成拍摄合适的生活短视频并发布。

(3) 我们应该充分利用各种条件,拍摄合适的生活短视频并发布。

这三个陈述句在程度上存在着由弱变强的趋势,被调查者的回答如果符合陈述的逻辑关系,其回答模式应该是:全部赞同、赞同(1)和(2)、赞同(1)、全部反对。

(二) 哥特曼量表的优缺点

哥特曼量表的优点是它可以直接根据被调查者所赞同的语句的数目及量表分数判定其对这一事物的赞同程度。哥特曼量表的缺点是:①人们对待事物的态度是多维的,单一维度很难反映出态度的复杂性。②对一组陈述具有单维性的假设是有局限性的。一组特定的陈述可能在某一群体中表现出单维的模式,但在另一群体中可能就不适用。同样,在某一时期是单维模式,但到另一个时期就不一定还是单维。③哥特曼量表需要区分被调查者的不同回答模式进行计分,这个过程比较复杂,而且容易出错。

因此,在构建哥特曼量表时,选择的陈述语句的数量要足够多;在使用时主要考察陈述语句的表面效度,考察各语句之间的关系,要根据对象和时间的不同对量表作出相应的调整。

(三) 哥特曼量表的设计步骤

(1) 研究人员围绕其所希望测量的事物或概念编制一组陈述语句,这些陈述语句应该是单维的,即具有由弱变强或由强变弱的结构。

(2) 运用小样本对陈述语句进行检验。

(3) 将检验的结果,按照"最赞同——最不赞同"的回答进行上下排列。

(4) 将不能很好区分赞同或不赞同的回答者的陈述去掉。

(5) 按照下列公式计算再现系数。如果再现系数大于或等于0.90,则认为该量是单维的,所获得资料或数据是有效的,可以放心使用。

$$再现系数 = 1 - \frac{误差系数}{回答总数}$$

其中,误差系数表示调查样本统计量与调查总体参数之间的偏离程度。

第四节 量表的信度与效度

测量一般都会面临着一些基本问题,如研究所得资料是不是我们感兴趣的,能否准确地反映我们想要了解的问题,在相同的研究条件下,不同研究者能否得出相同结论,这些问题涉及测量手段或测量工具的信度与效度。

一、信度、效度的概念

(一) 信度及其相关概念

1. 信度

信度是指量表调查结果的一致性、稳定性及可靠性,即测量工具能否稳定地测量所测的变量。换一句话说,信度就是对同一个或相似的母体重复进行调查或者测验,所得结果的一致程度。如果研究单位属性不变,测量结果不变,则说明量表是可信的;否则,便是不可信的。

2. 信度系数

信度系数是指两次平行测量之间的相关系数,用字母 r 表示。信度系数高则说明测量的一致性程度高,测量的误差便小。例如,当 $r=95\%$ 时,认为实得分数中有 95% 的差异来自测量对象自身的判别,仅有 5% 来自测量的误差。由于调查目的、样本的编制以及使用方法的不同,对信度系数的要求也会有所不同。通常来讲,当 $r \geq 80\%$,就可以认为该测量达到了足够的信度。

(二) 效度

效度是指量表是否真正地测量到了所要测量的东西,即测验的准确性。效度系数的高低是衡量测量工具能否准确捕捉到其测量特质的关键指标。测量的效度涉及测量工具和测量过程能够避免系统误差和随机误差的程度。效度一般有两个基本要求:一是测量方式确实是在测量所要测量对象的属性,而并非其他属性;二是测量方式能够准确地对该属性进行测量。当某个测量方式符合以上要求时,它便是有效的。

测量的效度对市场调查人员来讲尤为重要,若测量中采用的量表或其他测量工具不具有效度,则测量的结果便不是调查人员感兴趣的特性,测量也就变得毫无意义。

信度和效度是一个好的量表必备的两个条件。信度是效度的必要条件,量表若要有效度就必须有信度,不可信就不可能会正确,但信度不是效度的充分条件,有了信度,不一定会有效度。

二、信度评价

信度评价的方法主要有重测信度、折半法、交错法和内部一致性等。

(一) 重测信度

重测信度是指使用同一测量手段在两个不同的时间先后测量两次,然后根据两次测量的相关系数来测量信度。例如,对被调查对象进行量表调查之后,间隔一段时间后再用同一份量表对同一群被调查者进行调查,这两次测量结果间的相关系数就反映出了量表的信度。相关系数越高表示重测信度越高。重测信度系数也称为稳定系数。

重测信度系数的计算公式如下:

$$r_{x_1x_2}=\frac{\dfrac{\sum X_1X_2}{N}-\bar{X}_1\bar{X}_2}{S_1S_2}$$

其中,$r_{x_1x_2}$ 表示信度;X_1、X_2 表示同一被测评者的两次测量结果;$\bar{X}_1$、$\bar{X}_2$ 表示两次测量结果的平均数;S_1、S_2 表示两次测量结果的标准差;N 表示受测试的人数。

重测信度的优点在于可以提供有关测验是否会随时间的变化而变化的资料,可以作为被调查者将来行为表现的依据;缺点是受时间与经费的限制,在现实中很难实现。另外,为了避免受记忆的影响,前后两次测验相隔的时间要适度。

(二) 折半法

折半法是单次测量确定信度最简单的做法。其操作方法是先将量表中的问题随机分成数目相等的两组,然后对这两部分测量结果的相关系数进行考察,若是结果高度相关,那量表是可信的,否则便是不可信的。把量表分成两部分的方式有很多种,最常用的就是将奇数题与偶数题分开。

(三) 交错法

交错法是指调查者设计两份等值量表,每份设置的问题不同,但测量的是同一个属性,让同一群被调查者来进行回答,根据两份量表测量结果的相关系数来计算量表的信度。此种方法要求两份量表在题目的数目、内容、形式及鉴别度、难度等方面都要一致。

(四) 内部一致性

内部一致性是利用量表中题目的同质性来测量信度。测量理论表明,题目间和题目与潜在变量之间有某些逻辑关系,若量表的题目和潜在变量之间存在高度相关,则题目之间也应该高度相关。量表内部一致性信度常用α来表示。α被定义为调查量表中由共同的因素而引起的总体方差的比例,称为协方差α,计算公式如下:

$$\alpha = \frac{k}{k-1}\left(1 - \frac{\sum \sigma_i^2}{\sigma_y^2}\right)$$

其中,σ_i^2 表示各题目的方差,每一个方差所包含的信息都是以单一题目为基础的,而非共有的;σ_y^2 表示量表的总体方差,等于所有题目方差和协方差之总和;$\left(1 - \frac{\sum \sigma_i^2}{\sigma_y^2}\right)$ 表示潜在变量引起的、共有的方差比例;$\frac{k}{k-1}$ 表示取值限定在 0 到 1 之间。

常规的信度判断标准如表 5-8 所示。

表 5-7　　　　　　　　　　　　信度的判断标准

信度>0.9	非常可信
0.7<信度≤0.9	很可信
0.5<信度≤0.7	可信(最常见的信度范围)
0.4<信度≤0.5	比较可信
0.3<信度≤0.4	勉强可信
信度≤0.3	不可信

三、效度评价

效度的检验通常从不同的层面进行,效度的评价可以从内容效度、准则效度和结构效度这三个角度来看。

(一) 内容效度

内容效度是指测量工具中条款项目对研究主题的覆盖程度,即测量项目在多大程度上覆盖了真正要测量的主题,也可以理解为该量表是否是所要测量的行为领域的代表性取样。量表内容与想要调查内容的一致性越高,说明量表的内容效度越高,调查结果也就越有效。其主要的实施步骤如下:

（1）仔细并准确地界定所要测量的概念、对象。

（2）全面收集相关的文献资料，并举行焦点小组访谈，尽可能全面地列出可能包括的内容。

（3）召开专家会议，就量表中应该包括的内容进行研讨。

（4）对量表进行预测时，也可以通过开放式提问了解可能包括在内的其他内容。

（二）准则效度

准则效度是指用多种不同的测量方式或不同的测量指标对同一个变量进行测量时的一致性程度。用其中的一种方式或指标作为准则，其他的方式或指标与这个准则相比较，如果不同的测量方式或不同的测量指标的调查结果的相关度较高，则说明具有准则效度。

例如，评价购买意向量表的准则效度时可以：

（1）收集消费者对某产品的购买意愿。

（2）跟踪收集被调查者的实际购买数据。

（3）分析量表预测值与实际购买值之间的关联程度，关联程度越高，量表的准则效度越高。

（三）结构效度

结构效度是指量表能够测量到理论上的构想或特质的程度。若量表调查结果与理论预期一致，则认为有结构效度。

结构效度的评价可以从两个角度进行，一个是收敛效度，另一个是区别效度。收敛效度是指用来测量统一结构的不同量表之间的相关程度，相关程度越高，收敛效度越高；区别效度是指利用相同的量表测量不同概念或特征之间的相关程度，相关程度越低，区别效度越高。

【范例5-18】

消费者对新零售模式偏好调查问卷

尊敬的先生/女士：

您好！为了解消费者的消费特征，使消费者获得更好的消费体验，对新零售的发展提出有针对性的建议，我们设计了此调查问卷。本问卷为匿名填写，所有内容仅用于数据分析并严格保密，请您在认真阅读后仔细作答。非常感谢您在百忙之中抽出时间参与此调查！祝您身体健康，阖家团圆！

（注：新零售是指企业以互联网为依托，通过运用大数据、人工智能等先进技术手段，对商品的生产、流通与销售过程进行升级改造，进而重塑业态结构与生态圈，并对线

上服务、线下体验以及现代物流进行深度融合的零售新模式。)

请根据情况,在适合您的答案标号下画"√"。

1. 您的性别:

 A. 男 B. 女

2. 您的年龄:

 A. 18 周岁以下 B. 18～30 周岁 C. 31～40 周岁

 D. 41～50 周岁 E. 50 周岁以上

3. 您当前的居住地:

 A. 城镇 B. 农村

4. 您的受教育程度是:

 A. 高中/中专/技校及以下 B. 大学专科

 C. 大学本科 D. 研究生及以上

5. 您目前所从事的职业是:

 A. 国家机关/政党机关和社会团体 B. 科研及综合技术服务业

 C. 电力/煤气及水的生产和供应业 D. 卫生/药品/保健业

 E. 教育/文化和广播电影电视业 F. 交通运输仓储业

 G. 金融保险业 H. 计算机 IT 业

 I. 房地产业 J. 汽车业

 K. 通讯业 L. 制造业

 M. 批发零售贸易业 N. 商务/咨询服务业

 O. 旅游/餐饮/娱乐业 P. 学生

 Q. 暂无职业 R. 其他

6. 您的月收入是:

 A. 5 000 元及以下 B. 5 001～8 000 元

 C. 8 001～11 000 元 D. 11 001 元及以上

7. 您习惯的购物模式是:

 A. 线上模式 B. 线下模式 C. 线上线下相结合

8. 您在选择线下商超进行购物的原因有:(多选,最多三项)

 A. 价格实惠 B. 商品质量有保证 C. 商品种类齐全

 D. 商家知名度高 E. 购物便利 F. 商场服务态度好

 G. 其他_____(如果选此项,请用简单的文字说明)

9. 您认为单纯的线下实体商超需要改进的地方有：(多选,不限项)

   A. 商品价格　　　　　　B. 商品的陈列　　　　　C. 商品种类的多样性

   D. 结账排队等待时间　　E. 购物的流程　　　　　F. 工作人员服务态度

   G. 商店附近配套基础设施(比如停车位等)

   H. 其他_____(如果选此项,请用简单的文字说明)

10. 您在选择线上购物时会考虑哪些因素？(多选,最多三项)

    A. 商品价格　　　B. 商品质量　　　C. 商品种类　　　D. 商家信誉

    E. 顾客评价　　　F. 配送时效　　　G. 服务质量　　　H. 支付方式

    I. 其他_____(如果选此项,请用简单的文字说明)

11. 请对第10题选出的三个选项按照重要程度进行排序。(仅填序号)

    _____>_____>_____

12. 您认为目前单纯的线上网络购物方式需改进的地方有：(多选,不限项)

    A. 网上商品质量　　　　B. 信息的互通　　　　　C. 网上商店的信誉度

    D. 物流快递的通畅性　　E. 网上支付安全性　　　F. 购物的参与感

    G. 退换货的便捷性

    H. 其他_____(如果选此项,请用简单的文字说明)

13. 您是否了解新零售这种商业模式？

    A. 非常了解　　　B. 有些了解　　　C. 不太了解　　　D. 不了解

14. 您是否有购买过类似于盒马生鲜、三只松鼠投食店、淘宝便利店等类型的新零售超市的产品？

    A. 有　　　　　B. 没有

    (如果此题选B,请直接跳转至第16题。)

15. 如果有的话,您购物的满意程度是怎样的？

    A. 非常不满意　　B. 不满意　　　C. 一般　　　D. 比较满意

    E. 非常满意

16. 您对新零售购物模式发展的看法是：

    A. 非常看好　　　B. 看好　　　C. 一般　　　D. 不大看好

    E. 非常不看好

17. 与线下商超购物相比,您看重新零售模式的哪些优势？请根据自己的看重程度对新零售模式的下列因素进行评分。(1表示非常不重要,5表示非常重要)

序号	因素	重要程度				
①	购物流程高效便捷	1	2	3	4	5
②	商品种类多样	1	2	3	4	5
③	商品信息直观	1	2	3	4	5
④	商品价格低	1	2	3	4	5
⑤	促销力度大	1	2	3	4	5
⑥	提货方式多样性	1	2	3	4	5
⑦	购物时间灵活性	1	2	3	4	5
⑧	支付方式多样化	1	2	3	4	5

18. 与直接网络购物相比，您看重新零售模式的哪些优势？请根据自己的看重程度对新零售模式的下列因素进行评分。（1表示非常不重要，5表示非常重要）

序号	因素	重要程度				
①	解决了消费者直接网络购物时对商品质量的顾虑	1	2	3	4	5
②	有实体店的网络购物可信度更高	1	2	3	4	5
③	物流配送速度更加快捷	1	2	3	4	5
④	能够更加准确地选择合适的商品	1	2	3	4	5
⑤	购物过程参与感更强	1	2	3	4	5
⑥	售后服务更有保障	1	2	3	4	5

19. 请根据个人看法，按照重要程度对选择新零售购物模式的顾虑进行赋分，满分100分。

因素　　　　　　　　　　　　　分值

配送商品与展示商品不一致　　　_____

超出配送范围　　　　　　　　　_____

平台管理存在漏洞　　　　　　　_____

配送延迟　　　　　　　　　　　_____

消费者个人信息泄露　　　　　　_____

服务态度差　　　　　　　　　　_____

其他_____　　　　　　　　_____

（如果选"其他"，请用简单的文字说明，并赋值）

20. 您对下面哪一种新零售"黑科技"最感兴趣？（多选，最多三项）

  A. 智能试衣间 B. 虚拟货架 C. 声控购物

  D. VR 购物 E. 无人超市

21. 您未来更希望哪种消费模式？

  A. 直接到店购买，手机支付

  B. 网上获取优惠信息，到店购买

  C. 线上预订，到店购买

  D. 线上预订，货到付款

  E. 线上购买，到店提货

  F. 线上购买，送货上门

  G. 其他_____（如果选此项，请用简单的文字说明）

再次感谢您的参与，祝您快乐！

本 章 测 试

一、单项选择题

1. 市场调查中测量的（　　）是调查对象的特性。
   A. 主体　　　　　　B. 客体　　　　　　C. 对象　　　　　　D. 标度

2. （　　）是指通过一套事先设计的用语、符号和数字来测量人们心理活动的度量工具。
   A. 调查表　　　　　B. 方案　　　　　　C. 测量　　　　　　D. 量表

3. 量表的（　　）也称为量表的计量层次,是指量表对客观事物、现象测度的程度或精确水平。
   A. 尺度　　　　　　B. 长度　　　　　　C. 体量　　　　　　D. 题量

4. （　　）是指采用比例标度来说明各类别之间的顺序关系成比率的量表。
   A. 类别量表　　　　B. 比例量表　　　　C. 顺序量表　　　　D. 等距量表

5. 按（　　）划分,量表分为一维量表和多维量表。
   A. 量表的尺度　　　　　　　　　　　　B. 测量变量的数目
   C. 测定的方式不同　　　　　　　　　　D. 测定语句确定者的不同

6. 下列各项中,不属于量表选择的影响因素的是（　　）。
   A. 量表的类型　　　　　　　　　　　　B. 量表的层次数量
   C. 量级层次的奇偶数　　　　　　　　　D. 量表题目的数量

7. 下列各项中,不属于直接测量量表的是（　　）。
   A. 评比量表　　　　　　　　　　　　　B. 等级顺序量表
   C. 李克特量表　　　　　　　　　　　　D. 语义差别量表

8. 间接测量量表包括沙斯通量表、哥特曼量表和（　　）。
   A. 固定数量量表　　　　　　　　　　　B. 配对比较量表
   C. 李克特量表　　　　　　　　　　　　D. 评比量表

9. 容易产生仁慈误差、晕轮效应等误差的量表是（　　）。
   A. 评比量表　　　　　　　　　　　　　B. 等级顺序量表
   C. 配对比较量表　　　　　　　　　　　D. 语义差别量表

10. 运用单一维度或累计强度的多重指标来测量人们对某个事物或概念的态度的量表是（　　）。

　　A. 李克特量表　　　　　　　　B. 沙斯通量表

　　C. 哥特曼量表　　　　　　　　D. 语义差别量表

二、判断题

1. 间接量表由调查设计者事先设计好有关态度问题的各种语句及答案，直接询问被调查者，由被调查者评定，以反映其态度。（　　）
2. 为了实现调查的目的，调查中可以采用多种量表类型。（　　）
3. 固定数量量表是要求被调查者根据某个标准对一系列的对象两两比较做出选择。（　　）
4. 李克特量表是由美国社会心理学家李克特提出的。（　　）
5. 沙斯通量表的逻辑基础是被调查者如果同意高层级问题的陈述，一般也会同意低层级问题的陈述。（　　）

三、简答题

1. 简述量表的类型。
2. 简述影响量表选择的因素。
3. 简述李克特量表的操作步骤。
4. 结合本章知识，谈谈你对量表测量技术的认识。
5. 结合本章知识，谈谈你对量表的信度和效度的理解。

四、设计题

　　B市某商场决定开展一次市场调查活动。目前，此次市场调查活动的调查方案已经编制成功，在方案中，计划采用量表测量技术对客户的满意度进行调查。

　　要求：请为B市某商场编制合适的量表。

第六章 市场调查的组织与实施

知识导航

市场调查的组织与实施
- 市场调查前的准备
  - 调查团队的组建
  - 编写调查手册
- 调查者的选拔与培训
  - 调查者的选拔
  - 调查者的培训
- 市场调查的质量控制
  - 市场调查质量控制的原则
  - 市场调查质量控制的环节
  - 市场调查质量控制的步骤
- 常见的调查误差及控制方法
  - 调查方法导致的误差
  - 数据信息质量导致的误差

学习目标

通过本章的学习,学生应理解市场调查团队的构成;理解选拔培训调查者的方法;掌握调查过程中常见的误差及控制方法等知识;掌握市场调查组织实施的相关技能。

寓德于教

中共中央办公厅印发的《关于在全党大兴调查研究的工作方案》(以下简称《方案》)中指出,党中央决定,在全党大兴调查研究,作为在全党开展的主题教育的重要内容,推动全面建设社会主义现代化国家开好局起好步。关于调查研究的组织实施,《方案》中指出:

(1)加强组织领导。各级党委(党组)要高度重视调查研究工作,作出专门部署,科学精准做好方案设计、过程实施、监督问效等各个环节工作。党委(党组)主要负责同志负总责,抓好本地区本部门本单位调查研究的推进落实;班子其他成员各负其责,抓好分管领域和分管单位的调查研究工作。领导干部要带头开展调查研究,改进调研方法,以上率下、作出示范。

(2) 严明工作纪律。调查研究要严格执行中央八项规定及其实施细则精神,轻车简从,厉行节约,不搞层层陪同。要采取"四不两直"方式,多到困难多、群众意见集中、工作打不开局面的地方和单位开展调研,防止嫌贫爱富式调研。要加强调研统筹,避免扎堆调研、多头调研、重复调研,不增加基层负担。要力戒形式主义、官僚主义,不搞作秀式、盆景式和蜻蜓点水式调研,防止走过场、不深入。要在调查的基础上深化研究,防止调查多研究少、情况多分析少,提出的对策建议不解决实际问题。对违反作风建设要求和廉洁自律规定的,要依规依纪严肃问责。

(3) 坚持统筹推进。对表现在基层、根子在上面的问题,对涉及多个地区或部门单位的问题,上下协同、整体推动解决。统筹当前和长远,发现总结调查研究的有效做法和成功经验,完善调查研究的长效机制,使调查研究成为党员、干部的经常性工作,在全党蔚然成风、产生实效。

(4) 加大宣传力度。充分利用党报、党刊、电视台、广播电台、网络传播平台等,采取多种多样的宣传形式和手段,大力宣传大兴调查研究的重要意义和各地区各部门各单位大兴调查研究的具体举措、实际成效,凝聚起大兴调查研究的共识和力量,营造浓厚氛围。

资料来源:新华社. 中共中央办公厅印发《关于在全党大兴调查研究的工作方案》[EB/OL]. (2023-03-19)[2023-11-20]. https://www.gov.cn/zhengce/2023-03-19/content_5747463.html.

请思考:市场调查活动的组织与实施的关键点有哪些?

第一节 市场调查前的准备

市场调查前的准备工作主要有组建调查团队、编写调查员手册、调查者的选拔与培训等。调查者的选拔与培训将在本章第二节重点阐述。

一、调查团队的组建

在小规模的市场调查中,调查团队可以只由调查设计人员和调查员两类人员构成。

但在具有规模的、正式的市场调查中,需要构建一个完善的调查实施团队(图 6-1),一般包括以下核心部门与岗位。

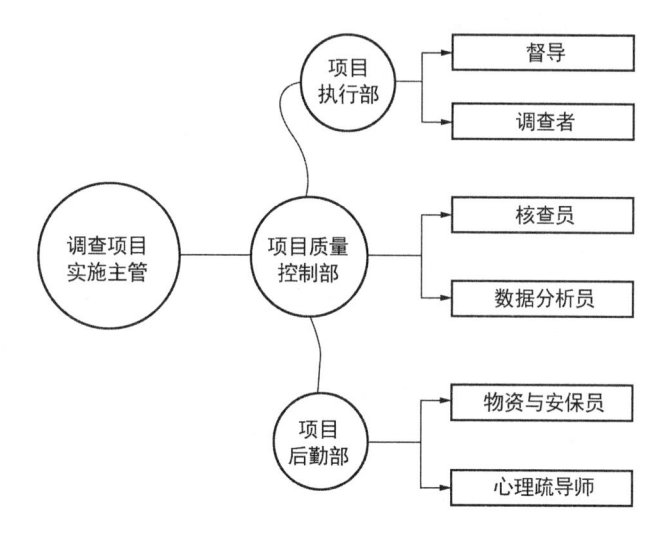

图 6-1 市场调查团队的构成

(一) 调查项目实施主管

调查项目实施主管往往是项目负责人,但是如果调查机构自身的实力不足以支撑项目的实施,则需要通过市场调查协会或通过相关会议的名录、商业广告或网上查询的办法,去寻找、筛选并委托专门的调查实施公司负责项目的实施。

调查项目实施主管的职责主要包括以下几个方面:

(1) 负责调查实施计划和培训计划的制定。了解调查目的,深入了解调查研究项目的性质及具体的实施要求,制定调查项目的实施计划和调查者培训计划。

(2) 负责组建调查实施团队,进行职责分工,挑选团队人员。

(3) 负责培训团队人员。

(4) 负责实施过程中的管理和质量控制。

(5) 负责评价团队人员的工作。

(二) 项目执行部

项目执行部主要负责调查实施与调查过程的监管。主要实施者是督导和调查者。

1. 督导

督导是具体的项目运作监督人员,负责实施过程的检查监督和实施结果的检查验收。其作用主要有:

(1) 协助调查者完成数据收集工作,提升调查效率。例如,在调查初始时,需要督导带领调查者进行调查,以提升调查的质量。

(2) 对调查者的调查过程进行监督,控制调查进度。督导以公开或隐藏的方式进入调查现场以监督调查者的数据收集工作。

2. 调查者

调查者是承担调查工作的主体,应具备基本素养,其责任是在规定的时间内高质量、高效率地收集数据。

(三) 项目质量控制部

项目质量控制部是在调查实施的各个环节对影响数据质量的因素进行控制,主要实施者是核查员和数据分析员。

(1) 核查员负责回收数据的初步核查,即通过录音核查、电话核查、视频核查、电话回访等方式检查调查者调查工作的真实性和规范性,发现问题第一时间上报。

(2) 数据分析员对收集的数据进行核查、筛选,使分析结果更接近实际情况。

(四) 项目后勤部

项目后勤部为调查提供物质保障,主要岗位有物资与安保员、心理疏导师等,负责整个调查工作的物资发放、安全保障、心理疏导等工作。

二、编写调查手册

在市场调查活动中,调查手册是调查者的工作指南。它的作用是指导调查者按照标准、统一的方式来完成调查过程。

一份完整的调查手册通常包括:①调查者的职业守则,即调查者在调查过程中应遵循的职业道德与行为规范。②实施的流程和技术规范,包括调查基本知识、询问方法与技巧等。③问卷或量表说明,包括问卷或量表中主要概念的定义、容易引起歧义的问题的解释、疑难问题回答的解决办法、正确或错误的询问示例等。④示卡与附录,示卡是调查中需要向被调查者单独出示的图片或某些特殊问题,附录则包括职业(行业)代码表、属相纪年对照表等。

【范例6-1】 某企业在进行市场调查活动中编写了调查员手册以指导调查员调查工作的顺利开展,调查员手册中关于"调查者在调查过程中追问的方法"是这样描述的:

调查者在调查过程中追问的方法

当被调查者回答"不知道"或者答案不完整、不清楚时应该重新询问或深入询问,这就叫作"追问"。

当被调查者回答"不知道"时,调查者需要判断被调查者所说的"不知道"是否是真的不知道,如果不是就要追问。通常被调查者回答"不知道"时有几种情况:①被调查者不明白问题,随口说不知道;②被调查者在想答案,为了填补这段时间空白就说"不知道";③被调查者害怕回答错误或者不方便回答;④被调查者担心提出意见会让调查者难堪;⑤被调查者真的不知道;⑥被调查者知道的少不好意思回答。

追问的原则是从抽象到具体;既要广度,也要深度。例如,在询问被调查者对某种产品的喜欢程度:"请问您为什么喜欢这款产品?""我觉得它还行。""能具体说说您喜欢这款产品的什么地方吗?""性能不错。""您觉得这种性能怎么样呢?""用起来很流畅。""那么除了它的性能之外,您还喜欢它什么地方?""外包装挺不错。"这些追问技巧在实践中灵活运用、不断提高。同时也要把握追问的深度,视情况确实回答不出就不要影响被调查者的情绪和调查的气氛,注意察言观色。

第二节 调查者的选拔与培训

在调查方案一定的情况下,市场调查能否收到良好的效果,关键在于能否选拔到合适的调查者。作为调查工作的主体,调查者的数量和质量会直接影响市场调查的结果。

一项市场调查是由众多环节组成的。前期准备工作细致而复杂,从提出调查主题、分析相关问题到设计问卷、制定计划,这一系列的准备活动都需要付出大量劳动。后期工作则是对调查所获得的信息进行分析、处理,撰写调查报告。中间过渡环节即为调查的组织与实施。调查的直接实施者便是调查者。除了一些自填式问卷,如邮寄调查不需要调查者与被调查者直接接触外,其余都需要调查者实施。调查者的工作与前后两个阶段的工作都有紧密联系。前期准备工作在调查实施过程中得以体现,而后期工作则是建立在调查获得信息的基础之上,信息的准确与否对调查报告的撰写乃至经营策略的制定有相当大的影响。

优秀的调查者可以提高调查的信度,拓展调查的深度和广度。因被调查者存在差异性,调查者在调查过程中往往会遇到各种各样的情况。若调查者未经过专门训练,在处理问题时可能会手足无措。对于被调查者而言,若不能得到调查者的正确指导,所提供信息的可信度相对也要低。优秀的调查者不仅能够通过和善的态度及高超的调查技巧获得问卷相关信息,而且能够通过自身敏锐的观察力捕捉到隐晦的内容。信息可信度得到提高,市场调查的分析工作就有了坚实的基础。

因此,市场调查的实施必须根据调查工作量的大小及调查工作的难易程度,认真选择配备高素质的调查者,并做好调查者的培训和管理工作。

一、调查者的选拔

按照市场调查工作的客观要求,调查者应该具备的基本素质有思想道德素质、业务素质、身体素质三个方面,具体如表6-1所示。

表6-1　　　　　　　　　　　　调查者应具备的基本素质

素质分类	具体素质要求
思想道德素质	具有强烈的社会责任感和事业心;具有较高的职业道德修养,工作中能实事求是、公正无私;工作认真细致;具有创新精神;具有团队协作能力;谦虚谨慎;较强的心理承受能力等
业务素质	具有较为广博的理论知识;利用各种信息资料的能力;较强的调查环境的适应能力;充分运用大数据等技术分析整合信息资料的能力;较强的语言和文字表达能力;较强的解决问题的能力等
身体素质	较强的体力和旺盛的精力

在选拔调查者时应注意以下两点。

(一) 关注调查者的可塑性

受先天和后天因素的影响,人的素质是有差异的,但人的素质又是可以培养的。因此,在选拔调查者时需要关注调查者的可塑性,不断地通过各种方式、途径加强对调查者的培训,提升其素质,使其达到调查工作需要的理想标准。

资料链接 6-1

诸葛亮的"识人七道"

《将苑·知人性》记载了诸葛亮的"识人七道":"夫知人之性,莫难察焉。美恶既殊,情貌不一,有温良而为诈者,有外恭而内欺者,有外勇而内怯者,有尽力而不忠者。然知人之道有七焉:一曰问之以是非而观其志,二曰穷之以辞辩而观其变,三曰咨之以计谋而观其识,四曰告之以祸难而观其勇,五曰醉之以酒而观其性,六曰临之以利而观其廉,七曰期之以事而观其信。"

资料来源：古诗文网. 将苑·卷一·知人性[EB/OL]. (2013-12-18)[2023-11-20]. https://so.gushiwen.cn/guwen/bookv_46653FD803893E4F0902F60A23565F79.aspx.

（二）注重团队资源的整合

市场调查是一项复杂且系统的工作，非单个调查者所能独立承担，需要组建精干的调查团队，并对团队结构进行科学合理的整合，包括职能结构、专业知识结构、年龄结构、性别结构等。要充分考虑成员之间的专业、资源、能力或技术上的互补性，发挥成员个人优势，通过人员的有机结合，取长补短，来提高调查效率。

资料链接6-2

深圳威尼斯酒店互补性领导层成功之道

深圳威尼斯酒店坐落于深圳华侨城，其投资方为华侨城集团，由一家著名的酒店管理机构管理，其独特的身份决定了它是一个典型的"混血儿"，酒店管理层由来自德国、美国、新加坡、菲律宾和中国等国的人员组成，成为一支名副其实的"多国部队"。

从酒店行业来讲，欧洲的管理特点是高标准、高质量和高规格，文化气氛浓厚，尊重客人的身份和地位，管理上追求一丝不苟；而美国的管理特点是关注成本底线和盈利能力，管理上追求高效率、高利润，在此前提下，鼓励创新和发挥；以中国为代表的亚洲，则人文气氛浓厚，管理上讲求亲和力，因此"关系"是国外经理人必须学习的课题。这些管理风格和文化本身没有先进与落后、好坏优劣之分，它们是相互补充、互相融合的关系。为了使酒店脱颖而出，管理上就要兼收并蓄各方优点。深圳威尼斯酒店选择了在美国长大的法国人为驻店经理。财务总监是个美籍华人，熟悉东西方的财务制度，既能按照国际标准进行财务管理，又可按照中国习惯进行运作。主管餐饮的总监来自亚洲酒店行业相对发达的新加坡，部门配备了中国本土和澳大利亚的顶级厨师，以满足中外客人的不同需求。销售总监是在新西兰和中国工作多年的菲律宾人。这种文化熔炉将世界各种管理风格汇聚到深圳威尼斯酒店这个大家庭中。

为了使不同的文化、知识经验和风格的领导团队成员尽快融合，深圳威尼斯酒店聘请了专业的团队教练来把关，使管理层成员分批参加野外团队拓展训练，来增加了解、加强友谊，消除沟通时的心理障碍，培养团队合作、互补精神。在这个互补型团队的经营管理下，深圳威尼斯酒店开业仅一年，其经济效益和社会效益就在高档酒店林立的深圳名列前茅。

资料来源：许以洪，陈青姣. 市场调查与预测[M]. 北京：机械工业出版社，2020.

二、调查者的培训

(一) 培训的内容

为了保证市场调查的顺利进行和市场调查的质量,在市场调查活动开始前需对挑选好的调查者进行培训。培训的内容根据调查目的和受训人员本身的情况而定。通常情况下,对调查者培训的内容主要包括以下几个方面。

1. 市场调查职业与伦理道德培训

职业与伦理道德的培训是调查者培训的核心和基础,这关系着调查的成败。对调查者职业与伦理道德培训、审查和评估标准主要有公正性、有效性和可靠性。

1) 公正性

公正性要求调查者客观地对待被调查对象和调查内容,不在调查过程中加入恶意竞争的意图等,包括不能捏造事实、不能欺骗调查活动关系主体,伤害利益主体的利益。

2) 有效性

有效性是指对调查活动所依据的系统理论和统计分析方法科学和全面的程度进行预测。如果调查者在收集信息资料的时候,缺乏系统性和科学性,则可能导致信息资料的偏废或者失效。例如,只收集了一段时间,而不是全部时间的信息资料;只在固定范围内调查了类似的调查对象,而不是调查应该调查的各类型的调查对象等。

3) 可靠性

可靠性是指调查活动和调查结果的可信性。不可靠的表现包括:在调查活动刚开始时,仅仅调查有限数量的样本即开始撰写调查报告得出相应的结论;调查者自己或找人快速填写调查问卷;个别企业为了某种利益,控制调查范围使调查结果出现他们希望的结果等。

以上反映的调查活动中不公正、无效和不可信的表现,都必须在市场调查的准备阶段,通过严格的职业道德培训和教育,加以克服和杜绝。

2. 与调查工作有关的知识技能培训

调查者具有较好的业务知识和技能是调查活动顺利开展、调查质量得以保证的必要条件。对调查者应结合调查主题进行相关专业知识和技能的培训,并对调查过程中提问的技巧、术语解释技巧等进行规范培训。通过培训使得调查者了解调查问卷的内容,深刻理解调查问题的意图,从而获得有价值的信息。

1) 接触被调查者技能培训

与被调查对象顺利接触是调查顺利进行的基础。在接触时,调查者应该向被调查者明确说明他们的参与对调查项目的实施是非常重要的,但尽量不要特意征求其允许后再提问。培训是告知调查者避免使用"我能占用您一点时间吗?"或"您能回答几个问题吗?"之类的问题。另外,还要培训调查者掌握在与被调查者接触时被拒绝的一些技巧。例如,当被调查者表示现在不方便时,调查者应继续问"您什么时候有空?"

资料链接6-3

如何应对拒绝访问

因为被调查者对所要调查的工作不了解或者对调查内容心存疑虑,或者是调查时间选择不当等,都可能造成调查被拒。调查者要分析对方拒绝或不情愿的原因,并采取相应的对策。

1. 你们可信吗

如果被调查者对调查工作的可信度表示怀疑,调查者除了出示自身的工作证,还可以通过出示相关宣传材料及印刷的相关说明来取得对方的信任,同时也可以通过介绍调查工作的意义来打消对方的顾虑。

2. 为什么要调查我

遇到此类问题,调查者需要向对方解释清楚调查样本的确定方式。

3. 提供这些资料会不会对我有影响?我能不能看别人填写的资料

对于这种情况,调查者需要做出保密承诺,着重申明调查的纪律是绝不泄露调查资料,调查者对被调查者提供的信息负有保密的责任和义务。同时要向被调查者说明别人的资料亦是不允许随意翻阅的。

4. 我很忙,调查会不会占用我很多时间

遇到这种情况,调查者需要仔细辨别。如果被调查者真的因为工作忙碌无法接受调查,调查者可根据实际情况向被调查者建议:"我等您手头的这件事忙完""我等会再来"。如果被调查者只是觉得麻烦,调查者则需要再一次阐明调查的意义,争取时间及早进入调查。

资料来源:国务院第二次全国经济普查领导小组办公室,第二次全国经济普查普查员手册[EB/OL].(2008-09-10)[2023-08-10]. https://www.pidu.gov.cn/pidu/c135792/2008-09/10/content_6898237fc2a8460a9a4d8915a7e29752.shtml.

2) 提问技巧的培训

事先设计好的问卷,调查者只需要指导被调查者填写问卷。但如果问题需要调查者口述并记录答案,那么培训调查者提问时的措辞、顺序和态度就非常重要。一些微小的变化可能会导致被调查者对问题有不同的理解,从而给出不同的答案。重视此方面的培训可以减少误导现象的发生。在提问后,调查者还需要根据情况适时追问。

资料链接6-4

调查者提问时的注意事项

在调查的过程中,除了甄别问题以外,调查者需要按照调查提纲上所列出的问题进行逐一提问,即使调查者认为某些答案在前面的调查中已有答案。被调查者在回答前面问题时可能会提及其对后面问题的看法,当后面问题出现时,调查者仍需要再次提问。

调查者在提问时要使用确切的词句,不得擅自改变问题的措辞,以免给被调查者提供倾向性意见。若被调查者无法对问题进行准确理解,调查者不需要解释,可以再次重复问题。调查者在调查过程中的进度需根据被调查者的特点灵活调整。如果被调查者为老年人,调查者需要给其留出更多的思考时间。

3) 调查记录的培训

调查者记录被调查者的回答时要记录准确、清楚,以免编码时出现差错。培训时要注意告知调查者记录的注意事项。例如,记录时注意使用被调查者的语言;不要自己概括或解释被调查者的回答;要及时记录所有与提问目的有关的内容;记录所有追问的问题和评论。

4) 结束访谈技巧的培训

培训时要告知调查者在没有得到所有信息之前,不要轻易结束访谈。结束时,调查者要向被调查者表示感谢,被调查者在回答完毕问题后对调查本身做出的评论,调查者最好也对其进行记录。

资料链接6-5

全国经济普查调查员调查程序

第一步,上门首先问"您好",然后介绍你的来意和目的,"现在我们国家正在进行第X次全国经济普查,我是居(村)委会的普查员,需要填报一些报表,不会占用您太多时间,请您配合支持我。"

第二步,要宣传经济普查。"这次普查是一项重大国情国力调查,国家投入了大量的人力、物力和财力,目的是要制定规划和政策,为加强国家宏观调控,提高人民生活水平,制定各行业发展政策提供依据。另外,对这次您提供的普查数据我们将严格保密。"

第三步,要注意询问技巧,通过引导让被访问人很自然地回答有关问题。"请您把《组织机构代码证》给我看一下",然后对照普查表相关指标进行询问登记。比如:"李经理,今年生意还可以吧,大概月收入有多少啊?一个月大概交多少税?""现在有多少员工"等。

第四步,要申报人(主要法人、企业单位)核实并签字盖章,"请您核实一下报表情况,然后在表上签字盖章。"

第五步,要感谢被访问人的支持和配合,最后说"再见""如有问题还要麻烦您"。

资料来源:国务院第二次全国经济普查领导小组办公室.第二次全国经济普查员手册[EB/OL].(2008-09-10)[2023-08-10].https://www.docin.com/p-13484518.html.

3. 调查礼仪的培训

良好的调查礼仪在一定程度上可降低拒访率。调查者的自我介绍技巧,面对被调查者的礼仪和态度,如握手、着装等都应纳入培训的内容。

资料链接6-6

调查者自我介绍

调查者正确进行自我介绍,是拉近调查者与被调查者距离的基础。调查者自我介绍时应注意:

(1) 态度要不卑不亢,镇定、清晰、自信地报出自己的姓名,并善于使用体态语言,表达自己的友善、诚意和愿望。

(2) 自我介绍时应先向对方点头致意,得到回应后方可向对方介绍自己的姓名、工作单位、身份等。

(3) 自我评价掌握好分寸,要实事求是。

(4) 自我介绍的时间以30秒为宜,特殊情况也不能超过3分钟。

资料来源:许以洪,陈青姣.市场调查与预测[M].北京:机械工业出版社,2020.07.

(二) 培训的方法

1. 集中讲授法

集中讲授是目前培训最常用的方法之一。集中讲授就是采用课程授课的方式邀请有关专家、调查方案设计者,就调查的意义、目的、要求、内容、方法及调查工作的具体安排等进行讲解。必要的情况下,还可讲授一些调查基本知识,介绍一些背景材料等。采用这种培训方法应该注意突出重点、针对性强、讲求实效。

2. 模拟调查训练法

模拟调查训练法即人为地制造一种调查环境,由培训者和受训者或全部由受训者分别装扮成调查者和被调查者,进行模拟调查。模拟调查应该说是调查人员的"试验田",经过课程集中讲授之后调查者对调查内容和要求有了基本的认识和了解,同时也掌握了一些基本的调查方法,唯一缺乏的是没有市场调查的实践,所以应该为调查者提供机会去实践和验证课程上的知识,联系某一具体的调查过程。模拟时,要将在实际调查中可能遇到的各种问题和困难表现出来,让受训者作出判断、解答和应对处理,以增强受训者的经验。采用这种方法,应事先做好充分准备,这样模拟时才能真实地反映调查过程中可能出现的情况。

3. 以会代训

以会代训即由主管市场调查工作的部门召集会议,有两种会议形式。一是开研讨会,主要是就需要调查的主题进行研究,从拟定调查题目到调查的设计,资料的收集、整理和分析,调查的组织等各项内容逐一研究确定。二是召开经验交流会。与会人员相互介绍各自的调查经验,先进的调查方法、手段和成功的调查案例等,以集思广益、共同提高。采取以会代训方法,一般要求参加者有一定的知识水平和业务水平。

资料链接6-7

第五次全国经济普查单位清查布置暨业务和软件培训班开班

2023年7月8日,第五次全国经济普查单位清查布置暨业务和软件培训班在沈阳开班。此次培训班旨在贯彻落实国务院召开的两个会议(第五次全国经济普查领导小组第一次全体会议和全国电视电话会议)精神,全面动员布置单位清查相关工作,并开展单位清查方案和数据处理软件培训。参加此次培训班的有各省(区、市)和新疆生产建设兵团经普办主要负责人及负责清查工作的主要业务人员和数据处理人员、国家统计局相关司级单位负责人和业务骨干,以及第五次全国经济普查集中办有关人员等。

此次培训班为期三天,由国务院经普办各相关业务组、集中办,以及国家统计局统计执法监督局、统计设计管理司、普查中心、数据管理中心的业务骨干重点围绕单位清查工作布置、单位清查业务及软件使用、依法普查等相关内容授课,既有理论学习课程又有上机练习等实操内容。

资料来源:郑昱彤,第五次全国经济普查单位清查布置暨业务和软件培训班开班[N].中国信息报,2023-07-11(1).

4. 以老带新实践法

以老带新实践法是一种传统的培训方法,这种方法由有一定理论和实践经验的人员,对新接触调查工作的人员进行亲自指导,使新手能尽快熟悉调查业务,在实践中发现各种问题,在实践中培养应变能力和处理解决问题的能力,从而使新人尽快成长和提高。这种方法能否取得成效,取决于培训者是否无保留地传授。当然,受训者要想真正掌握调查要领,还要自己去努力。

第三节 市场调查的质量控制

市场调查质量控制的根本目的是要尽量避免与减少误差,使调查结果能够尽可能真实地反映所调查事物的实际情况。因此,市场调查的质量控制非常重要。

一、市场调查质量控制的原则

(一) 客观性原则

虽然市场调查质量受参加人员主观因素的影响很大,但对调查质量的评定应该是客观的,应以真实反映市场运行状况的指标来衡量其整体质量,应当有明确的质量标准及规范性的检验方法,不能因人而异,人为降低标准。

(二) 全程性原则

市场调查质量的控制要贯穿调查活动的全程。不仅表现为事后对调查结果的验收,还表现为调查前的准备和调查实施过程中的抽查,做到事前、事中、事后全过程的控制,构建完整的控制体系。

(三) 全员性原则

全体参与调查的人员都需要有质量意识,调查各环节设置专人负责质量检查。

(四) 综合平衡原则

市场调查质量控制的关键在于提高调查资料的系统性、准确性和及时性,使三者达到最佳组合。这就需要认清三者之间的相互制约关系,把握关键环节,制定切实可行的控制方案和标准。正确处理好调查精度、时限、经费、项目等因素的关系。

二、市场调查质量控制的环节

从某种意义上讲,市场调查的质量控制决定了调查的失败。根据市场调查的实施过程,质量控制环节可以分为调查前期控制、调查中期控制和调查后期控制三个阶段。

(一)调查前期控制

调查前期的质量控制主要从调查工具的有效性、调查方案的合理性、调查者初期调查质量监控等方面入手。主要工作有:

(1)培训调查者。对调查者进行调查前的业务培训,使调查者熟悉所要调查的内容,掌握调查的技巧,在调查的过程中能够高质量地提出调查问题,熟练追问,高效地与被调查者沟通。

(2)检验调查提纲或问卷,在调查活动开始前检查调查提纲或问卷的印刷质量和装订顺序等,如有问题及时纠正。

(3)检查调查所用工具如电脑、录像工具等的齐全性与功能,确保调查实施工具能够支撑调查的顺利实施。

(二)调查中期控制

调查中期的质量控制是指在调查实施过程中对影响收集数据质量的因素进行控制。调查者熟悉调查问卷和调查操作过程需要时间,通常督导或核查员要通过陪访、回访、审卷、再培训等手段发现并迅速解决调查中出现的问题。如果客观条件允许,督导或核查员可以在每天的调查工作结束后与调查者进行交流、总结,及早解决调查者在调查过程中遇到的问题。

调查中期质量控制还需要对调查回收的问卷质量和样本分布进行控制。就问卷质量的控制而言,督导或核查员需要求调查者在一份问卷填写完毕之后,立刻自查问卷是否有漏答、误填或前后不一致的答案。如果客观条件许可,应要求每天上交所有已完成的问卷与空白问卷,这样做一方面可以防止调查者造假,如抄袭已经完成的问卷;另一方面有利于及时了解和控制调查进度与问卷的质量。在回收一定数量的问卷后,要安排核查员用电话访问或者面谈的方式对被调查者进行回访,了解调查者是否规范地执行抽样、调查程序。对不合格的调查者要及时更换,对不合格的问卷要重新补填。在调查结束后,调查项目实施主管还要组织全面复核,以评估调查实施的质量。

对于样本分布的控制，督导或核查员要建立问卷回收情况明细记录表，对已有的调查问卷进行简单的手工统计，与宏观数据或者以前相应调查的汇总数据进行比对，确保收集的数据能够符合研究目的的要求。严禁调查者私自更换调查样本，如确需更换的，则需提交更换报告，经同意后方可更换。

（三）调查后期控制

调查后期的质量控制是指调查工作结束后在数据分析整理环节对收集到的数据进行核查、筛选与清洗，去除极端值等数据噪声，使分析结果更接近实际情况。

表6-2　　　　　　　　　　　　　调查质量控制一览表

质量控制环节	质量控制内容	质量控制对象	质量控制实施者
调查前期	调查工具的有效性 调查方案的合理性 调查者初期质量监控	调查工具 调查方案 培训师	调查设计人员 督导
调查中期	问卷填写完整度 问卷回收率 问卷有效率	调查者	督导 核查员
调查后期	数据质量核查	数据	数据分析员

三、市场调查质量控制的步骤

对市场调查过程进行有效质量控制的步骤主要包括以下几个方面。

（一）确定质量控制点

质量控制点指的是影响市场调查完成的关键问题及其所在的环节。调查质量控制第一步需要考虑影响调查质量的关键问题有哪些，这些问题存在于哪些部门或环节，会出现什么样的误差，出现误差的原因是什么。

（二）制定明确的质量控制标准和相应的检查制度

调查质量控制标准是反映质量控制点的各种误差允许的最大误差程度。因此，明确每个环节的质量控制标准是实施控制的关键。零误差是市场调查质量控制的最理想状态，但是这是任何调查都难以做到的。在制定质量控制标准时，应从每个具体项目的要求出发，列出总体的误差标准和逐点的最大允许误差率。实际的调查结果如果没有超过或者低于这两项误差控制率，则认为合格。

严格的质量检查制度是实施质量控制的保证。在市场调查过程中应该形成相应的、严格的质量检查制度,明确检查的范围、方式、人员组织和工作程序。

(三) 对调查过程进行检查

确定质量控制点和控制标准,是为了在调查误差发生之前就能采取适当的措施加以避免。这并不意味着误差不存在,在控制过程中,调查者应随时检查,将结果与控制标准进行对比,总结经验,找出失败的原因。

(四) 充分利用各种技术手段

明确调查质量控制点和控制标准只是市场调查质量控制的基础,为了得到高质量的调查结果,必须针对误差的情况及来源,采取相应的控制措施。

1. 调查方案比较法

调查方案比较法是针对计划阶段易出现定性类误差而采用的控制方法。对同一调查项目作出两种或更多的调查方案,可以有效减少定性类误差发生的概率,为调查过程的开展奠定基础。

2. 调查者试调查制度

在正式调查之前,安排试调查环节,可以有效降低遗漏项目发生的概率。

3. 问卷控制与抽查控制相结合的方法

调查问卷设置过程中可以设置一些调查者必须到现场才能回答的问题,以预防调查过程中可能发生的调查人员弄虚作假的行为。此外还要有专门的质量检查组织、规定的抽查比例和工作程序等。

(五) 对调查误差进行纠正

在对调查质量控制的基础上,一旦发现存在误差,就需要迅速做出反应,适时采取纠正措施,以保证调查的总体质量要求。

第四节 常见的调查误差及控制方法

市场调查误差的来源有调查方法和数据信息质量两个方面。

一、调查方法导致的误差

调查方法导致的误差主要是指在调查设计阶段,调查方法设计不当而导致所收集数据信息的不实。调查方法的选择受到资金、时间及其他客观条件的制约,但是选择何种调查方法从根本上讲应当服从于调查数据质量的要求。当调查方案设计者更多从资金、时间等角度考虑选择调查方法时,出现调查方法误差也就不可避免了。例如,由被调查者自我完成的调查产生的误差要比由调查者辅助的调查产生的误差大,因为被调查者自我填写问卷时没有经过培训的调查者协助。

二、数据信息质量导致的误差

数据信息质量导致的误差主要来自两个主体:市场调查的核心实施者——调查者;市场调查的对象——被调查者。

(一) 调查者误差

调查者误差是指在调查过程中由于调查者过失或者主观故意没有遵照调查要求执行调查而产生的误差。调查者是执行调查过程的关键,调查方案中设计的内容大部分都要由调查者完成,即便经过前期培训,调查者在具体执行调查时也可能与方案的要求存在差距,从而导致各式各样的调查者误差的出现。

1. 调查者故意误差

调查者故意误差是指在市场调查过程中,调查者故意违反调查规则,使其收集的信息和数据与事实真相发生的各种误差。其主要有以下几种。

1) 调查者欺骗误差

欺骗误差是指在调查过程中调查者编造部分或全部的数据所引起的误差。例如,调查者以被调查者的身份填写应由真实的被调查者填写的问卷,或者制造一份虚假的调查记录。导致这类误差的原因可能是:①调查者缺乏职业素养和职业道德;②负责调查活动的机构奖惩制度不完善;③调查者缺乏社会经验,无法在规定的时间内找到符合要求的被调查者;④被调查者不愿回答问题,调查者迫于压力而导致的虚假行为。

2) 调查者诱导被调查者误差

调查者在调查过程中通过不恰当语言或行为影响被调查者回答,使得被调查者不真实地提供自己的看法或态度,从而产生各种误差,具体情况有:

(1) 调查者擅自改变调查问题的用词而造成诱导。例如,原设定的调查问题是:"你认为该商品的价格涨幅比例在哪个范围内能接受?"而在实际调查时将问题改为:"你认为该商品的价格涨幅比例在10%以内能不能接受?"。

(2) 调查者向被调查者透露自己期望得到的回答。例如,一位被调查者在回答"你认为这款商品最吸引你的是什么?"问题时的答案是"外观。"调查员回应"嗯,大多数人都是这样说的。"这就向被调查者传递了一个信号：他的选择与大多数人的态度一致。被调查者有可能会按照同样的思路进行，哪怕答案不一定是自己真实的感受。

(3) 调查者向被调查者就问题进行过度的解释或说明。例如，在调查"你能接受的手机最高价位是多少？"时，调查者看到被调查者有较长时间的思考，对其进行了进一步解释："我们在 A 市调查的结果是 6 000 元。"这位被调查者立刻回应："我跟别人不能比，我能接受的是 3 000 元。"该调查结果的精确度存在局限性。

3) 调查者不重视产生的误差

调查工作比较繁琐，调查者可能会因为厌烦或疲惫对调查内容进行删减，也可能会在明知如果在特定的时间范围内没有按要求完成一定数量的调查会影响整个调查的质量的情况下依然懈怠。例如，在某次×市某展览会 5 月 1 日到 7 日的客流量调查时，调查者因自己的原因漏了几个时间段的调查导致调查结果因为样本量的不足而缺乏对总体的代表性。

2. 调查者非故意误差

当调查者执行了他认为正确的实际上是错误的调查方法或程序时，就产生了非故意误差。非故意误差主要有以下三种：

(1) 由于被调查者个性特征而导致的偏差。调查者的个性特征与被调查者的审美不一致，会导致被调查者在情感上无法接受调查者，使得他们不能很好地配合调查者，导致误差的出现。

(2) 调查者误解而导致的误差。调查者在经过培训后自认为掌握了调查的方法与技巧。但在具体执行过程中遇到了特殊情况，调查者可能会以为自己有一定的应变处置权，但是这种临时变更可能会导致误差。调查者的误解还表现在被调查者需要调查者解释调查中的某一概念，但调查者恰好对这一概念没有准确理解，做出错误的解释，导致被调查者因误解而使回答出现误差。

(3) 调查者疲劳导致的误差。调查工作的繁重会使得调查者身心疲惫，导致调查者注意力不集中，思考与反应的敏锐性降低，这会很容易造成疏漏和错误。例如，调查者忘记检查被调查者填写的答案，或表现出厌烦情绪，就会使得那些本来愿意接受调查的被调查者的配合度大大降低。

(二) 被调查者误差

被调查者误差是指由于被调查者误解、不愿意回答、不能回答或不在现场等原因而不能客观、真实地回答调查问卷的部分或全部问题而导致的误差。

1. 被调查者故意误差

被调查者因各种缘由不愿意回答或者不愿意真实回答调查者的部分问题,从而导致调研机构收集到的信息缺乏真实性,不能满足研究的需要。

(1) 被调查者不愿回答或拒绝回答。在调查过程中,已经确定的被调查者不愿参与或不愿回答调查者的某些提问是调查者遇到的最常见的被调查者故意误差。因此,如何提高被调查者的参与度是调研机构面临的共同问题。

(2) 被调查者不真实回答。当被调查者考虑到自己真实的答案会使自己处于不利的位置时会做出不真实回答的行为。例如,被调查者怀疑调查者是在从事某种商业情报的收集工作,或者像询问收入这样敏感的话题的项目本身隐含着被调查者说谎的可能。

2. 被调查者非故意误差

被调查者自认为提供了正确的答案但对调查项目而言却是无效的,这种情况就属于被调查者非故意误差。

1) 误解误差

误解误差是指被调查者因为调查者交代不清或错误引导或调查问卷中概念模糊、措辞不当等导致的对调查问题理解上的偏差,进而导致被调查者不能正确地回答问题。

2) 无能力回答误差

无能力回答误差是指被调查者可以正确理解问题但由于被调查者缺乏相关知识或能力而不能准确回答问题所导致的误差。无能力回答不等于无回答,它意味着被调查者无能力回答却勉强回答。例如,当调查问题要求被调查者通过回忆给出真实答案时,被调查者凭借印象给出答案,不一定真实。

3) 被调查者对调查活动缺乏兴趣产生的误差

一般而言,被调查者不像调查者设想的那样对调查有兴趣,或者被调查者由于已参与过多次市场调查活动产生了敷衍的心理,甚至拒绝参加本次调查。

4) 被调查者受到各种干扰误差

当具体调查进展到一半时被人为打断,或者因其他因素导致被调查者注意力转移,这些都可能会使被调查者的思路出现异常,从而产生误差。

三、调查误差的控制

(一) 对调查者故意误差的控制

在调查过程中,防止调查者故意犯错误的方式主要有监控、验证或替换和超额抽样三种方式。

1. 监控

监控是指指定管理人员对调查者的工作进行监督。几乎所有的调研机构都会安排督导或其他监督人员进行现场监督,这是保证调查质量的一种必然途径。其主要包括电话访问过程的监控、个别访谈过程的监控、拦截式访问过程的监控等。

2. 验证或替换

验证或替换专门用于检验调查者篡改调查记录或提供一些虚假的调查记录的行为。常见的方法有不同样本调查结果互验法、同一样本调查数据之间的验证法、逻辑对比法等。此种控制方式能否成功应用,关键在于有些回答差异是由被调查者的个性特征、调查环境等因素导致的,因此要确定差异标准,对比中发现的差异若小于这种差异就属于可以忽略的差异,若大于差异标准,才属于不能接受的差异,才能判断这份调查记录或数据是不可使用的资料。

3. 超额抽样

对于因调查员不重视导致的调查内容不完整的样本,应采用内容相近的调查问卷替换。为防止这种情况导致最终样本量不足的现象发生,可以适当增加样本发放量,即采用超额抽样方式预防样本量的不足。

(二) 对调查者非故意误差的控制

调查者非故意误差除了可以通过选拔调查者和培训调查者控制,还可以通过调整调查者的工作强度实现。在连续调查一段时间之后,调查者对调查活动的热情会降低,这样的工作状态很难保证调查活动的质量。因此,调研机构要合理安排调查者的工作强度,让每位调查者有足够的休息和调整的时间。

(三) 对被调查者故意误差的控制

对被调查者故意误差的控制方法主要有以下几种。

1. 调查过程中采用匿名的方式

在调查过程中不向被调查者提问诸如姓名、家庭地址等隐私性的问题。若调查过程中不涉及隐私问题,被调查者在心理上就会更加放松,就会回答更多原来不想回答和不会正确回答的问题。

2. 调查过程中作出保密承诺

调查者向被调查者保证其回答不予公开。在某些调查项目中,因调查目标的实现需要掌握被调查者的个人信息,此时调查机构的声誉对于被调查者是否说真话的影响非常明显。被调查者认为不同调查机构对保密承诺的履行情况是不一样的。

3. 检查比较答案的逻辑性

对被调查者所提供的信息进行确认。在进行调查提纲或问卷设计时，可以有意设计一些彼此关联的问题，以便在获取被调查者的回答后，可以据此检查被调查者回答的真实性程度。

4. 使用投射技术

投射技术是指调查者不直接向被调查者提出征求其对问题的看法、态度和观点的问题，而是将问题制作成针对与被调查者相似的第三方，让其以第三方的身份回答。例如，调查问题"您会购买价位在5 000元以上的手机吗？"改成"您身边的朋友会接受价位在5 000元以上的手机吗？"。运用投射技术时，大多数被调查者会根据自己的观点回答问题，但因为问题设置的主体是第三方，问题本身不会被视为私人问题。

（四）对被调查者非故意误差的控制

（1）提高调查提纲或问卷设计的正确性和简便性。问卷设计者在设计问卷的过程中应站在被调查者的角度去考虑被调查者可能会怎样理解问题及问题中包含的概念，应在充分了解被调查者的理解能力后设计每个问题及问题中包含的概念和意义。

（2）增加调查提纲或问卷的解释说明。问卷中调查问题的解释说明是被调查者在无法获得更多解释支持情况下作出判断完成问卷的信息来源。调查机构在设计调查提纲或问卷时应适当增加对问题或相关概念的解释与说明，使得调查者能够在被调查者产生疑惑时及时作出恰当的解释。

资料链接6-8

某问卷调查调查员指导手册（部分）

为帮助调查员理解本问卷和快速处理入户调查时可能遇到的问题特编写此指导手册，调查员应当在调查进行之前熟悉问卷和本手册。

一、调查员的基本要求和行为规范

（1）调查员在调查过程中需服从组织的统一领导和指挥，按质按量完成任务。调查员之间要互相协调，互相帮助。

（2）调查过程中，调查员应尊重自己调查区域内的风俗习惯，与调查区域所在地社区保持良好的人际关系，不得发生冲突。

（3）调查员应遵守职业道德，诚实负责，如实填报每一份调查问题，不弄虚作假。

(4) 调查员在入户调查时须衣着整洁，禁止穿着拖鞋、奇装异服，自备鞋套；言行举止礼貌周全。

(5) 调查员在调查过程中要有耐心，并注意掌握互动技巧。要注意消除对方的紧张情绪，并取得对方的信任。注意不得冒犯被访者的禁忌或违背其意愿。

(6) 调查员在调查过程中要严格坚持保密的原则，不得向无关人员泄漏被访的资料。

(7) 调查员须随身携带好身份证、调查员证及介绍信等有关证件，以便取得有关单位和被访者的信赖与合作。

(8) 调查员在调查过程中不得从事推销、产品宣传等一切与本调查无关的活动。

二、选择被调查者和问卷填写的基本要求

(1) 被调查者的选择必须严格按照抽样方式进行，不得随意更换样本。

① 户的选择，必须严格按从社区相关部门抽样出来的户名单入户调查。

② 入户后调查对象的选择按入户抽样表进行。

(2) 调查员须亲自完成每一份问卷调查任务，不得擅自找他人代填。

(3) 调查员须采用入户调查，不能采用电话采访的形式。

(4) 调查员须严格按问卷列出的顺序提问，由被调查者回答，由调查员记录在问卷上。问卷上必须有完整、详细、正确的原始记录。

(5) 在调查过程中，调查员可以帮助被调查者回忆某些事实，但调查员应该保持客观的态度，不得通过自己的言行影响被调查者的判断。

(6) 在调查结束离开被调查者家之前，调查员应自行检查问卷，以确保问卷各项信息填写完整。检查内容包括：

① 是否向被调查者询问了问卷中所有应问的问题，记录是否有遗漏。

② 问卷中每一个问题的答案是否记录完整、详细、准确。

③ 问卷中所填写答案有无前后不一致现象等。

如果发现问题，应及时礼貌地与被调查者再次核实。

(7) 编码由调查员在检查完问卷填答情况后，按编码要求进行。

三、问卷说明

本问卷共分为 A、B、C 三个部分。A 部分为"个人与家庭基本情况"；B 部分为"被调查者的生活经历"；C 部分为"被调查者的价值观和社会态度调查"。

填答时应该注意的问题有：

(1) 题目本身没有特殊的要求，调查员只需按照题目提问，然后相应记录即可。

（2）在有的题目的答案中，如果被调查者还有其他的选择但设置的答案并没有体现的，调查者须将被调查者的回答详细记录在"其他（请说明）_____"处。

（3）在问卷的所有各题的选择里，不论是否印出来，都包括"不知道""不回答""不适用"这样的选择项。

在调查过程中，如果某一问题被调查者回答"不知道"或者"不回答"，调查员应该尽可能地与被调查沟通，迅速判断其答案的真实意图，如果被调查者只是不想回答或者不知道怎么说，调查员应让他们消除顾虑，或者帮助他（她）回忆，尽量将信息准确反映出来。如果被调查者确属"不知道"情形，调查员才可以按照事先约定的编码规则加以记录。

（4）凡属跳答的问题，跳过去的部分一律不要询问，编码框中也一律不填任何东西。如"您的婚姻状况"，如果回答是"未婚"，调查员接下来问题需要按照问卷题目的指向，跳转到相应的问题。

（5）凡是涉及年份的地方，请尽量获得准确数字。如果被调查者实在记不清楚，只能告诉大约数字的，根据具体情况确定准确数额。一般来说，像"2000年左右"之类说法，可以取2000年。

（6）关于收入，一般来说主要表现为货币或实物，如工资、单位发的一些福利等。

（7）关于本问卷中出现的"工作单位"或"单位"，作如下规定：

在整个问卷中，凡是涉及"工作单位""单位"时，一律以工作证上所盖公章所显示的"单位"为准。如果被调查者没有工作证或者无法查证工作证上加盖的是什么公章，那么他所在的那个经济独立核算单位即算作他的单位。

（8）对"工作"作如下规定：

本问卷规定，所谓"工作"，就是"持续三个月以上的有收入的活动"。这里有两个必不可少的要素：一是"持续三个月以上"，二是"有收入"。如果一份儿只干了不到三个月，那么这份活儿就不属于本问卷所说的"工作"。对于"有收入"，有一种情况应该注意：如果一份工作是在自家企业中帮忙，那么尽管不领工资也应该算是有工作。

（9）关于职业的问题。在询问、记录这个问题时，应该对"附录：《中国职业分类与代码表》"有所了解，并掌握记录的几个原则：

首先，要弄清楚被调查职业所属的大类。（职业分类表中一共有9大类，另有×类。如"各类专业、技术人员""商业工作人员""生产工人、运输工人和有关人员"等，即为大类。）

其次,确定职业所属的种类,如"科学研究人员""法律工作人员"等。

最后,记录被访者工作的职责范围,即职业的小类,如"统计人员""哲学研究人员"等。

问卷附录:行业类型

01. 传统工业制造业(机械制造、采矿、冶金、化工、纺织、食品饮料、缝纫、烟草、木材)
02. 电子电气产品
03. 加工业
04. 国防工业
05. 建筑业
06. IT行业(信息技术)、微电子技术
07. 生物制品行业
08. 邮电电信通讯
09. 运输
10. 商业贸易
11. 维修、修配
12. 文化教育体育
13. 科学研究、出版发行、报刊
14. 医疗卫生
15. 服务行业
16. 党政机关
17. 社会团体
18. 金融保险税务
19. 农业
20. 军队、警

资料来源:"改革以来城镇居民生活变化"问卷访谈调查员指导手册[EB/OL].(2021-03-30)[2023-11-20]. https://www.doc88.com/p-55059579560667.html.

本 章 测 试

一、单项选择题

1. 负责组建调查实施团队,进行职责分工,挑选团队人员的是( )。
   A. 调查项目实施主管   B. 督导
   C. 调查者   D. 数据分析员

2. ( )主要负责调查实施与调查过程的监管。
   A. 调查项目实施主管   B. 项目执行部
   C. 项目质量控制部   D. 项目后勤部

3. 调查手册中不包括( )。
   A. 调查者的职业守则   B. 实施的流程和技术规范
   C. 调查方法   D. 问卷或量表说明

4. ( )的作用是指导调查者按照标准、统一的方式来完成调查过程。
   A. 调查手册   B. 调查方案   C. 调查量表   D. 示卡

5. 调查者的培训内容不包括( )。
   A. 职业与伦理道德   B. 与调查有关的知识技能
   C. 礼仪   D. 调查者阅读量

6. ( )是采用课程授课的方式邀请有关专家、调查方案设计者,就调查的意义、目的、要求、内容、方法及调查工作的具体安排等进行讲解。
   A. 集中讲授法   B. 模拟调查训练法
   C. 以会代训   D. 以老带新实践法

7. 全体参与调查的人员都需要有质量意识,调查各环节设置专人负责质量检查。这指的是市场调查质量控制的( )原则。
   A. 客观性   B. 全程性   C. 全员性   D. 综合平衡

8. ( )是指在调查过程中由于调查者过失或者主观故意没有遵照调查要求执行调查而产生的误差。
   A. 调查者误差   B. 调查者欺骗误差
   C. 被调查者误差   D. 误解误差

9. ( )是指被调查者可以正确理解问题但由于被调查者缺乏相关知识或能力而不能准确回答问题所导致的误差。

  A. 调查者误差   B. 调查者欺骗误差

  C. 无能力回答误差   D. 误解误差

10. 在进行调查提纲或问卷设计时，可以有意设计一些彼此关联的问题，以便在获取被调查者的回答后，可以据此检查被调查者回答的真实性程度。这是采用( )控制被调查者故意误差。

  A. 调查过程中匿名   B. 保密承诺

  C. 检查比较答案的逻辑性   D. 投射技术

二、判断题

1. 调查者主要负责实施过程的检查监督和实施结果的检查验收。（ ）
2. 开展调查工作之前，不需要对调查者进行培训，让其直接进行调查即可。（ ）
3. 调查者只要掌握调查基本技巧即可，并无其他诸如思想道德和身体素质的要求。（ ）
4. 模拟调查训练法即人为地制造一种调查环境，由培训者和受训者或全部由受训者分别装扮成调查者和被调查者，进行模拟调查。（ ）
5. 质量控制点指的是影响市场调查完成的关键问题及其所在的环节。（ ）

三、简答题

1. 简述市场调查团队的构成。
2. 简述调查员培训的方法。
3. 简述市场调查质量控制的程序。
4. 简述市场调查过程中常见的误差。
5. 简述市场调查中误差的控制方法。
6. 结合本章知识，谈谈你对调查员培训重要性的认识。

四、实践题

  B 市某商场的市场调查活动在经过前期的调查方案的设计、问卷编制，到了调查活动的组织和实施环节。

  要求：请组建团队对前期编制的问卷展开调查，帮助 B 市某商场完成此次调查工作。

第七章　市场调查的数据处理

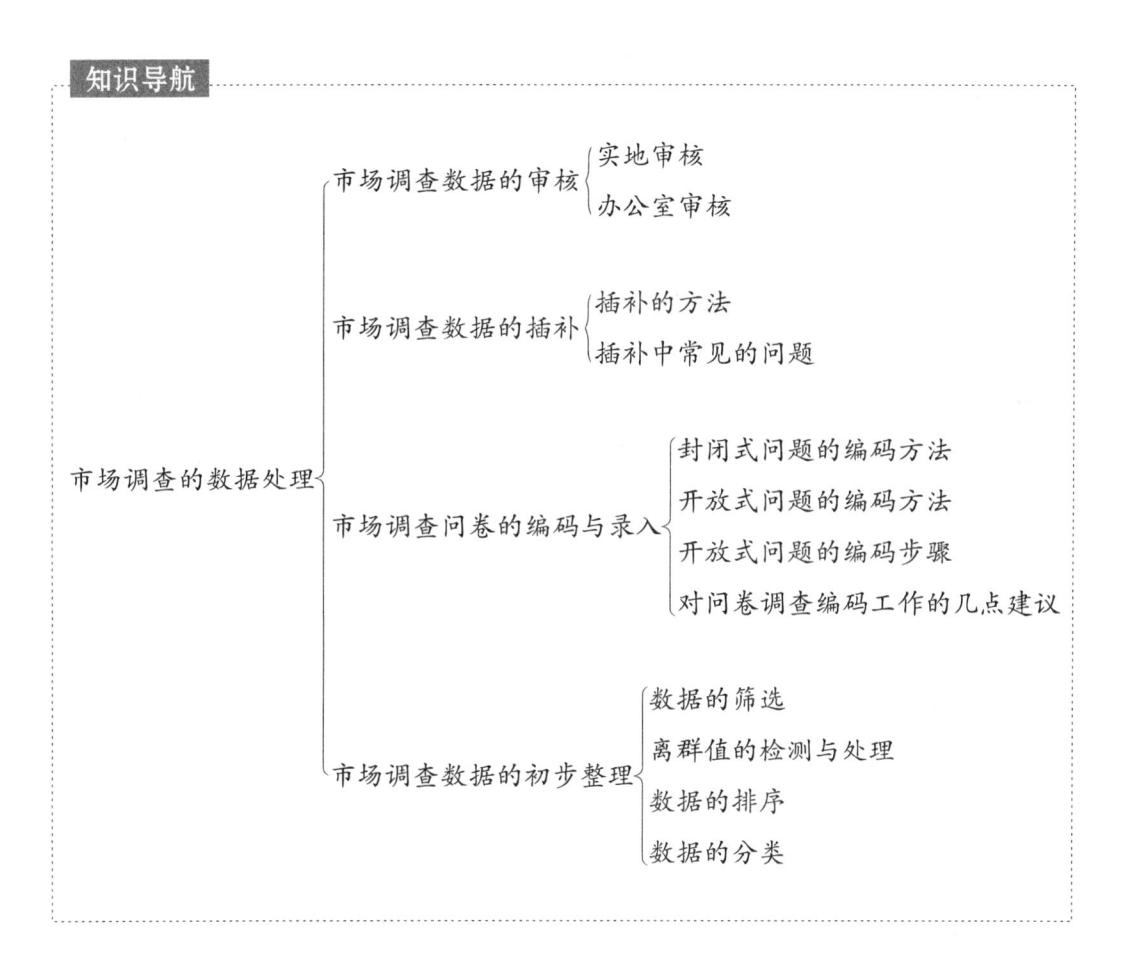

知识导航

市场调查的数据处理
- 市场调查数据的审核
  - 实地审核
  - 办公室审核
- 市场调查数据的插补
  - 插补的方法
  - 插补中常见的问题
- 市场调查问卷的编码与录入
  - 封闭式问题的编码方法
  - 开放式问题的编码方法
  - 开放式问题的编码步骤
  - 对问卷调查编码工作的几点建议
- 市场调查数据的初步整理
  - 数据的筛选
  - 离群值的检测与处理
  - 数据的排序
  - 数据的分类

学习目标

通过本章的学习,学生应了解数据的审核项目;熟悉数据插补的方法;掌握问卷编码的方法与步骤;能够对调查数据进行初步的处理。

寓德于教

市场调查中的实事求是

市场调查的目的是透过实际数据,洞察事物的变化,形成看法或认识,从而提出合理建议,指导下一轮的调查实践。在市场调查中,我们的认识对象是无限变化的客观事物,作为认识基础的调查方法也是不断发展和完善的。同时,作为认识主体的人又具有一定的主观性,这就决定了我们在调查过程及数据处理的过程中要脚踏实地,求真务实,正确使用调查数据,不歪曲事实,不篡改数据,实事求是,要遵循事物的本来面目,只有这样调查结论才能相对正确,并在一定程度上反映调查总体的客观变化。

请思考:调查数据处理过程中为了避免主动性而提的要求对我们的日常学习与工作有何影响?

第一节 市场调查数据的审核

市场调查数据整理是根据市场分析研究的需要,对市场调查获得的大量原始数据进行审核、分类、汇总、编码或对二手资料进行再加工,使之系统化和条理化,从而以集中、简明的方式反映调查对象总体情况的工作过程。市场调查数据整理是整个市场调查研究中不可或缺的一个环节,通过对原始资料去粗取精、去伪存真,可以保证资料的真实、准确和完整,在此基础上调查者才能进一步分析研究,达到深刻认识事物本质的目的,同时也能使市场调查分析更加准确、系统、方便和快捷。

市场调查数据的审核是指对得到的原始数据和资料进行审查和核对,检查数据资料的真实性、准确性、完整性和及时性,以避免调查数据的遗漏、错误和重复,达到数据整理的目的和要求。数据审核包括实地审核和办公室审核。

一、实地审核

实地审核作为数据收集过程的关键起始步骤,其主要任务是识别并指出数据中的明显遗漏和错误;指导和控制实地调查团队,及时调整调查方向和程序;解决调查过程中可能出现的误解;处理调查过程中遇到的特殊情况和问题等等。这一步应该在数据回收后由现场主管立刻执行。

实地审核对数据检查的项目主要有以下几项。

1. 完整性审核

完整性审核主要是检查调查数据总体的完整性和调查的单位是否有遗漏,调查问卷填写是否完整,所有问题是否有答案和结果。

2. 清楚性审核

清楚性审核主要是检查被调查者送回的问卷、调研员的访问报告或观察记录的字迹是否清楚，字体是否易懂，如果文字无法辨认，必须尽快想办法澄清。此外，还应检查答案的意义是否明确。例如，开放题的答案常难以理解，答案中的某些用词如"这个""那个""他们"，常令人不知所指，如有含糊不清的答案要设法弄清楚。

3. 真实性

真实性审核又称信度审核，是指鉴别并判断所收集数据的真伪。进行真实性审核，一般利用经验法、逻辑法和来源法。经验法根据以往的实践经验来判断数据的真实性；逻辑法根据调查数据的内在逻辑来检验数据的真实性，如果数据前后矛盾，违背事物发展逻辑，即为不真实的数据；来源法根据数据的来源渠道来判断数据的真实性。

4. 准确性

准确性审核主要检查数据是否有含糊不清、笼统及相互矛盾的情况。准确性审核可以通过逻辑审核、计算审核和抽样审核来完成。逻辑审核分析数据之间是否符合逻辑，各个项目之间是否相互矛盾，如一个人 20 岁但大学毕业已经 10 年，这显然就是逻辑错误；计算审核通过数学运算来检查各项数据的正确性，如各项数字相加是否等于总数；抽样审核通过从全体调查数据中抽取一部分数据进行检验，以推断全体数据的准确性。

5. 单位的统一性

以统一的单位记录答案是非常重要的。例如，如果研究的目的是了解每人每星期所读的杂志数量，而答案却表明每月某读者所订阅的杂志数量。如果答案的基础不一致，在以后的研究工作中这个结果可能导致不少的困惑。如果在现场发现了这些问题，可让调查者与被调查者重新接触并得到正确的答案。

二、办公室审核

办公室审核在实地审核之后，其主要任务是更完整、确切地审查和校正回收的全部数据。这一工作要求由那些对调研目的和过程有透彻了解且具有敏锐洞察力的审核员来进行。为了保证数据的一致性，最好由一个人来处理所有的材料。若出于时间长短的考虑而认为其不可行，可将该工作进行分割。但是，这个分割必须是每名审核员各分配若干份问卷，对每一份问卷从头审到尾，而不是分段把关、流水作业。尽管后者可能有提高审核效率的一面，但绝对不利于贯彻一致性原则，因而是不可取的。

实地审核的工作最后归到复查和追访上,办公室审核的工作最后归到对查出的问题如何处理上。尽管在现场作业中有较为严格的管理措施,又经过了细致的实地审核,但是集中上来的数据仍不可避免地存在着这样或那样的问题。回收上来的问卷主要存在的问题包括:不完全回答、明显的错误答案、被访人缺乏兴趣而作的搪塞回答及对于开放性问题的打乱顺序的回答等。办公室审核的重点就是对这4类问题的查找、区分和处理。

1. 不完整答卷的对策

不完整的答卷分为三种情况:第一种是大面积的无回答,或相当多的问题无回答,对此应宣布为废卷;第二种是个别问题无回答,应为有效问卷,所遗空白待后续工作采取补救措施;第三种是相当多的问卷对同一个问题(群)无回答,仍作为有效问卷。这种"无回答"固然会对整个项目的数据分析工作造成一定的影响,但是反过来也让调研组织者和问卷设计者思考如下问题:为什么相当多的被调查者对这一问题(群)采取了"无回答"的方式?是否这个问题(群)用词含糊不清让他们无法理解,还是该问题(群)太具敏感性或威胁性使他们不愿意回答,抑或根本就无法给此问题(群)找到现成答案?

2) 明显错误答案的对策

明显的错误答案是指那些前后不一致的答案或其他答非所问的答案。这种错误在办公室审核阶段很少存在,但一旦发现就不好处理。除了能够根据全卷的答案内在逻辑联系对某些前后不一致的地方进行修正外,其他情况只好按"不详值"对待。

3) 无兴趣答卷的对策

有些被调查者对问题的回答反映出他显然对所提问题缺乏兴趣。例如,有人对连续30个7点量表都选择了"7"的答案;有人不按答案要求,在问卷上随笔一勾,一笔带过了若干个问题。如果这种缺乏兴趣的回答仅属个别问卷,当彻底抛弃;倘若这种答卷有一定的数目,且集中出现在同一个问题(群)上,就应该把这些问卷作为一个相对独立的子样本看待,在数据分析时给予适当注意。

4) 纠正对开放性问题的打乱顺序的回答

在回答开放性问题时,被访人可能因兴趣浓厚而讲起来滔滔不绝,在答某一个开放性问题时顺口把将要在该问题之后某处才会出现的另一问题的答案也带了出来。访问员心知这正是下几步要问的,也就未予制止。而当访问进行到那个问题时,访问员为了节省时间或免听"我上面已经回答过"这样的话,自然跳过此题不问,于是答卷上留下一片空白。在办公室审核中如果发现上述情况,就应该把提前给出的答案照抄到它应该出现的地方,填补空白。

第二节 市场调查数据的插补

插补就是解决在审核过程中辨别出来的数据缺失、无效与不一致问题的过程。

一、插补的方法

插补方法分为两类,即确定性插补和随机插补。确定性插补,对于特定的数据,插补值可能只有一个,而随机插补含有随机因素。换句话说,如果同一组数据进行多次插补,对于确定性的插补每次都是相同的值;而对于随机插补,每次得出的值可能会不一样。

确定性插补的具体方法包括推理插补、均值插补、比率或回归插补、热平台插补、冷平台插补、最近邻值插补。每一种确定性的插补方法都对应着一种随机插补方法。用确定性的方法得出一个插补值,加上从某个适宜的分布或模型产出的一个残差作为最后插补值,就成为随机插补。

1. 推理插补

推理插补是指将缺失的或不一致的数据通过推断来确定的插补方法。这种推理是根据问卷上其他回答项的模式来进行的。例如,三项之和为100,其中的两项分别是30和40,剩下空着未答的一项可以推断出是30。

2. 均值插补

均值插补是指用插补类的均值代替缺失或不一致的值的插补方法。该方法适用于数值型数据,并且假设缺失值的特征与其他特征无关。在实际应用中,可以计算整个数据集或某个特征的均值,并将缺失值替换为该均值。

例如,假定在一份住房调查的问卷中,公寓月租金的值缺失,则利用同插补类中正确填报租金的问卷计算其平均值。其中,插补类由居住在同一地区的被调查者所填的需要进行插补处理的问卷构成。

3. 比率或回归插补

比率或回归插补是将含有缺失值的特征作为目标变量,使用辅助信息及其他记录中的有效回答建立一个比率或回归模型,该模型表明两个或多个变量之间的关系。比率或回归插补法适用于数值型数据和分类型数据。插补值的精度很大程度上取决于要插补的变量与已知的变量是否存在密切关系,取决于所运用的数学计算及这种计算是否严格限制在一个插补类中或是全部数据集中。

4. 热平台插补

热平台插补是使用同一插补类中的供者记录的信息来代替一个相似的受者记录中缺失的或不一致数据的插补方法。热平台插补分为序贯热平台插补和随机热平台插补。在序贯热平台插补方法中,数据在插补类中是按某种顺序排列进行处理的,插补就是用这个序列需要插补数据前面某一个有效的回答单元的数据来代替缺失的数值。如果每次都使用相同的排序及选取方法,就是确定性的序贯热平台法。

在随机热平台插补方法中,供者是在插补类中随机选出的。例如,我们希望插补被调查者的吸烟状况。有三种可能的回答:吸烟、不吸烟、以前吸过但现在已戒烟。要找到一个相似的供者记录,我们基于年龄段和性别产生插补类(一般认为吸烟状况与人的年龄和性别有关)。假设要做插补处理的记录是女性,在15~24岁这个年龄组中。要找到一组供者,我们看所有在同一年龄组的女性被调查者(她们回答了各自的吸烟状况)。要从这一组中选择一供者,可以随机地选择一个(随机热平台法)或者按某种顺序的供者清单,从中选一个(序贯热平台法)。

为了保证能找到一个供者记录,可以用多层次热平台插补。当在最初的插补类中找不到供者记录时,这些类就按照层次结构合并,直到找到一个供者。

5. 冷平台插补

与热平台插补不同之处在于热平台插补使用当前调查的供者,而冷平台插补则使用前期的或普查中的供者资料。

6. 最近邻值插补

最近邻插补与热平台插补一样,也是基于匹配变量选择一个供者记录。但是,用这种方法,目的不是非要找出一个和受者记录在匹配变量上完全相同的供者记录,而是插补类中按匹配变量找到和受者记录最接近的供者记录,即找到距离最近的值。"最近"是通过两个观测对象之间的距离来定义的,两个观测对象之间的距离是由辅助数据计算的。在实际使用中,可以使用欧式距离或其他相似性度量来计算,当匹配变量单位不同时(如货币和土地面积),运用最近邻值插补时应格外小心,此时应该先将匹配变量尺度标准化后再进行插补。

二、插补中常见的问题

(1) 哪些值需要插补?

我们并不主张对所有审核失效的数据都进行插补,应该通过变更尽可能少的数据项(字段),以使每条记录都满足审核规则的要求。

例如,某份问卷中关于一位被调查者的背景资料是受教育程度(大学)、婚姻状况(已婚)、性别(女)、年龄(10岁)。显然这条记录中的年龄与婚姻状况、受教育程度是不符合审核规则的。为了纠正审核失效,可以同时调整婚姻状况和受教育程度,也可以只对年龄作调整,我们一般倾向于后者。

(2) 怎样为受者找到供者记录?

选择匹配变量时必须注意要使匹配变量与插补类中需要插补的变量密切相关,然后用匹配变量去查找供者记录。此外,如果几个受者记录都由一个供者记录来插补,对最终调查估计也会产生较大的偏差。

(3) 是不是某个受者记录中的所有字段都应该用一个供者来插补?

在某些情况下,因为用同一个记录中的所有字段进行插补能保持变量的联合分布,所以可用同一个供者来插补某个受者记录中的所有字段。

例如,在一项劳动力调查中,职业和个人收入都需要进行插补。在这种情况下,根据相同的供者记录来插补受者记录中的职业和个人收入这两个缺失或无效数据就具有明显的优点,因为这两个变量之间存在相互关系。这种单一供者热平台插补方法的另一个优点是,插补时考虑到了审核失效的问题,从而大大减少了以后步骤中的审核失效。

但是,如果有很多变量需要插补,对插补一个字段合适的匹配变量(或者用来建立热平台或冷平台插补中插补类的变量),对另一个字段可能不合适,特别是当与需要插补的变量无关的时候。

例如,一项多目的的健康调查中,被调查者的身高和每天的吸烟量是需要插补的两个变量。在这种情况下,每个需要插补的变量用一组不同的匹配变量就比较合适。但如果确定太多的匹配变量,就会有找不到合适供者的危险。通常情况下,对于热平台插补,整个插补过程分成几个阶段,每个阶段插补几个变量,其结果是,在完成一个不完善的记录的插补时,可能要涉及几个供者。如果情况真是这样,需要插补的某个"关键"变量可以继续为后面阶段组建插补类所用,从而保证插补记录内在的完整性。

第三节 市场调查问卷的编码与录入

大量的市场调查问卷收回后,需要对每个问题的答案进行整理、汇总。为了充分利用问卷中的调查数据,提高问卷的录入效率及分析效果,需要对问卷中的数据进行科学的编码。编码就是对一个问题的不同答案给出一个电脑能够识别的数字代码的过程,在同一道题目中,每个编码仅代表一个观点,然后将其以数字形式输入电脑,将不能直接统计计算的文字转变成可直接计算的数字,将大量文字信息压缩成一份数据报告,使信息更为清晰和直观,以便对数据进行分组和后期分析。这就使问卷编码工作成为问卷调查中不可缺少的流程,也成为数据整理汇总阶段重要而基本的环节。

通常,问卷中的问题有两类:一类是封闭式问题,即在提出问题的同时,列出若干可能的答案供被调查者进行选择;另一类是开放式问题,即不向被调查者提供回答选项的问题,被调查者使用自己的语言来回答问题。下面就不同问题的编码列出不同的编码方法,以供大家探讨。

一、封闭式问题的编码方法

事实上,在调查问卷开始设计的时候,编码工作就已经开始了。因为有些问题的答案范围研究者事先是知道的,如性别、学历等。这样的问题在问卷中以封闭问题的形式出现,被访者回答问题时只要选择相应的现成答案即可。

【范例7-1】 请问您通常在什么地方购买日常用品?[多选]

小杂货店/便民店 ·········· ①
仓储/超市 ·········· ②
商场内超市 ·········· ③
百货商场 ·········· ④
零售摊点 ·········· ⑤
批发市场 ·········· ⑥

直销/邮购 ·· ⑦

网上购买 ·· ⑧

其他 ·· ⑨

封闭式问题的调查问卷,在问卷回收后就可以直接录入电脑,这对调查来说是非常便捷有效的。所以正常的问卷调查都尽可能使用封闭式问题。即便是那些事先不容易知道答案的问题,如购买某商品的地点类型、使用某种商品的主要原因等也可采用此类形式,但通常会在封闭式问题的答案中增加一个"其他"选项,这样可以保证所有的被访者在回答问题时都有合适的被选对象,并且这个选项被选择的机会应当是可以预见到很少的,不会超过主要答案被选择的机会。

二、开放式问题的编码方法

还有一些问题问卷设计者在设计问卷时是不完全知道答案的,这样的问题在问卷中一般有两种形式。一种是只有问题没有备选答案,称作完全开放式问题。

【范例 7-2】 请问您不喜欢吃巧克力的原因有哪些?(需要追问)

另一种是有部分备选答案同时还有要求被访者注明的"其他"选项,称作半开放式问题或隐含的开放式问题。

【范例 7-3】 请问对于 ** 产品,您愿意接受什么样的促销活动?〔多选〕

免费试用 ·· ①

价格打折 ·· ②

赠送相关产品 ·· ③

礼品盒/礼品包 ·· ④

抽奖 ·· ⑤

会员式活动 ·· ⑥

集旧包装换取新产品、奖品等 ·· ⑦

其他[请注明]_____

对于开放式问题,被访者需要用文字来叙述自己的回答。问卷回收后这些答案不能马上录入电脑,需要调查人员后期对其进行"再编码"。"再编码"是为了方便数据处理,是对原编码的有效补充,有时还是对原编码的调整修改。"再编码"往往伴随着重新归类分组,由于电脑对数字型数据的偏爱,以及某些统计分析程序只能处理数字型数据,因此经过再编码,数据处理更方便、更可行。

从问卷的有效性及便利性考虑,开放式问题一般出现较少,但从功能的角度来看,开放式问题是封闭式问题的补充。

三、开放式问题的编码步骤

对回收问卷的再编码主要是针对开放式问题的。开放式问题的编码工作需要进行四个步骤才能进行数据的录入:

第一步,录入答案。由于录入技术的进步,传统上让调查人员对着问卷逐条寻找不同答案并列在一份大清单上的繁琐做法被废止,而代之以全部录入答案。

第二步,尝试用不同方法对录入的答案进行排序、归类(许多软件如 Excel、foxpro、SPSS 甚至 Word 的汉字版等都有按笔画和拼音排序的功能),并结合主观的判断,合并意思相近的答案,对明显相同的答案统计其出现的次数。

【范例 7-4】 请问您不喜欢吃巧克力的原因有哪些?

得到被访者回答原因的统计如表 7-1 所示。

表 7-1　　　　　　　　　　不喜欢吃巧克力的原因

原因	次数
价格贵	5
怕发胖	11
易上火	15
喜欢吃清淡的	6
上火	5
太甜	4

第三步,编码人员及问卷设计者根据调查的目的对录入的答案进一步归纳,形成类别数量适当的编码表。以[范例 7-4]为例,对不喜欢吃巧克力的原因进行编码如表 7-2 所示。

表 7-2　　　　　　　　　　不喜欢吃巧克力的原因编码表

合并原因	编码
价格贵	1
怕发胖	2
上火	3

(续表)

合并原因	编码
喜欢吃清淡的	4
	…

四、对问卷调查编码工作的几点建议

不论是调查前还是调查后的编码工作都有相同的原则,从这些原则可以看出编码做得好坏,也可以看出问卷设计是否科学、合理。在进行编码时应注意以下几个方面:

(1) 提倡使用统一编码表,并对编码表进行测试。无论是开放题还是半开放题,若几道问题选项或答案内容相同、相近、类似等,这几道题目应采用统一的编码表。这样做一是易于控制编码,二是便于后期的数据处理与分析。另外,对于确定的编码表,在正式开展调查前应在小范围内对编码表进行测试(测试问卷50份左右),以便对编码表进行修正,并使编码人员充分理解编码表。

(2) 编码的合理性。首先,编码应充分反映调查项目之间的内在逻辑联系,如对地区的编码,本省地市的编码值应该接近,以反映本省地理位置接近这一客观事实,便于为后期处理和汇总设定条件。其次,还要遵循以下数字的用法:能用自然数,绝不用小数;能用正数绝不用负数;能用绝对值小的整数绝不用绝对值大的整数。

(3) 编码的广泛性和概括性。它包含两方面含义:①每个答案都可以在最终的编码表上找到合适的对应,否则编码表是不完备的。②最终的编码表应当全面涵盖问题设计时所要收集的各个方面的信息,有时候出现频次少但观点特别的回答可能代表一个特定的重要群体,从研究的角度来说包含这类编码也是非常重要。在确定最终编码表的时候,可以通过经验判断编码表是否包含了各个角度的回答。

(4) 编码的唯一性和排斥性。不同编码值不能表示相同的内容或有重叠交叉。每个答案只能有唯一的编码条目与之对应,不应出现同一个答案对应两个或以上编码条目的情况,否则编码表就不满足唯一性。

例如,如果编码表中出现5——高兴、8——愉快,那么"快乐"这个答案就可以编成5,也可以编成8。这种情况需要对编码表重新进行归纳。

(5) 严格界定回答问题的角度。对于同一个问题,不同的人可能从不同的方面或角度考虑,每一个方面又会有多种有关的观点和事实。

例如,对于"您现在的职业?"这个问题有可能得到就业状态的回答,如全职、兼职、失业、待业等；有可能得到所属行业的回答，如农业、制造业、商业、金融业、教育、艺术等；还有可能得到的回答，如农民、工人、商人、会计师、律师、教师等。

如果这些答案都出现在同一道问题中，会给编码工作造成麻烦。例如，统计部门的统计师，既可以编为统计师的代码，也可以编为统计部门的代码，同时它也符合全职的含义，在这种情况下，编码工作就不能保证唯一性的要求。此类问题是编码人员无法解决的，要避免这种情况的出现应尽量在正式问卷确定之前根据调查目的调整提问的方式。如果调查目的需要了解一个问题多个方面属性的话，可以将一个问题分为多个问题，每个问题要求从一个方面进行回答。

（6）详略应当适当。在归纳确认最终编码表的时候，经常会遇到将一些答案归纳在一起还是将它们分开的情况。对于这样的问题要根据研究目的和数据分析上的要求确定取舍。如果问卷的问题是询问事实的，如"您使用什么牌子的洗发水？"，设计人员可能会按研究的要求保留出现频次最高的前20个品牌，而将其余归纳为"其他品牌"。

如果问卷的问题询问的是观点、意见，如"您为什么喜欢某牌子的洗发水？"，对较分散的答案则不能简单地从频次确定取舍。从研究目的来说，即便只有很少的回答者因为"味道"而喜欢一个品牌，也可能是很重要的回答，而过于细致的分类有可能造成分析的不便。对于这类问题，编码工作是否能做好，取决于设计人员对调查目的的理解程度如何。因此，要想调查问卷的编码科学、合理，设计人员必须对整个调查目的有一个详细的了解。

第四节　市场调查数据的初步整理

对录入好的数据我们需要进行一个初步的整理，主要包括数据的筛选、离群值的检测与处理、排序、分类等。

一、数据的筛选

经过对统计数据的审核，大多数错误数据应尽可能予以纠正。如果对发现的错误无法纠正，或者有些数据不符合调查的要求而又无法弥补时，就要对数据进行筛选。

数据筛选有两方面内容：一是将某些不符合要求的数据或有明显错误的数据予以

剔除;二是将符合某种特定条件的数据筛选出来,不符合特定条件的数据予以剔除。数据筛选可借助于计算机自动完成。

【范例7-5】 请选出销售员"王"销售总价在10 000元以上的销售记录。

某家电商场10月份销售员的销售记录如表7-3所示。

表7-3　　　　　　　某家电商场10月份销售员的销售记录表

销售单号	生产商	客户	数量(台)	单价(元)	总价(元)	销售员
0001	海尔	单位	10	3 999	39 990	王
0002	海信	个人	1	4 999	4 999	李
0003	海信	单位	6	5 999	35 994	李
0004	海信	单位	4	3 999	15 996	李
0005	海尔	个人	1	3 999	3 999	李
0006	海信	个人	2	4 999	9 998	王
0007	海尔	单位	8	3 999	31 992	赵
0008	海信	个人	1	4 999	4 999	赵
0009	海尔	单位	3	3 999	11 997	赵
0010	海信	单位	6	5 999	35 994	王
0011	海尔	个人	1	3 999	3 999	王
0012	海信	个人	2	3 999	7 998	王
0013	海尔	单位	5	4 999	24 995	孙
0014	海信	单位	7	3 999	27 993	孙
0015	海尔	个人	1	4 999	4 999	孙
0016	海信	个人	1	3 999	3 999	李
0017	海尔	单位	5	4 999	24 995	王
0018	海信	个人	1	3 999	3 999	赵
0019	海尔	单位	9	4 999	44 991	李
0020	海信	个人	1	3 999	3 999	赵

[范例7-5]以WPS为例展开介绍。选择"自动筛选"命令,用鼠标点击"下拉列

表",选择对应的要筛选的销售员。

如果要筛选出王销售员销售总价大于 10 000 元的记录,可以使用自动筛选进行如下操作。在已选出"王"销售员的基础上,点击"总价"下拉箭头,选择总价大于 10 000,单击"确定"即可得到王销售员销售总价在 10 000 元以上的销售记录,如图 7-1 和图 7-2 所示。

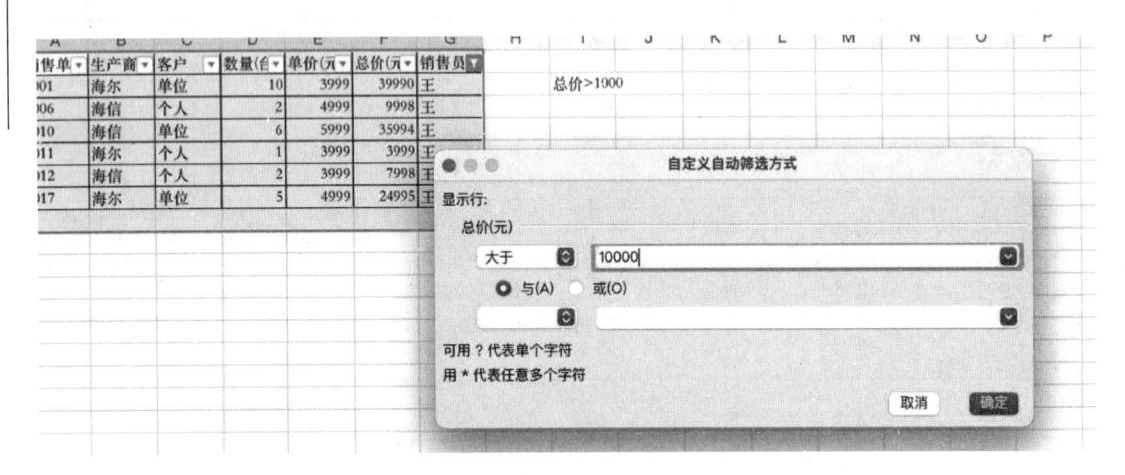

图 7-1　自定义自动筛选条件图

图 7-2　条件筛选后结果显示图

二、离群值的检测与处理

离群值被定义为一个观测值或一组观测值,看起来与数据集中的其他观测值不一致。

(一)离群值的检测方法

1. 统计量检验

$$d_i = \frac{|y_i - m|}{s}$$

其中，$y_i(i=1,2,3,\cdots,n)$ 为样本数据；m 为数据集中趋势的度量；s 为离散趋势的度量；若 d_i 大于预先确定的偏离值，那么该观测值就被认为是一个离群值。

2. 检测区间检验

$$(m-c_l s, m+c_u s)$$

其中，C_l、C_u 分别是预先确定的下限值和上限值。如果总体是偏态的，C_l 和 C_u 就不相等，落在这个区间之外的观测值被认为是离群值。

3. 四分位数检验

通过图基检验来识别可能的异常值，这些异常值的出现可能会导致数据反馈错误的信息。具体方法如下：

$$最大值估计 = Q_3 + k(Q_3 - Q_1)$$
$$最小值估计 = Q_1 - k(Q_3 - Q_1)$$

其中，Q_3 代表上四分位数；Q_1 代表下四分位数；k 代表系数，可以取值1.5或3。当 $k=3$ 时，代表极度异常值；当 $k=1.5$ 时，代表中度异常值。

如果数据成群偏在一边，样本均值就会偏向离群值，样本方差也会由于离群值而显著增长，此时可用四分位数法，用中位数度量数据的集中趋势，用四分位数间距度量数据的离散程度。

(二) 离群值的处理

在手工审核系统中，对离群值进行检查，如果确认是错误，就要回访并校正。在自动审核系统中，离群值经常要进行插补处理，前面已经详细讲解。审核时没有进行处理的离群值可以在估计时处理。

简单地忽略未经处理的离群值会影响估计的效果，并导致估计量的方差增大；给离群值赋予1或0的权数估计结果发生偏倚。离群值处理的目的就是在不引入较大偏倚的前提下，尽量减少离群值对估计量抽样误差的影响。

估计时有三种方法可以处理离群值。

1. 改变数值

处理极值的一种方法是缩尾化。这种方法首先要将样本数据从小到大依次排序，如果处于尾部的 k 个数值都被确定为离群值，则采用余下的 $n-k$ 个样本数据中的最大值代替这些离群值再进行估计。

例如，在简单随机抽样中，总体总量 Y 的无偏估计公式如下：

$$\hat{Y} = \frac{N}{n}\sum y_i$$

对于缩尾化,假设 $y_i(i=1,2,3,\cdots,n)$ 是将样本观测值按从小到大的顺序重新排列得到的有序样本。若样本中前 k 个最大值(即有序样本值中的 $y_{n-k+1},\cdots,y_n$)被认为是离群值,则单侧 k 次缩尾估计量就可通过用第 $n-k$ 个样本中的最大值 y_{n-k} 代替所有离群值来定义。

2. 调整权数

处理离群值的另一种方法是降低离群值的权数使它们的影响变小。

若赋予离群值的抽样权数为 1 或 0,这样做对估计的影响太大,特别是对偏态总体的估计,会使估计出现严重的偏倚,通常是低估。

例如,如果两个大公司的零售额占总行业的绝大比重,而其中一个公司的零售额被确定为离群值,若从估计中剔除这个离群值,显然就会严重低估整个行业的零售额。

3. 使用稳健估计量

经典的估计理论中,总体参数的估计是基于某种分布的假设。通常,假定估计量服从正态分布,样本均值和方差估计量在正态性假定下最优。但是,这些估计量对离群值非常敏感。稳健估计量则能克服这种局限性,因为它对分布的假定不太敏感。例如,中位数比均值更稳健,四分位数间距比方差估计量更稳健。稳健统计中一类常用的估计是 M 估计,它是由 Huber 在 1954 年对极大似然估计加以引申而得出的,感兴趣的读者可参阅相关学习资料。

三、数据的排序

数据的排序就是按一定顺序将数据进行排列,其目的是便于研究者通过浏览数据发现一些明显的特征或趋势,找到解决问题的线索。另外,排序还有助于数据检查、纠错,为重新分组或归类提供依据。在某些场合,排序本身就是分析的目的之一。无论是定性数据还是定量数据,其排序均可借助计算机完成。

(一) 定性数据的排序

(1) 字母型数据,排序有升序、降序之分,但习惯上用升序。

(2) 汉字型数据,可按汉字的首位拼音字母排序,也可按姓氏笔画排序,其中也有笔画多少的升序、降序之分。

例如,2022 年北京冬奥会各参赛国家的入场顺序,希腊作为奥运会的发源地,应第一个入场,中国是东道主,应最后一个入场,其余参赛国家的入场顺序就是按照中国汉语名称的笔画多少排序入场的。

(二) 定量数据的排序

(1) 递增排序：设一组数据为 $x_1, x_2, x_3, \cdots, x_n$，递增排序后可表示为：$x_1 < x_2 < \cdots < x_n$。

(2) 递减排序：设一组数据为 $x_1, x_2, x_3, \cdots, x_n$，递减排序后可表示为：$x_1 > x_2 > \cdots > x_n$。

四、数据的分类

数据分类就是根据市场调查的目的和要求，按照数据资料的性质、特点、用途等标志将数据资料归入相应的类别，为下一步的数据分析做准备。由于调查的原始数据纷繁复杂，人们从表面很难察觉事物之间的联系和调查数据的规律性，对数据进行分类归纳，不仅可以找出总体内部各个部分之间的差异，而且可以深入了解总体的内部结构，显示社会现象之间的依存关系。我们进行数据分类时，一方面要选择恰当的分类标志，并设计分类表；另一方面要根据分类标志将相同属性的数据资料归为类。在进行数据分类时，如果选择一个标志进行分类，就是简单分组（范例 7-6）；如果选择的标志在两个或两个以上，则是对数据进行的复合分组（范例 7-7）。

【范例 7-6】 某机构调查某市居民家庭的消费结构，其中有一项是要了解家庭的年均收入水平，现以年均收入水平的不同取值区间作为分组的组别来编制变量数列。某市居民家庭年均收入水平分布如表 7-4 所示。

表 7-4　　　　　　　　某市居民家庭年均收入水平分布

组别	样本个数(个)	比重
3 万元以下	60	3.75%
3 万~5 万元	150	9.37%
5 万~10 万元	320	20.00%
10 万~50 万元	550	34.38%
50 万~100 万元	400	25.00%
100 万元以上	120	7.50%
合计	1 600	100.00%

【范例 7-7】 调查不同学历的消费者对某产品售后服务的满意度,现在以学历和满意程度这两个标志来编制交叉分类列表,如表 7-5 所示。

表 7-5　　　　　　　不同学历的消费者对某产品售后服务的满意度　　　　　　单位:人

学历		高中及以下	专科	本科	硕士及以上	合计
满意度	很满意	15	118	165	52	350
	比较满意	83	89	127	21	320
	一般	55	60	70	95	280
	不满意	50	20	10	70	150
	非常满意	17	13	28	42	100
合计		220	300	400	280	1 200

【范例 7-8】

一、打开 SPSS 数据文件

在进行 SPSS 数据统计之前,先要将数据输入 SPSS,建立数据文件,这是统计分析的基础。有了原始数据后,先要学习如何打开现有文件。

任务 1:打开"护士工作满意度调查.sav"文件,观察数据视图和变量视图。

步骤:单击"文件"中的"打开"菜单,选择"数据",选择数据打开的路径,如图 7-3 所示。

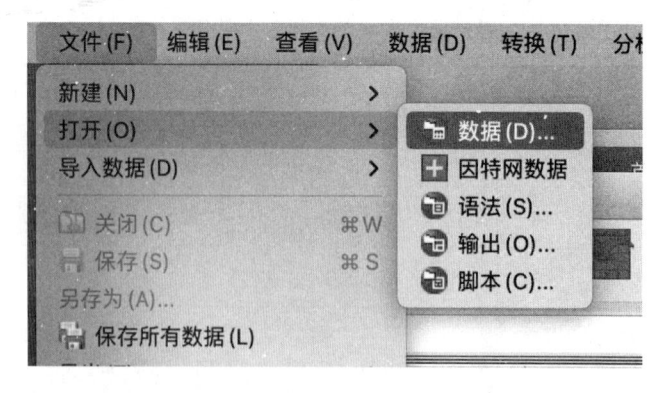

图 7-3　打开文件

数据界面包括数据视图和变量视图。数据视图用来编辑数据,变量视图用来编辑数据的名称、类型、宽度、对齐方式等。

任务2：在打开的文件"护士工作满意度调查.sav"中，去掉空白行，并保存文件。效果如图7-4所示。

步骤1：在"数据视图"中，选择重复行和空白行。

步骤2：单击鼠标右键选中行，选择"清除"命令。

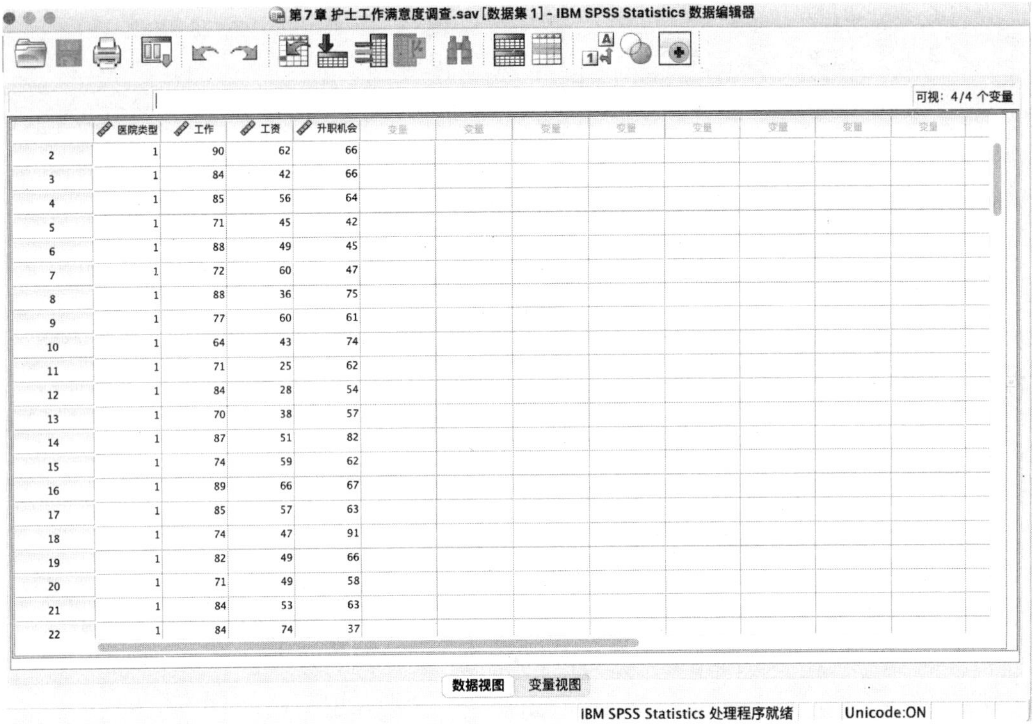

图7-4 编辑后的文件

二、新建SPSS数据文件

在输入数据前，要进入"变量视图"新建变量。选择数据编辑窗口左下角的"变量视图"，设置变量的名称、类型、宽度，如图7-5所示。"护士工作满意度调查.sav"中的"医院类型""工作""工资""升职机会"皆为变量。

（一）变量名称

（1）变量名可以包含汉字、字母数字、下划线，但是不能使用空格和特殊字符，如"?"等符号。

（2）避免使用SPSS已有的关键字，如All、And等。

（3）变量名不区分大小写，即SPSS认为HOME、Home、home是一样的。

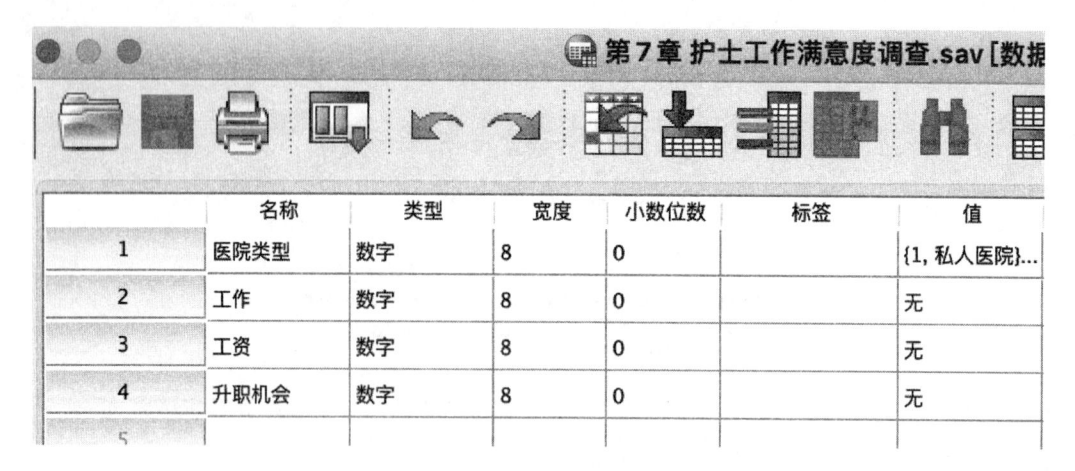

	名称	类型	宽度	小数位数	标签	值
1	医院类型	数字	8	0		{1, 私人医院}...
2	工作	数字	8	0		无
3	工资	数字	8	0		无
4	升职机会	数字	8	0		无

图 7-5 变量视图

（二）变量类型

（1）数值型（带小数）：可设置带小数的数据，用数据中的"小数位"来设置小数点后的小数个数。

（2）逗号：整数部分每三位数用一个逗号隔开，如 1,000.21。

（3）科学记数法：设置科学记数法数据，如"2350000"表示为"2.35E+6"。

（4）日期：日期型数据，y 指年，m 指月，d 指日。

（5）字符型：字符型数据，可设置字符串的宽度。若设置宽度为"4"时，即最多可输入一个字，如"姓名"变量的字符串宽度就要设置为"6"，一般可将字符宽度默认为 8 个字符。

（三）变量标签

有时候，变量名称无法反映数据的含义，这就需要给变量添加变量标签。变量标签一般适用于两种情况：①给英文标签添加中文标签，如给变量"CPI"添加变量标签"居民消费价格指数"；②给短变量添加长标签，如给变量"满意度"添加标签"期末学生评教满意度"。

给变量添加标签后，在"数据"窗口操作时，鼠标指针指向变量名称时，名称下面会自动显示其变量标签。

任务 3：给变量"工作"添加标签"工作满意度"。

步骤 1：单击左下角的"变量视图"，选择"工作"变量，在"工作"变量标签中输入"工作满意度"。

步骤 2：单击左下角的"数据视图"，将光标移至"工作"变量，查看效果，效果如图 7-6 所示。

	医院类型	工作	工资	升职机会
1	1	72	57	40
2	1			66
3	1			66
4	1	85	56	64
5	1	71	45	42
6	1	88	49	45
7	1	72	60	47
8	1	88	36	75
9	1	77	60	61

名称：工作
标签：工作满意度
类型：数字
测量：刻度

图7-6 设置变量标签

(四) 值(值标签)

当变量取值表示不同类别时，可以用值(值标签)，如用"1"表示"男"，"2"表示"女"；还可用"5"表示"非常满意"，"4"表示"比较满意"，"3"表示"一般"，"2"表示"不太满意"，"1"表示"很不满意"等。

任务5：对"医院类型"变量设置值标签，"1"表示"公立医院"，"2"表示"私立医院"，"3"表示"学院医院"，如图7-7所示。

步骤1：单击左下角的"变量视图"，选择"医院类型"变量，在"值"中输入"1"，在"标签"中输入"公立医院"，单击"添加"按钮。

步骤2：在"值"中输入2，在"标签"中输入"私立医院"，单击"添加"按钮。

步骤3：在"值"中输入3，在"标签"中输入"学院医院"，单击"添加"按钮。

步骤4：单击"数据视图"，在"医院类型"变量列中输入"1""2"等，单击"视图"菜单中的值标签，或单击值标签切换 按钮，查看值标签的切换效果。

(五) 缺失值

在具体统计工作中，难免会发生一些失误。例如，需要观察的现象没有观察到，或者由于疏忽产生了明显错误的数值，总之，我们把这种由于遗漏、差错而产生的数值称为缺失值。

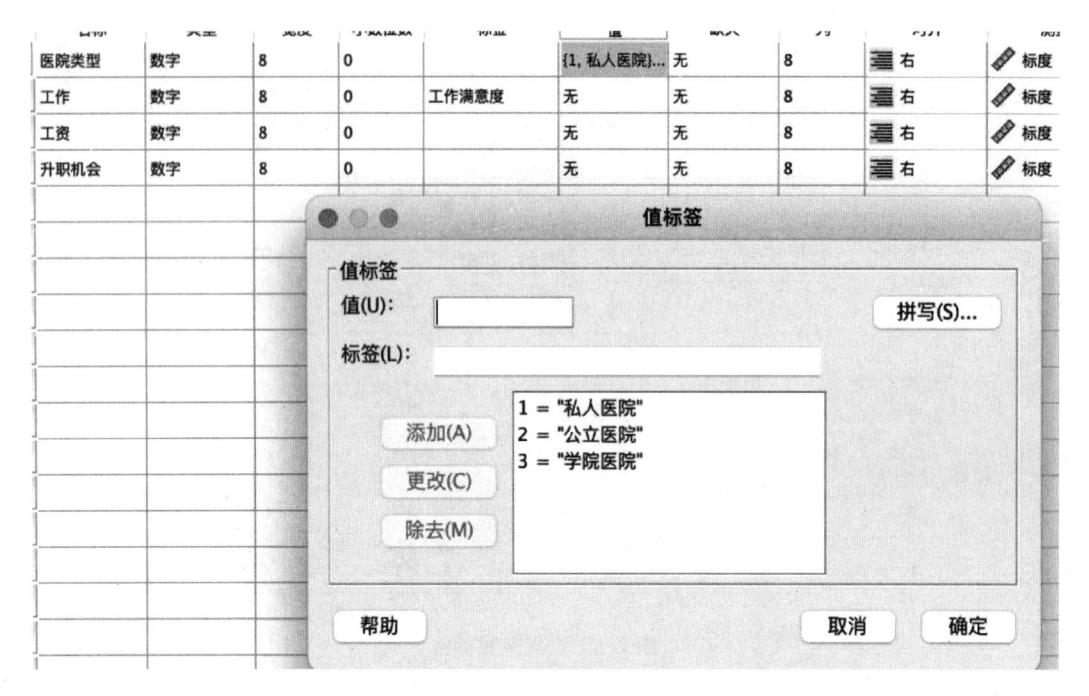

医院类型	数字	8	0		{1, 私人医院}...	无	8	右	标度
工作	数字	8	0	工作满意度	无	无	8	右	标度
工资	数字	8	0		无	无	8	右	标度
升职机会	数字	8	0		无	无	8	右	标度

图 7-7　变量值标签图

例如,某人身高是 17.2 m,满意度为 0,这组数据显然是违反数据规则的,属于错误数据,统计中使用了这样的数据必然导致错误的分析结果。在 SPSS 软件中,如果数据属于缺失值的数据范围,是不会计入统计结果的。

任务 6:设置缺失值范围,并通过平均值的计算,查看缺失值对数据分析的影响。

(1) 在"成绩"变量中输入 90、100、95、88、85、70、110、65、0、75、80、92,并计算这些成绩的平均值。

(2) 把"成绩"变量缺失值设置为大于"100"小于等于"10000"的数,以及"0"。

(3) 计算这些成绩的平均值,并比较两个平均值,查看缺失值对数据分析的影响。

步骤 1:单击左下角的"数据视图",在"成绩"变量中输入"90、100、95、88、85、70、11、65、0、75、80、92"。

步骤 2:单击"分析"中的"描述"菜单,再选择"频率"菜单,将"成绩"变量导入右栏。

步骤 3:单击右边的"统计量"按钮,选择"均值"指标,计算所有数据的平均值。

步骤 4:单击左下角的"变量视图",选择"成绩变量"的"缺失值"设置,在其中输入缺失值范围"101"和"10000",离散值"0",如图 7-8 所示。

步骤 5:再次利用"频率"菜单计算剔除错误数据后的平均值,与刚才计算的平均值进行比较。

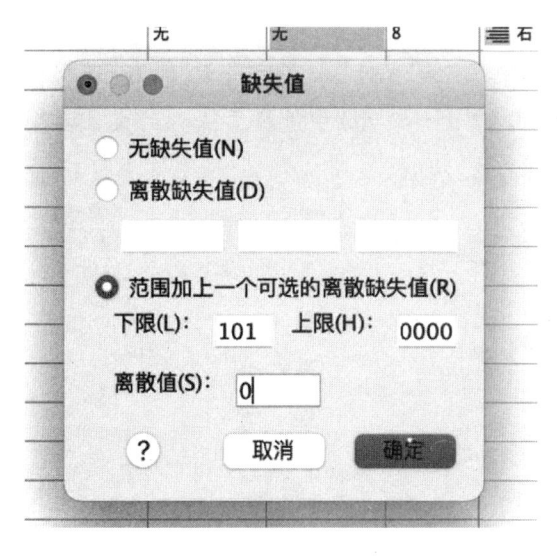

图 7-8　设置缺失值

（六）列（列宽）

列宽是指变量所在列的宽度,不能小于数据的宽度,否则数据无法显示。

（七）对齐方式

数据对齐方式分为左对齐、居中对齐和右对齐。

（八）度量标准

度量标准分为标度变量、有序变量、名义变量。

（1）标度变量。标度变量是指能够测量没有分类作用的变量,如身高、体重、成绩、温度等。只有数值型变量才能设置为标度变量,字符型变量不能设置为标度变量。

（2）有序变量。有序变量是指具有分类及排序功能的变量,如学历、职称、军衔等。学历可分为研究生、本科、大专、高中、初中、小学六个取值,可以用 6、5、4、3、2、1 表示。职称可分为初级、中级和高级,可以用 3、2、1 等表示。

（3）名义变量。名义变量是指只具有分类而不具备排序功能的变量,如季节、月份、性别,季节可以将一年分为四类,四类之间没有高低之分。性别可将人分两类：男和女,也没有高低之分。

（九）添加个案

在 SPSS 中,输入一般分为两步：步骤一,新建变量,进入变量视图,定义变量；步骤二,输入数据。数据视图中,每一行数据视为一个个案（记录）。选择行,即可以进行数据的添加。

（十）保存文件

变量和个案输入完毕后,在"文件"菜单中单击"保存"按钮进行保存。在"文件名"中输入要保存的文件名,在"文件类型"中选择要保存的文件类型(SPSS数据文件的后级名为.sav),并选择保存路径。

本 章 测 试

一、单项选择题

1. 调查数据的审核是指对得到的（　　）进行审查和核对。
   A. 原始资料　　　B. 二手资料　　　C. 文献资料　　　D. 数字资料

2. 实地审核是第一步，其主要任务是发现数据中非常明显的遗漏和错误，帮助控制和管理实地调查队伍及时调整调研方向、程序，帮助消除误解及有关特殊问题的处理。它应在（　　）尽快执行。
   A. 问卷或其他的数据收集形式设计时
   B. 问卷或其他的数据收集形式实施前
   C. 问卷或其他的数据收集形式实施中
   D. 问卷或其他的数据收集形式实施后

3. 准确性审核可以通过一些检查完成，下列各项中，描述不正确的是（　　）。
   A. 逻辑审核　　　B. 计算审核　　　C. 信度审核　　　D. 抽样审核

4. 下列各项中，不属于确定性插补方法的是（　　）。
   A. 推理插补　　　B. 随机插补　　　C. 均值插补　　　D. 比率/回归插补

5. 下列各项中，需要进行"再编码"处理的是（　　）。
   A. 二项式问题　　B. 多项式问题　　C. 矩阵式问题　　D. 开放式问题

6. 对于确定的编码表，在正式开展调查前应在小范围内对编码表进行测试，测试问卷一般为（　　）份。
   A. 20　　　　　　B. 50　　　　　　C. 80　　　　　　D. 100

7. 经典的估计理论中，总体参数的估计是基于某种分布的假设。通常，假定估计量服从（　　）。
   A. J型分布　　　B. 正态分布　　　C. 二项分布　　　D. 泊松分布

8. 在进行数据分类时，如果选择一个标志进行分类，就是（　　）。
   A. 简单分组　　　B. 平行分组　　　C. 复合分组　　　D. 变量分组

9. 我们进行数据分类时，要选择（　　）作为分类标准。
   A. 指标　　　　　B. 变量　　　　　C. 标志　　　　　D. 数据

10. 下列各项中,不属于 SPSS 的度量标准的是(　　)。

   A. 标度变量　　　　B. 离散变量　　　　C. 名义变量　　　　D. 有序变量

二、判断题

1. 我们主张对所有审核失效的数据都进行插补,以使每条记录都满足审核规则的要求。　　　　　　　　　　　　　　　　　　　　　　　　　　　　　　　(　　)
2. "再编码"是为了对原编码的有效补充,有时还是对原编码的调整修改。(　　)
3. 随机热平台插补,供者是在插补类中有意选出的。　　　　　　　　(　　)
4. 最近邻值插补法中的"最近"值是通过两个观测对象之间的相似性来定义的,两个观测对象之间的距离是由辅助数据计算的。　　　　　　　　　　　　(　　)
5. SPSS 数据视图中,每一行数据视为一个个案(记录)。　　　　　　　(　　)

三、简答题

1. 调查数据审核分哪些方式?
2. 实地审核数据项目有哪些?
3. 简述办公室审核的重点。
4. 简述数据插补的方法。
5. 简述开放问题编码的具体步骤。
6. 有哪些方法可以处理离群值?

四、操作题

   B 市某商场要举行一次市场调查活动,现需要对前期已设计好的问卷进行发放、回收。(可利用问卷星或问卷网处理)

   要求:请帮助 B 市某商场对问卷进行筛选、录入等整理工作。

第八章 市场调查分析预测——数据的定量分析

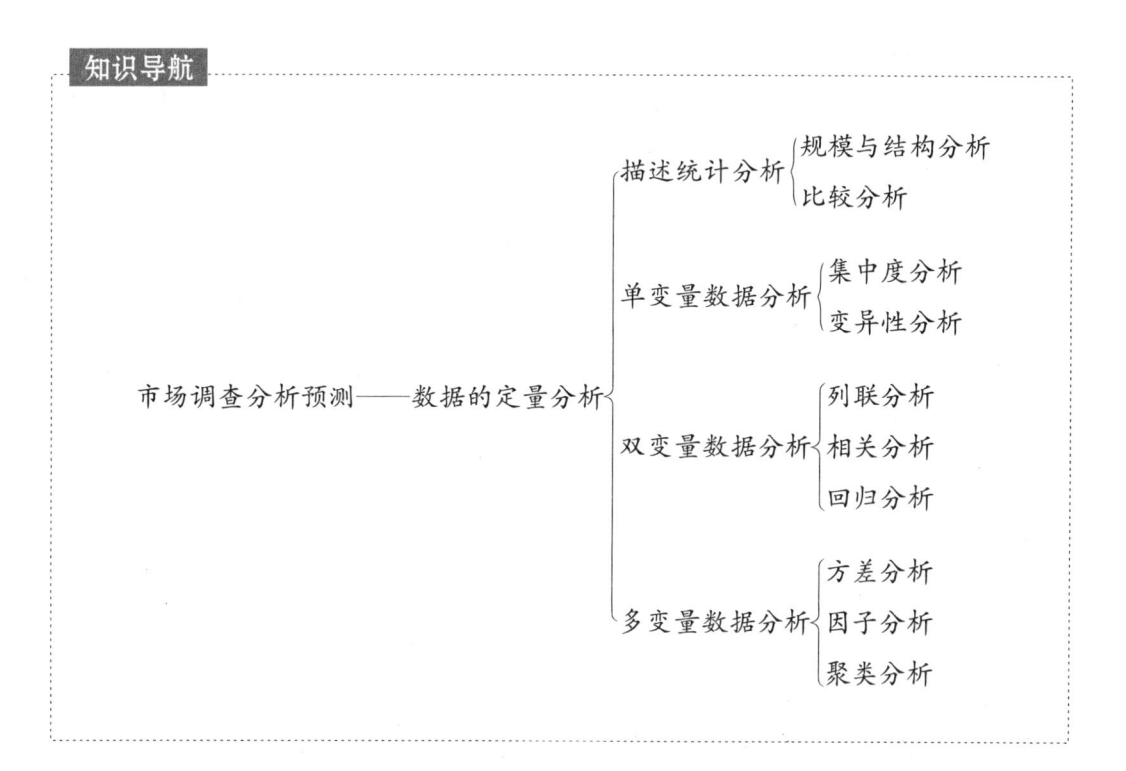

知识导航

市场调查分析预测——数据的定量分析
- 描述统计分析
  - 规模与结构分析
  - 比较分析
- 单变量数据分析
  - 集中度分析
  - 变异性分析
- 双变量数据分析
  - 列联分析
  - 相关分析
  - 回归分析
- 多变量数据分析
  - 方差分析
  - 因子分析
  - 聚类分析

学习目标

通过本章的学习，学生应了解数据的频数分布，掌握单变量分析的集中度与离散度的测量指标，掌握列联分析、相关分析、方差分析、因子分析的分析方法。

寓德于教

在全球化的背景下，市场预测已成为推动经济高质量发展的重要手段，其目的不仅限于经济利益的获取，更在于深刻服务社会，精准满足消费者的实际需求。特别是在推动新质生产力的发展方面，市场预测具有不可忽视的意义。市场预测的核心在于深入了解和精准预测未来的市场需求，这就要求必须依托真实、准确的数据，这也是新时代社会主义价值观对市场经济活动的基本要求。基于市场预测方法的研究，个人应当深刻认识到诚信和科学精神在市场预测中的核心地位。只有在确保数据真实性的基础上，才能作出准确有效的市场预测。这一过程实际也是培养个人职业道德和诚信意识的过程。同时，市场预测工作往往需要团队的紧密合作和高效沟通。在这一过程中，不仅可以提升专业技能，更可以在团队协作中培养合作精神和沟通能力。在多元化的团队项目中，对于学会如何在不同文化和观点中寻找共同点，提升自身的合作与协调能力具有重要意义。

请思考：在当前快速变化的市场环境中，如何平衡市场预测的科学性与伦理道德？

市场调查分析预测建立在详尽的市场调查之上，旨在通过分析供求关系、消费者偏好、竞争格局、技术发展、经济政策和社会文化因素等多维度信息，为企业提供决策支持。市场调查分析预测一般分为定性预测和定量预测两种。本书主要阐述市场调查分析预测的定量方法，即对市场调查数据进行定量分析。

第一节 描述统计分析

市场调查进入数据分析预测阶段以后，最基础的分析是从整体上把握现象的规模和结构，并大体判断其在同行业、同区域或同类现象中所处的水平。

一、规模与结构分析

规模与结构分析通常以频数或频率来描述。频数是指变量值中代表某种特征的观测值出现的次数。频率是指频数与总体数值的比值，也可用来反映数据的结构。频数的表现方式主要有频数分布表和频数分布图。

（一）频数分布表

把总体按某一标志分组，并按一定顺序列出每组的单位数，所形成的总体单位在各组的分布就是频数分布。把总体中各个类别及其相应的频数、频率及累计频率等指标用汇总表格的形式展示出来，就形成了频数分布表。

品质型数据（包括定类与定序型数据）的频数分布表只需汇总观测值的个数并计算其相应的频率即可绘制。例如，某项调查中对大学类型频数分布如表8-1所示。

表 8-1　　　　　　　　　　大学类型频数分布表

大学类型	频数	频率
国家 985	13	8.2%
国家 211	39	24.7%
普通一本	46	29.1%
二本院校	48	30.4%
三本院校	12	7.6%
合计	158	100.0%

表 8-1 共包含 158 个样本,大学类型包括国家 985、国家 211、普通一本、二本院校、三本院校,其对应的样本个数依次为 13、39、46、48、12 个,对应的频率依次为 8.2%、24.7%、29.1%、30.4%、7.6%。

(二) 频数分布图

为了更为直观地显示数据的频数分布状况,可以在频数分布表的基础上绘制频数分布图,主要有条形图、饼图、直方图、折线图等形式。适用于描述品质型数据的频数分布图主要是条形图和饼图;数值型数据的频数分布可以通过直方图更为直观地显示,为强调频数分布的整体特征,还可以在直方图的基础上进一步加工制作出频数分布折线图或曲线图。

频数分布图可以直观地显示数据的结构。数据的分布特征不同,形成的频数分布图也表现出各种不同的类型,常见的类型主要包括钟形分布(又分正态分布、右偏分布、左偏分布)、J 形分布(又分正 J 形分布和反 J 形分布)、U 形分布等。

(1) 钟形分布具体表现为中间隆起、两侧逐渐降低的曲线(图 8-1)。钟形分布表明数据具有集中的趋势,多数数据集中在中间,越往两端,数据越少,在远离中心的位置,只有极少数的数据。钟形分布的中间隆起部分称为峰,两侧称为尾。若较长的尾指向右方,则称为右偏分布;若较长的尾指向左方,则称为左偏分布;若左右对称,则称为正态分布。

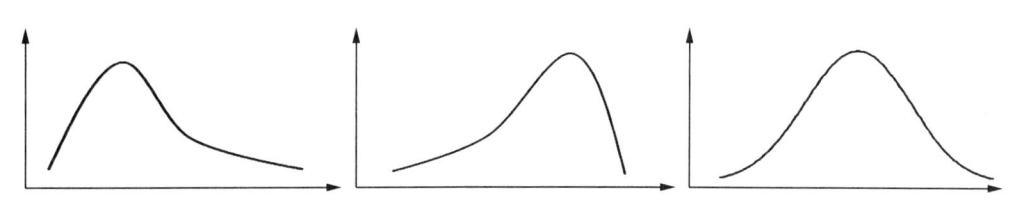

图 8-1　钟形分布图

(2) J形分布通常是累积分布的表现形式,在图形上表现为一条从下向上或从上向下单调变化的曲线(图8-2)。若曲线呈单调递增的趋势,则称为正J形分布,一般用于描述向上累积的现象;若曲线呈单调递减的趋势,则称为反J形分布,一般用于描述向下累积的现象。

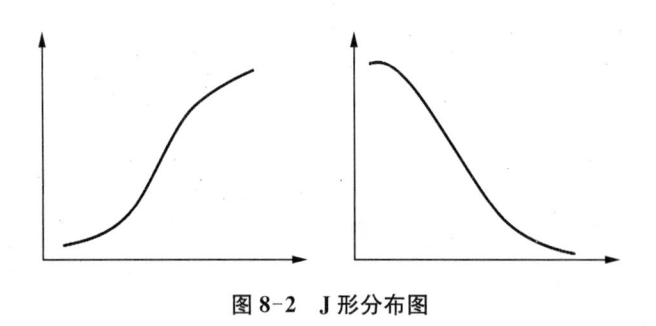

图8-2　J形分布图

(3) U形分布是指中间凹陷、两端凸起的分布形式(图8-3)。U形曲线通常用于描述具有生命或质量特征的现象,如产品的故障率数据,产品使用初期和老化期的故障率都比较高,中间阶段的故障率比较低。

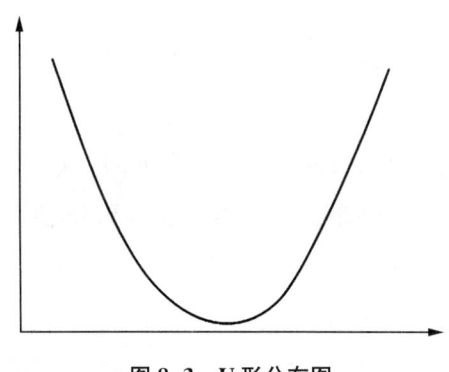

图8-3　U形分布图

二、比较分析

了解了现象的总体规模和结构后,若要了解其在不同时期所处水平的变化,或评判其在同行业、同区域、同类现象中所处的水平,就需要进行比较分析。前者属于时间维度上的比较,后者则是空间维度上的比较。进行比较分析时,要注意统计口径和时期的一致性。

时间维度上的比较分析,通常是指将同一指标不同时期的数据进行相互比较,也称为纵向比较。常用的比较指标包括逐期增减量、累积增减量、环比发展速度、定基发展速度、环比增减速度和定基增减速度。时间维度上的比较分析指标的含义及计算公式如表 8-2 所示。

表 8-2　　　　　　　　时间维度上的比较分析指标的含义及计算公式

指标	含义	计算公式
逐期增减量	报告期观测值与报告期前一期观测值之差,反映观测值逐期波动幅度的大小,一般用绝对数表示	$y_i - y_{i-1}$
累积增减量	报告期观测值与固定基期观测值之差,反映观测值在给定时期内累计波动幅度的大小,一般用绝对数表示	$y_i - y_1$
环比发展速度	报告期观测值与报告期前一期观测值之比,反映观测值逐期波动速度的快慢,一般用百分数表示	$\dfrac{y_i}{y_{i-1}} \times 100\%$
定基发展速度	报告期观测值与固定基期观测值之比,反映观测值在给定时期内累计波动速度的快慢,一般用百分数表示	$\dfrac{y_i}{y_1} \times 100\%$
环比增减速度	报告期逐期增减量与报告期前一期观测值之比,反映观测值逐期增减程度的高低,一般用百分数表示	$\dfrac{y_i - y_{i-1}}{y_{i-1}} \times 100\%$
定基增减速度	报告期累积增减量与固定基期观测值之比,反映观测值在给定时期内增减程度的高低,一般用百分数表示	$\dfrac{y_i - y_1}{y_1} \times 100\%$

注：$y_i(i = 1, 2, 3, \cdots, n)$。

进行空间维度上的比较分析时,其常用统计指标是相对数。相对数是指两个有联系的总量指标对比计算的比率。根据相比较的总量指标之间的关系不同,相对数又可以划分为结构相对数、比例相对数、强度相对数、比较相对数和动态相对数。常用相对指标及计算公式如表 8-3 所示。

表 8-3　　　　　　　　　　常用相对指标及计算公式

指标	计算公式
结构相对数	结构相对指标 = $\dfrac{\text{总体中某一部分指标数值}}{\text{全部总体指标数值}} \times 100\%$
比例相对数	比例相对指标 = $\dfrac{\text{总体中某一部分指标数值}}{\text{总体中另一部分指标数值}} \times 100\%$
强度相对数	强度相对指标 = $\dfrac{\text{某一总量指标数值}}{\text{另一有联系但性质不同的总量指标数值}} \times 100\%$

(续表)

指标	计算公式
比较相对数	比较相对指标＝$\dfrac{某一总体指标数值}{另一同类总体指标数值}\times 100\%$
动态相对数	动态相对指标＝$\dfrac{报告期指标数值}{基期指标数值}\times 100\%$

此外，基于数据结构进行比较分析时，还可以采用的统计指标是指数。用各种指数来比较特定的市场问题，既方便又直观。

例如，根据大学生调查 App 使用情况，通过计算受众指数，反映目标群体的倾向性。某个 App 使用情况受众指数，是指使用的某一目标群体（按性别、大学类型等某种特征定义的群体）相对于调查总体的特征指数。以性别为特征，目标群体划分为"男""女"群体，则某个 App 使用情况受众指数的计算公式如下：

$$受众指数=\dfrac{目标群体中使用该\ App\ 的人数比例}{调查总体中使用该\ App\ 的比例}\times 100\%$$

这样定义的指数可以对不同目标群体做横向比较。例如，男性人群中的"受众指数"为 129.3，在女性人群中的"受众指数"为 82.6，通过比较可以发现，不同性别的群体使用 App 的比例存在差异，一般来说，不同年度调查获得的受众指数不宜进行纵向比较。

此外，市场调查中常用的指数还有满意度指数。满意度指数是指通过对评价分值的加权计算，得到测量满意程度的一种指数概念。例如，某市医护护士工作满意度调查中，采用李克特 5 分量表，按百分制计算，对满意度各个得分段赋值 100、80、60、30、0，则满意度计算公式如下：

$$B=\dfrac{n_1\times 100+n_2\times 80+n_3\times 60+n_4\times 30+n_5\times 0}{n}$$

其中，B 为对某项目的满意度，n 为对该项目评价的样本总量，n_1，n_2，n_3，n_4，n_5 分别表示"非常满意""比较满意""一般""比较不满意""非常不满意"的样本单位数。经过计算，受访者的满意度分别为：工资满意度（80.30 分）、工作满意度（71.42 分）、晋升机会满意度（58.33 分），可以看出，有的调查项目的满意度低于"一般"水平对应的 60 分，有的则高于一般。

第二节 单变量数据分析

上一节中我们通过频数分布表和分布图,直观地反映了变量的规模和结构,在此基础上,为了进一步了解数据变化的分布特征和规律,寻找到一般水平的代表值,则需要进一步对其进行集中度分析。

一、集中度分析

集中度分析,即测度一组数据的集中度,反映各调查数据向其中心值靠拢或聚集的程度。测定集中度的指标有多种,常用的集中趋势指标包括平均数、中位数、分位数和众数。

(一) 平均数

1. 简单平均数

简单平均数是将所有数据的值相加,除以数据的个数,就得到简单平均数,简单平均数的计算公式如下:

$$\bar{x} = \frac{x_1 + x_2 + \cdots + x_n}{n} = \frac{\sum_{i=1}^{n} x_i}{n}$$

其中,$\bar{x}$ 为算术平均数,x_i 为各单位的标志值,n 为总体单位数,$\sum$ 为总和符号。

2. 加权平均数

平均数的大小不仅取决于总体中各数值的大小,而且取决于各数值出现的次数(频数),由于各数值出现的次数对其在平均数中的影响起着权衡轻重的作用,我们把次数(频数)也叫作权数。

例如,某门课程的平时成绩为 80 分,期中成绩为 90 分,期末成绩为 95 分,学校规定的课程成绩的计算方式是:平时成绩占 20%,期中成绩占 30%,期末成绩占 50%,则每种成绩所占的比重叫作权重。则加权平均值为 90.5 分(80×20%+90×30%+95×50%)。

3. 组距式数列平均数

由于在组距数列中不能确定各组实际平均数,要用各组的组中值作为各组标志值的代表计算总体平均数。因此,组距式数列求平均数的计算方法是:先计算出各组的组中值,并将其作为各组的代表值,计算平均数。需要注意的是,以组中值作为各组代表值具有假定性,即假定各组数据在各组中是均匀分布的,据此计算的算术平均数也只是一个近似值。

【范例 8-1】 设某厂职工按日产量分组后所得组距数列,由该数列计算平均数如表 8-3 所示。

表 8-3　　　　　　　　　某厂职工日产量的算术平均数计算表

按日产量分组 (千克)	组中值 (千克) x	工人数 (人) f	各组日产量 (千克) xf
60 以下	55	10	550
60～70	65	19	1 235
70～80	75	50	3 750
80～90	85	36	3 060
90～100	95	27	2 565
100～110	105	14	1 470
110 以上	115	8	920
合计	—	164	13 550

$$\bar{X}=\frac{\sum xf}{\sum f}=\frac{55\times10+65\times19+75\times50+85\times36+95\times27+105\times14+115\times8}{10+19+50+36+27+14+8}$$

$$=\frac{13\ 550}{164}=82.62(千克)$$

由此得知,该厂职工日产量的一般水平是 82.62 千克。

(二) 中位数

中位数是组数据按照大小顺序排列后,位置居中的变量值。中位数将全部调查数据分为两部分,其中一半的数值小于中位数,另一半的数值大于中位数。

根据未分组数据计算中位数时,要先对数据进行排序,然后确定中位数的位置,最后确定中位数的具体数值。中位数位置的确定公式为:中位数位置为 $\frac{n+1}{2}$ 处(n 为变量个数)。

例如,已知某部门 5 个人工资分别为:1 000 元、1 500 元、1 600 元、3 000 元、

10 000元,平均工资为3 420元。根据数据资料,$\frac{n+1}{2}$位置对应的第三个人工资1 600元为中位数。

若数据的个数是奇数项,中位数就是位于中间位置的数值。若数据的个数是偶数项,中位数是位于中间两项数值的平均值。由于分组数据中位数的确定方法相对复杂,这里不再介绍,有兴趣的读者可以参考相关统计学教材。

(三) 分位数

将一组排序后的数据进行不同的等分后,各分位点上的值就是对应的分位数,可以用来衡量数据的位置特征。中位数是从中间点将全部数据等分为两部分,与中位数相类似的还有四分位数、十分位数和百分位数等。

把数列中各单位的变量值按照由小到大排序,然后通过三个点将全部数据等分为四部分,其中每部分包含25%的数据,处于三个分割点位置上的数值就是四分位数。很显然,中间的四分位数就是中位数,因此,通常所说的四分位数是指第一个四分位数(也称作下四分位数)和第三个四分位数(也称作上四分位数)。与中位数的计算方法类似,根据未分组数据计算四分位数时,首先对数据进行排序,再确定四分位数所在的位置。设下四分位数为Q_L,中间的四分位数为Q_M,上四分位数为Q_U,则各个四分位数的位置分别如下:

$$Q_L \text{ 的位置} = \frac{N+1}{4}$$

$$Q_M \text{ 的位置} = \frac{2(N+1)}{4}$$

$$Q_U \text{ 的位置} = \frac{3(N+1)}{4}$$

其中,N表示单位总数。

(四) 众数

众数是指数据中出现次数最多的变量值,记为M_0,主要用于测度定类数据的集中趋势,若更高层次的数据具有集中趋势,也可计算众数。

定类数据或单项式分组数据的众数可用直接观察法得到,即出现次数最多的变量值就是众数。

【范例8-2】 在某鞋厂市场需求调查情况中,得到鞋码需求量的数据如表8-5所示。

表 8-5　　　　　　　　　　　鞋码市场需求表

鞋码	需求量（双）
35	500
36	1 950
37	2 150
38	2 500
39	830
合计	7 930

在表 8-5 这组数据中出现次数最多的是 38 码，因此，38 码为这组定类数据的众数，即 $M_0=38$。定距变量分组数据的众数，除可以用众数所在组的组中值近似代替外，还可以用插值公式来确定，即：

下限公式：
$$M_0 = X_L + \frac{\Delta_1}{\Delta_1 + \Delta_2} \cdot d$$

上限公式：
$$M_0 = X_U - \frac{\Delta_2}{\Delta_1 + \Delta_2} \cdot d$$

其中，X_L、X_U 表示众数组的下限、上限；Δ_1 表示众数组次数（f_2）与下一组次数之差（f_1）；$\Delta_1 = f_2 - f_1$；Δ_2 表示众数组次数（f_2）与上一组次数之差（f_3）；$\Delta_2 = f_2 - f_3$；d 表示众数组的组距。

众数是一个位置平均数，不受极端值和开口组数列的影响，从而增强了对变量数列一般水平的代表性。但是，当分布数列没有明显的集中趋势而趋均匀分布时，则无众数可言。此外，当变量数列是不等距分组时，众数的位置也不好确定。

二、变异性分析

变异性分析，即测度数据的离散趋势，反映各调查数据远离其中心值的程度。

（一）异众比率

异众比率是指非众数组的频数占总频数的比率，用 V_r 表示，计算公式如下：

$$V_r = \frac{\sum f_i - f_m}{\sum f_i} = 1 - \frac{f_m}{\sum f_i}$$

其中，$\sum f_i$ 表示变量值的总频数，f_m 表示众数组的频数。

异众比率主要用于衡量众数对一组数据的代表程度。异众比率越大,说明非众数组的频数占总频数的比重越大,众数的代表性就越差;异众比率越小,说明非众数组的频数占总频数的比重越小,众数的代表性越好。异众比率可用于不同总体或样本离散程度的比较。

(二) 四分位差

四分位差是上四分位数 Q_U 和下四分位数 Q_L 之差,记为 Q_D,即 $Q_D = Q_U - Q_L$。四分位差反映了中间 50% 数据的离散程度,其数值越小,说明中间的数据越集中;数值越大,说明中间的数据越分散。四分位差不受极端数值的影响。四分位差主要用于测度定序数据的离散程度,对于定距数据和定比数据也可以计算四分位差,但对于定类数据并不适合。

(三) 方差和标准差

方差是指调查数据中各变量值与其算术平均数离差平方和的算术平均数,记为 S^2;标准差是指方差的算术平方根,记为 S。方差和标准差反映了所有变量值对平均数的离散程度,其数值大小与平均数代表性的大小呈反向变化,即方差或标准差越大,平均数的代表性越差;反之,方差或标准差越小,平均数的代表性越好。

(1) 未分组数据计算方差如下:

$$S^2 = \frac{\sum_{i=1}^{n}(x_i - \bar{x})^2}{n-1}$$

(2) 根据分组数据计算方差如下:

$$S^2 = \frac{\sum_{i=1}^{k}(x_i - \bar{x})^2 f_i}{\sum_{i=1}^{k} f_i - 1}$$

其中,x_i 表示各组标志值,$\bar{X}$ 表示算术平均数,f 表示各组次数(即权数),n 表示各组单位数。

方差和标准差是测定离散程度的最重要、最常用的指标,不受极端值的影响,能综合反映全部单位标志值对其平均数的实际差异情况;同时,用平方的方法消除各标志值与其算术平均数离差的正负值问题,在数学运算中处理起来也比较方便。

(四) 离散系数

离散系数是指调查数据的标准差与其算术平均数的比值,也称为变异系数,记为

CV。离散系数主要用于比较不同类别数据的离散程度,用公式表示如下:

$$CV = \frac{S}{\bar{X}} \times 100\%$$

四分位差、方差和标准差等都是反映数据离散程度的绝对指标,离散系数则是反映数据离散程度的相对指标。离散系数越大,说明数据的离散程度越大,数据间的差异越大,平均指标对总体一般水平的代表性越差;反之,离散系数越小,说明数据的离散程度越小,数据间的差异越小,平均指标对总体一般水平的代表性越好。

第三节 双变量数据分析

在市场调查中,研究者感兴趣的常常是两个或以上变量之间的关系。例如,品牌知名度和销售量有何关系,商品的广告支出与销售额有无关系,顾客对于某品牌的态度和对于其他品牌的态度有何不同等。要回答这一类问题,就需要对调查数据进行双变量统计分析。本节将就双变量分析中常用的列联分析、相关分析和回归分析的基本原理及实际应用进行介绍。

一、列联分析

(一)列联分析理论

列联分析的必要数据基础,是对两个或两个以上的分类变量进行交叉分类所形成的复合频数分布表。

【范例8-3】 在一项汽车保有量的调查中要研究家庭收入对汽车保有量的影响。为了使问题简单一点,我们提出的问题是,家庭收入在平均数之上的家庭是否比收入在平均数之下的家庭拥有更多的汽车。我们以中位数17 500美元作为选定的平均数,将全部家庭划分成低收入组(<17 500美元)和高收入组(≥17 500美元)两组;再按汽车保有量将全部家庭划分成2组,拥有1辆汽车之内的家庭为一组,1辆以上的家庭归为另一组。我们这样做交叉分组,再统计出同时带有两个分组标志的观测值的数目,即得到一份家庭收入与汽车保有量的交叉列表(表8-6),为了进一步表明变量之间的关系,还应计算出交叉分组行组、列组的百分比相对数,分别如表8-7、表8-8所示。

表 8-6　　　　　　　　　家庭收入与汽车保有量交叉分组频数　　　　　　　　单位：辆

家庭收入	汽车保有量		
	1辆以内	1辆以上	合计
低收入	48	6	54
高收入	27	19	46
合计	75	25	100

表 8-7　　　　　　　　　家庭收入与汽车保有量交叉分组行组百分比

家庭收入	汽车保有量		
	1辆以内	1辆以上	合计
低收入	89％	11％	100％
高收入	59％	41％	100％

表 8-8　　　　　　　　　家庭收入与汽车保有量交叉分组列组百分比

家庭收入	汽车保有量	
	1辆以内	1辆以上
低收入	64％	24％
高收入	36％	76％
合计	100％	100％
个案数	75	25

表 8-7 表明汽车保有量受收入水平的影响，41％的高收入家庭拥有 1 辆以上的汽车，然而只有 11％的低收入家庭拥有 1 辆以上汽车。表 8-8 表明 64％的拥有不超过 1 辆汽车的家庭属于低收入组，36％的拥有不超过 1 辆汽车的家庭属于高收入组，这样的表述给人以汽车保有量主动影响收入水平的印象，显然是不合逻辑的。为此，交叉列表一般都将自变量沿横向展开，将因变量沿纵向展开，相对频数计算行百分比。这种行百分比在总体上实质是一种条件概率。例如，表 8-7 第一行第一列的数据表示在低收入的前提下，家庭汽车保有量在 1 辆以内的概率为 89％。

基于列联表，可以进行两变量的独立性检验和两样本的一致性检验，两者的检验目的不同，前者用于判断两个分类变量之间是否相互关联，后者是检验不同类别的目标变量之间是否存在显著性差异。两者均采用 X^2 检验的方法，关于 X^2 检验的基本原理，请参阅相关统计学教材。此外，在进行列联分析时应注意以下几个问题：

（1）编制列联表时，如果两个变量之间不存在因果关系，行变量和列变量可以随意指定。如果两个变量之间存在因果关系,一般需要把表示影响原因的自变量作为行变量,列入表的横行;把表示变动结果的因变量作为列变量,列入表的纵列。

(2) 列联表只是检验变量之间是否有关联,而并非检验变量之间是否具有因果关系。

(3) 进行列联分析的变量必须是取值个数有限的离散变量,如果是连续变量,则要先对变量进行分组整理,将其转换成有限多个取值的离散变量后,再进行列联分析。

(4) 进行独立性检验和一致性检验时,一般要求样本量必须足够大($n>50$),每个单元格中的期望频次也不能过少,通常要求每个单元格中的期望频数大于等于5,若小于5,则需要将相邻单元格进行合并。

(二) 应用实例

在婴幼儿奶粉市场研究项目中,研究者计划探究不同的婴幼儿奶粉消费群体特征与购买频率存在何种联系。

基于案例数据集,以年龄特征为例,分析消费者年龄与婴幼儿奶粉购买频率之间的交叉频数分布情况,在此基础上,进一步分析不同年龄阶段的消费者群体在购买频率上是否存在差异。

1. 操作步骤

(1) 打开数据集,依次选择"Transform(转换)"—"Recode intoDifferent Variables(转换到不同的变量)",展开变量转换的对话框,将变量"age(年龄)"选入"Input Variable"—"Output Variable(输入变量—输出变量)"框中,在"Name(名称)"和"Label(标签)"框中输入衍生变量的名称和标签,并单击"Change(改变)"按钮。进一步单击"Old and New Values(新旧值)"按钮设置转换规则,设置规则如图8-4所示。然后,单击"Continue(继续)"按钮,返回到主对话框。

旧 --> 新(D):
20 thru 24 --> 1
25 thru 29 --> 2
30 thru 34 --> 3
35 thru 45 --> 4

图8-4 变量转换设置

(2) 依次选择"Analyze"(分析)—"Descriptive Statistics(描述统计)"—"Crosstabs

(交叉表)",展开编制列联表对话框,将变量"frequency(购买频率)"作为行变量选入"Row(s)(行)"框中,将变量"G_age(分组后的年龄)"作为列变量选入"Column(s)(列)"框中。

(3) 单击"Cells(单元格)"项,打开"Crosstabs:Cell Display(交叉表:单元格显示)"对话框,在"Percentages(百分比)"框中勾选"Row(行)""Column(列)""Total(总)"复选框,用于指定输出三种形式的百分比。然后,单击"Continue(继续)"按钮,返回到主对话框。

(4) 单击"Statistics(统计量)"项,打开"Crosstabs:Statistics(交叉表:统计量)"对话框,选择"Chi-Square(卡方)"复选框,用于指定进行卡方检验;在"Nominal(名义)"框中选择"Contingency coefficient(相依系数)"和"Phi and Cramer's V(Phi 和 Cramer 变量)"复选框,用于指定输出三种相关系数的计算结果;再单击"Continue(继续)"按钮,返回到主对话框。

2. 输出结果

输出结果如图 8-5 至图 8-7 所示。

奶粉购买频率 * 分组后的年龄 Crosstabulation

			分组后的年龄				Total
			20-24岁	25-29岁	30-34岁	35-45岁	
奶粉购买频率	每周一次	Count	11	45	20	6	82
		% within 奶粉购买频率	13.4%	54.9%	24.4%	7.3%	100.0%
		% within 分组后的年龄	17.5%	23.0%	25.3%	18.8%	22.2%
		% of Total	3.0%	12.2%	5.4%	1.6%	22.2%
	每月2-3次	Count	20	29	21	6	76
		% within 奶粉购买频率	26.3%	38.2%	27.6%	7.9%	100.0%
		% within 分组后的年龄	31.7%	14.8%	26.6%	18.8%	20.5%
		% of Total	5.4%	7.8%	5.7%	1.6%	20.5%
	每月1次	Count	11	29	13	7	60
		% within 奶粉购买频率	18.3%	48.3%	21.7%	11.7%	100.0%
		% within 分组后的年龄	17.5%	14.8%	16.5%	21.9%	16.2%
		% of Total	3.0%	7.8%	3.5%	1.9%	16.2%
	每2-3个月一次	Count	11	50	14	7	82
		% within 奶粉购买频率	13.4%	61.0%	17.1%	8.5%	100.0%
		% within 分组后的年龄	17.5%	25.5%	17.7%	21.9%	22.2%
		% of Total	3.0%	13.5%	3.8%	1.9%	22.2%
	每4-5个月一次	Count	10	43	11	6	70
		% within 奶粉购买频率	14.3%	61.4%	15.7%	8.6%	100.0%
		% within 分组后的年龄	15.9%	21.9%	13.9%	18.8%	18.9%
		% of Total	2.7%	11.6%	3.0%	1.6%	18.9%
Total		Count	63	196	79	32	370
		% within 奶粉购买频率	17.0%	53.0%	21.4%	8.6%	100.0%
		% within 分组后的年龄	100.0%	100.0%	100.0%	100.0%	100.0%
		% of Total	17.0%	53.0%	21.4%	8.6%	100.0%

图 8-5 分组后的年龄与婴幼儿奶粉购买频率列联表结果图

Chi-Square Tests

	Value	df	Asymp. Sig. (2-sided)
Pearson Chi-Square	15.220ª	12	.230
Likelihood Ratio	15.008	12	.241
Linear-by-Linear Association	.125	1	.723
N of Valid Cases	370		

a. 0 cells (.0%) have expected count less than 5. The minimum expected count is 5.19.

图 8-6 列联表的 X^2 检验结果

Symmetric Measures

		Value	Approx. Sig.
Nominal by Nominal	Phi	.203	.230
	Cramer's V	.117	.230
	Contingency Coefficient	.199	.230
N of Valid Cases		370	

图 8-7 列联表的相关系数计算结果

输出结果的第一个部分是分组后的年龄和婴幼儿奶粉购买频率的列联表,行变量是"奶粉购买频率",列变量是"分组后的年龄"。这里以第 1 行第 3 个单元格(即"每周一次"和"30～34 岁"交叉的单元格)为例,说明列联表中各数值的含义:20 为该单元格的实际频数,24.4% 为行百分比,25.3% 为列百分比,5.4% 为总百分比,表明每周购买一次婴幼儿奶粉的"30～34 岁"消费者共有 20 人,占全部每周购买一次奶粉的消费者的 24.4%,占全部"30～34 岁"消费者人数的 25.3%,占全部婴幼儿奶粉消费者的 5.4%。

输出结果的第二部分是变量独立性的 X^2 检验结果,可以看出,$X^2 = 15.220$,$p = 0.23$[表中显示为 Sig. (2-sided)]。因此,在 0.05 显著性水平下,没有理由拒绝原假设,即可以认为年龄和奶粉购买频率两个变量具有独立性,即两个变量间没有显著关联。

输出结果的第三个部分是列联表相关系数的计算结果。其中,"Phi"是 φ 相关系数,"Cra-mer's V"是 V 相关系数,"Contingeney Cofficient"是 C 相关系数。由于本例中变量独立性的 X^2 检验结果显示年龄和购买频率两个变量间没有显著关联,无须计算相关系数,从相关系数计算结果的 $p = 0.230 > 0.05$,也可以看出相关系数是不显著的。

二、相关分析

(一) 相关分析理论

在各种相关关系中，单相关是基本的相关关系，它是复相关和偏相关的基础。单相关有线性相关和非线性相关两种表现形式。测定线性相关系数的方法是最基本的相关分析，也是测定其他相关系数方法的基础。因此，本教材就线性的单相关系数的计算加以简要解释。计算过程中，通常用 ρ 表示总体的相关系数，r 表示样本的相关系数，其计算公式如下：

$$\rho = \frac{\text{COV}(X,Y)}{\sqrt{\text{VAR}(X)} \cdot \sqrt{\text{VAR}(Y)}}$$

其中，COV(X,Y)) 表示两变量协方差，VAR(X) 表示 X 变量的方差，VAR(Y) 表示 Y 变量的方差。由于我们难以获得变量总体的方差，常用样本的估计量代替，得到：

$$r = \frac{\sum(x-\bar{x})(y-\bar{y})}{\sqrt{\sum(x-\bar{x})^2} \cdot \sqrt{\sum(y-\bar{y})^2}}$$

为方便计算，经过数学推导可以得到：

$$r = \frac{n\sum xy - (\sum x)(\sum y)}{\sqrt{n\sum x^2 - (\sum x)^2}\sqrt{n\sum y^2 - (\sum y)^2}}$$

对样本相关系数 r 的解释如下：

(1) $-1 \leqslant r \leqslant 1$。

(2) r 的绝对值的大小反映了现象之间相关关系的紧密程度，r 的绝对值越大，相关关系越紧密，反之则相关关系越小。

(3) r 数值的符号表明该相关关系的正负性。

(二) 应用实例

在婴幼儿奶粉市场研究项目中，研究者考虑到支出往往随着收入的增加而增加，同时通过观察样本数据，认为宝宝平均每月的奶粉支出会随着家庭平均每月总收入的增加而增加，即两者存在正线性相关关系。但是这种关联的具体状态和密切程度却无法通过观察数据直接得到答案，可以通过计算相关系数来确定。

由于宝宝平均每月奶粉支出变量和平均每月的家庭总收入变量均为定距变量，应该选择皮尔逊相关系数来测度这两个变量之间的相关程度。具体实现过程利用 SPSS 软件中的"Correlate(相关)"菜单实现。

1. 操作步骤

(1) 打开数据集,依次选择"Analyze(分析)"—"Correlate(相关)"—"Bivariate(双变量)",展开双变量相关分析对话框。

(2) 将变量"m_expand(平均每个月宝宝的奶粉支出)"和"income(平均每个月的家庭总收入)"同时选入"Variables(变量)"框中。

(3) 依次勾选"Correlation Coefficients(相关系数)"复选框中的"Pearson""test of Significance(显著性检验)"复选框中的"Two—tailed(双侧)"和"Flag significant correlations(标记相关的显著性)"。

2. 输出结果

相关系数计算机输出结果截图如图 8-8 所示。

Correlations

		平均每个月宝宝的奶粉支出	平均每个月的家庭总收入
平均每个月宝宝的奶粉支出	Pearson Correlation	1	.913**
	Sig. (2-tailed)		.000
	N	370	370
平均每个月的家庭总收入	Pearson Correlation	.913**	1
	Sig. (2-tailed)	.000	
	N	370	370

**. Correlation is significant at the 0.01 level (2-tailed).

图 8-8　相关系数计算机输出结果截图

相关系数的计算结果以相关系数矩阵的形式输出,并给出了显著性检验的结果。对角线的上下所显示的内容是相同的,可以看出 370 个样本的宝宝平均每月奶粉支出和平均每月家庭总收入的相关系数达 0.913,且 $p=0.000$[表中显示为 Sig. (2-tailed)],远小于设定的显著性水平 0.05,可以认为宝宝平均每月奶粉支出和平均每月家庭总收入存在高度正相关关系。

三、回归分析

(一) 回归方程

回归分析与相关分析有着密切的关系。在回归分析中,我们重点研究一个随机变量即因变量对另一个(或一组)随机变量即自变量的依赖关系的函数形式。同时,通过回归方程,可以对变量进行预测。例如,已得到 X 变量和 Y 变量 n 年的数据,将其拟合成回归方程后,通过第 $n+1$ 年的 X 变量值可以估算出第 $n+1$ 年的 Y 变量大小。回归分析按照涉及自变量的多少,可分为一元回归和多元回归;按照自变量和因变量之间的关系类型,可分为线性回归和非线性回归。

由于存在误差项随机变量 ε_i,给定一个自变量 x 的取值,仍然无法确切地估计出因变量 y 的相应取值。需要对误差项随机变量 ε_i 的概率分布作出如下假定:

(1) ε_i 的期望值为零;ε_i 的方差存在且相等,记为 σ^2。

(2) ε_i 服从正态分布,即 $\varepsilon_i \sim N(0,\sigma^2)$。

(3) ε_i 之间相互独立。

基于上述假定,将回归模型的等号两边同时取数学期望,即可得到一元线性回归方程:

$$E(y_i) = \beta_0 + \beta_1 x_i$$

其中,β_0 和 β_1 均是未知参数,β_0 为直线在 y 轴上的截距,β_1 为直线的斜率,也称作回归系数,表示在假定所有其他可能引起因变量变动的变量保持不变的情况下,自变量 x 每增加或减少一个单位时因变量 y 的平均变化量。

如果 β_0 和 β_1 是已知的,回归方程就代表一条确定的直线,只要给定自变量 x 的一个取值 x_i,就可依此方程得出对应的 y_i 的期望值 $E(y_i)$。

回归分析可以采用最小二乘法对上述回归方程的参数 β_0 和 β_1 进行估计,其基本思想是使误差平方和最小。在此规则下可以得到具体的参数估计公式:

$$\begin{cases} \hat{\beta}_1 = \dfrac{n\sum x_i y_i - \sum x_i \sum y_i}{n\sum x_i^2 - (\sum x_i)^2} \\ \hat{\beta}_0 = \dfrac{\sum y_i}{n} - \hat{\beta}_1 \dfrac{\sum x_i}{n} = \bar{y} - \hat{\beta}_1 \bar{x} \end{cases}$$

回归方程的显著性检验,采用 F 检验的方法。根本目的是检验回归方程的斜率 β_1 是否显著为 0,即设定原假设 $H_0: \beta_1 = 0$,备择假设 $H_1: \beta_1 \neq 0$。检验统计量为 F,计算公式为:

$$F = \frac{SSR/1}{SSE/(n-2)} = \frac{\sum_{i=1}^{n}(\hat{y}_i - \bar{y})^2/1}{\sum_{i=1}^{n}(y_i - \hat{y}_i)^2/(n-2)}$$

其中,SSR 为回归平方和,表示样本中第 i 次观测的因变量的估计值 $\hat{y}$ 与因变量均值 $\bar{y}$ 之间的离差平方和;SSE 为残差平方和,表示样本中第 i 次观测的因变量的实际

值 y_i 与估计值 $\hat{y}$ 之间的离差平方和；1 为分子的自由度，$n-2$ 为分母的自由度，n 为样本容量。

显著性水平 α 下，若 $F>F_\alpha$，则拒绝 $\beta_1=0$ 的原假设，表明可以在 $1-\alpha$ 的把握程度上推断总体中 x 和 y 两个变量之间存在线性相关关系，即回归方程是显著的；否则，回归方程未通过显著性检验。

运用该回归方程进行统计预测（或称估计）包括点估计和区间估计两种，点估计即通过自变量的值来预测因变量的均值；区间估计即在一定的把握程度下，通过自变量的值估计因变量的均值的置信区间。对于给定的 x_0，平均值 $E(y_0)$ 在置信水平 $1-\alpha$ 下的置信区间为：

$$\hat{y}_0 \pm t_{\alpha/2} s_e \sqrt{\left[\frac{1}{n} + \frac{(x_i - \bar{x})^2}{\sum_{i=1}^{n}(x_i - \bar{x})^2}\right]}$$

关于区间估计的具体内容本教材不再展开，读者可参考相关统计学教材中的区间估计这一部分内容。

（二）应用实例

在婴幼儿奶粉市场研究项目中，为探究平均每月家庭总收入对宝宝平均每月奶粉支出的影响，研究者以宝宝平均每月奶粉支出为因变量，平均每月家庭总收入为自变量，建立一元线性回归方程。具体实现过程利用 SPSS 软件中的"Regression（回归）"菜单实现。

1. 操作步骤

（1）打开数据集，依次选择"Analyze（分析）"—"Regression（回归）"—"Linear（线性）"，展开回归过程对话框，将变量"income（平均每个月的家庭总收入）"作为自变量，选入"Independent(s)"框中，将变量"m_expand（平均每个月宝宝的奶粉支出）"作为因变量，选入"Dependent(s)"框中，由于是只有一个自变量的简单线性回归分析，在"Method（方法）"复选框中，选择默认项"Enter（进入）"即可。

（2）设置相关统计量。点击"Statistics（统计量）"按钮，在"LinearRegression：Statistics（线性回归统计量）"对话框中，分别勾选"Estimate（估计）"和"Modelfit（模型契合度）"选项，用于计算回归模型并对其进行显著性检验。为进行样本异常值检验，可以在该对话框中选择"Casewisediagnostics（个案诊断）"，并在"Outliersoutside（离群值）"的参数框中键入"2"，设置标准化残差的绝对值大于等于 2 时识别为异常值（也可根据研究需要设置为 1 或 3）。

(3) 绘制残差图。继续点击"Plots（绘制）"按钮，在打开的"LinearRegression：Plots（线性回归：图）"对话框中，选取变量"＊ZRESID"进入 y 框内，选取变量"DEPENDNT"进入 x 框内，用于输出关于因变量的标准化残差图，选择"Histogram（直方图）"选项，用于输出标准化残差的直方图。

(4) 进行点估计和区间估计的预测。在"LinearRegression（线性回归）"主对话框中点击"SAVE（保存）"按钮，打开"LinearRegression：Save（线性回归：保存）"对话框，在"PredictedValues（预测值）"选项框中，选择"Unstandardized（未标准化）"，用于输出未标准化的预测值；在"PredictionIntervals（预测区间）"选项框中，选择"Mean（均值）"或"Individual（单值）"选项，并设定置信度，如 95％，实现对总体均值或个别值的区间估计；在 Residuals（残差）选项框中，选择"Unstandized（未标准化）"或"Standized（标准化）"选项，即可得到残差或标准化残差的计算结果。

2. 输出结果

回归过程的输出结果由四部分组成，分别是回归方程的参数估计和显著性检验结果（图 8-9）、异常值检测输出结果（图 8-10）标准化残差分析输出结果（图 8-11）及回归方程的预测结果（图 8-12）。

Model Summary[b]

Model	R	R Square	Adjusted R Square	Std. Error of the Estimate
1	.913[a]	.833	.833	206.505

a. Predictors: (Constant), 平均每个月的家庭总收入
b. Dependent Variable: 平均每个月宝宝的奶粉支出

ANOVA[b]

Model		Sum of Squares	df	Mean Square	F	Sig.
1	Regression	7.854E7	1	7.854E7	1.842E3	.000[a]
	Residual	1.569E7	368	42644.364		
	Total	9.423E7	369			

a. Predictors: (Constant), 平均每个月的家庭总收入
b. Dependent Variable: 平均每个月宝宝的奶粉支出

Coefficients[a]

Model		Unstandardized Coefficients B	Std. Error	Standardized Coefficients Beta	t	Sig.
1	(Constant)	-94.797	21.924		-4.324	.000
	平均每个月的家庭总收入	.074	.002	.913	42.915	.000

a. Dependent Variable: 平均每个月宝宝的奶粉支出

图 8-9　估计的线性回归方程及显著性检验结果截图

Casewise Diagnosticsᵃ

Case Nu…	Std. Residual	平均每个月宝宝的奶粉支出	Predicted Value	Residual
57	2.119	1527	1089.47	437.530
67	-9.382	2520	4457.53	-1.938E3
120	2.075	1501	1072.59	428.406
121	2.519	1570	1049.77	520.229
181	5.032	2487	1447.80	1.039E3
182	4.310	2497	1607.04	889.961
235	-2.619	1028	1568.90	-540.901
236	3.394	2210	1509.06	700.944
237	2.633	1975	1431.37	543.631
238	4.484	2467	1541.02	925.977
303	2.001	1441	1027.84	413.160
311	3.957	2341	1523.85	817.150
312	3.280	2082	1404.68	677.320
363	2.050	1446	1022.64	423.363
367	4.385	2324	1418.43	905.567

a. Dependent Variable: 平均每个月宝宝的奶粉支出

Residuals Statisticsᵃ

	Minimum	Maximum	Mean	Std. Deviation	N
Predicted Value	53.89	4457.53	725.55	461.346	370
Residual	-1.938E3	1039.202	.000	206.225	370
Std. Predicted Value	-1.456	8.089	.000	1.000	370
Std. Residual	-9.382	5.032	.000	.999	370

a. Dependent Variable: 平均每个月宝宝的奶粉支出

图 8-10　异常值检测输出结果截图

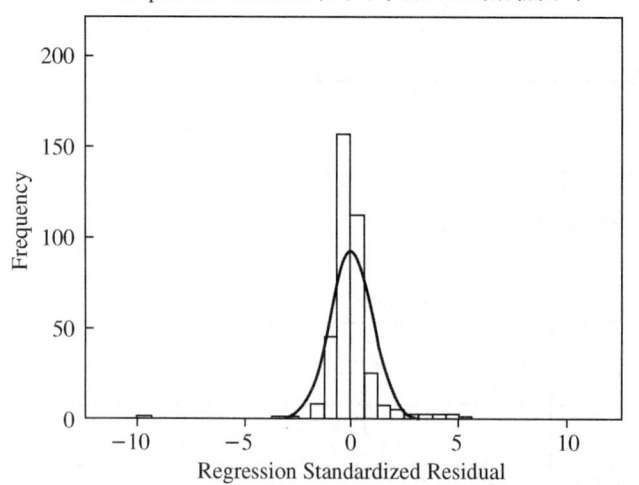

图 8-11　标准化残差直方图

File Edit View Data Transform Analyze Graphs Utilities Add-ons Window Help

1 : id 10110

	income	m_expand	PRE_1	RES_1	ZRE_1	LMCI_1	UMCI_1	LICI_1	UICI_1
359	13465	860	906.21700	-46.21700	-0.22381	883.54081	928.89319	499.50623	1312.92777
360	13899	818	938.48141	-120.48141	-0.58343	915.22472	961.73810	531.73786	1345.22496
361	14643	877	993.79183	-116.79183	-0.56556	969.36329	1018.22037	586.97959	1400.60406
362	15523	888	1059.21275	-171.21275	-0.82910	1033.14685	1085.27866	652.29891	1466.12659
363	15031	1446	1022.63651	423.36349	2.05014	997.51696	1047.75606	615.78220	1429.49082
364	16390	1409	1123.66723	285.33277	1.38172	1095.76626	1151.56820	716.63172	1530.70274
365	17063	1519	1173.69937	345.30063	1.67212	1144.24833	1203.15041	766.55467	1580.84407
366	18517	1003	1281.79258	-278.79258	-1.35005	1248.69702	1314.88814	874.36804	1689.21712
367	20355	2324	1418.43310	905.56690	4.38520	1380.30591	1456.56029	1010.56900	1826.29720
368	31000	2381	2209.80326	171.19674	0.82902	2138.59117	2281.01535	1797.52835	2622.07817
369	39652	2528	2853.00989	-325.00989	-1.57386	2753.26654	2952.75325	2434.86138	3271.15841
370	42563	2929	3069.41934	-140.41934	-0.67998	2959.96430	3178.87438	2648.84848	3489.99020
371	27500	.	1949.60640	.	.	1889.67666	2009.53615	1539.12983	2360.08297
372	18950	.	1313.98265	.	.	1279.73821	1348.22708	906.46317	1721.50212

图 8-12 回归方程的预测结果截图

回归方程的参数估计和显著性检验结果部分，包括回归模型总结方差分析表及回归系数和检验结果。回归模型总结(Model Summary)，也就是对方程拟合情况的简单描述，从中可以看出，宝宝平均每月的奶粉支出和平均每月家庭的总收入的相关系数 r 和判定系数 R^2 分别为 91.3%和 83.3%，模型的解释程度很高；由单变量方差分析(univariate analysis of variance, ANOVA)可知，$F=1842$，p 值(Sig.)小于 0.01，表明模型整体拟合效果良好；由回归系数及其检验结果(Cofcients)可知，自变量家庭平均每月总收入的回归系数具有统计意义上的显著性($t=42.915$，$p<0.01$)。据此可以构造出宝宝平均每月奶粉支出对家庭平均每月总收入的回归方程：

$$\text{m_expand}=-94.797+0.074\times \text{income}$$

其中，m_expand 为宝宝平均每月奶粉支出，income 为家庭平均每月总收入。该方程表明，家庭平均每月总收入增加 1 元，宝宝平均每月奶粉支出增加 0.074 元。

残差分析输出结果部分，包括标准化残差图和标准化残差直方图。从标准化残差直方图可以大致看出，超过 95%的标准化残差介于－2 和＋2 之间，结合异常值检测结果可以确定只有 15 个标准化残差的绝对值大于 2，占总数的 4%；此外，标准化残差分布直方图呈现为大体上以 0 为中心的对称的钟形分布。因此，建立的元线性回归模型满足残差的基本假定。

回归方程的预测结果部分。在数据集中新生成的变量 PRE_1、RES_1、ZRE_1、LMCI_1、UMCI_1、LICL_1 和 UICL_I 依次代表点估计预测值、未标准化的残差、标准化的残差、总体均值的区间估计下限、总体均值的区间估计上限、个别值的区间估计下限和个别值的区间估计上限。若需要利用建立的一元线性回归模型预测平均每月家庭总收入为27 500元和18 950元的两条新增观测对应的宝宝平均每月奶粉支出,只需在原数据集中新增两条观测,且将平均每月家庭总收入的值填入对应变量"income"中,重新运行该回归过程,即可得到对应的预测值。

第四节 多变量数据分析

一、方差分析

(一) 单因素方差分析

1. 单因素单变量方差分析

单因素方差分析是在控制变量的不同水平下,检验各总体分布是否存在显著性差异,进而判断控制变量是否对观测变量具有显著性影响的分析方法。其分析步骤如下:

(1) 明确因变量和自变量,设因变量Y,自变量X,X有r个水平,在X第i个水平下,Y的观测值个数为n,则建立原假设$H_0: \mu_1 = \mu_2 = \cdots = \mu_r$。

(2) 分别计算总方差(SST)、组间方差(SSA)、组内方差(SSE)及F统计量。

(3) 建立单因素单变量方差分析表(表8-9),并查临界值$F_\alpha(r-1, n-r)$。

表8-9　　　　　　　　　　　单因素单变量方差分析表

方差来源	平方和	自由度	方差	F值	P值
组间(因素影响)	SSA	$r-1$	$SSA/(r-1)$	F	p
组内(误差)	SSE	$n-r$	$SSE/(n-r)$		
总和	SST	$n-1$			

(4) 如果$F > F_\alpha(r-1, n-r)$,或F值的对应概率p小于给定的显著性水平α,则拒绝原假设。这时可以认为不同水平下各总体均值之间存在显著差异;反之亦然。

2. 单因素多变量方差分析

单因素多变量方差分析适用于一个因素、两个以上观测变量的检验,其中观测变量应为连续变量,控制变量为类别变量(间断变量)。在ANOVA中指检验因素的各个水平在单一观测变量测量值平均数上的差异,使用的检验为 F 检验,而多变量方差分析(mulivariate analysis of variance,MANOVA)则同时检验因素的各个水平在两个以上观测变量是否有显著差异,常用的 MANOVA 显著性检验方法为 Wilks Λ 值,其值介于 0 至 1 之间,Wilks Λ 越小,表明控制变量对观测变量的影响越显著。

单因素多变量方差分析步骤如下:

(1) 明确因变量和自变量,建立原假设 $H_0: \mu(1) = \mu(2) = \cdots = \mu(k)$。

(2) 分别计算总离差矩阵 T、组内离差矩阵 A、组间离差矩阵 B 及 Wilks 统计量。

(3) 建立单因素多变量方差分析表(表 8-10),并查临界值 $\alpha(p, n-k, k-1)$。

表 8-10　　　　　　　　　　　单因素多变量方差分析表

方差来源	平方和	自由度	Λ 值	P 值
组内(误差)	A	$n-k$	Λ	p
组间(因素影响)	B	$k-1$		
总和	T	$n-1$		

如果 $Λ < Λ_\alpha(p, n-k, k-1)$,或 Λ 值的对应概率 p 小于给定的显著性水平 α,则拒绝原假设。这时可以认为不同水平下多总体均值向量之间存在显著差异;反之亦然。

(二) 应用实例

如何推断受教育程度的不同状态对移动支付功能层面的三个感知变量"安全性""方便性""娱乐性"的影响效应?在对上述研究问题的研究中,可将"受教育程度"作为分组变量(自变量),并且将其分为四个水平,1 为"专科及以下",2 为"大学本科",3 为"硕士研究生",4 为"博士研究生"。同时,检验的因变量包括"安全性""方便性""娱乐性"。

1. 操作步骤

(1) 打开数据集,执行工具栏"Analyze(分析)",依次选择"General Linear Model(一般线性模式)"—"Multivariate(多变量)",在打开的"Multivariate(多变量)"对话框中,将学生对移动支付功能层面的三个感知指标"安全性(sec)""方便性(con)""娱乐性(ent)"选入"Dependent Variables(因变量)"方格中,将"受教育程度(degree)"选入"Fixed Factor(s)"方格中。

2) 点击"Post-Hoc…"按钮,开启"Post-Hoc 多重比较"对话框,选取进行事后比较的方法,点击"Continue(继续)"返回多变量方差分析对话框,点击"Options",选择要输出的统计量,单击"OK"按钮,即得到分析结果。

2. 输出结果

输出结果如图 8-13 至图 8-15 所示。

Multivariate Tests

Effect		Value	F	Hypothesis df	Error df	Sig.
Intercept	Pillai's Trace	.951	2.166E3ª	3.000	337.000	.000
	Wilks' Lambda	.049	2.166E3ª	3.000	337.000	.000
	Hotelling's Trace	19.283	2.166E3ª	3.000	337.000	.000
	Roy's Largest Root	19.283	2.166E3ª	3.000	337.000	.000
degree	Pillai's Trace	.244	10.005	9.000	1.017E3	.000
	Wilks' Lambda	.772	10.225	9.000	820.320	.000
	Hotelling's Trace	.275	10.256	9.000	1.007E3	.000
	Roy's Largest Root	.176	19.833ª	3.000	339.000	.000

a. Exact statistic
b. The statistic is an upper bound on F that yields a lower bound on the significance level.
c. Design: Intercept + degree

图 8-13　多变量检验结果截图

Tests of Between-Subjects Effects

Source	Dependent…	Type III Sum of Squares	df	Mean Square	F	Sig.	Partial Eta Squared
Corrected Model	方便性	125.882ª	3	41.961	11.169	.000	.090
	安全性	106.253ᵇ	3	35.418	11.859	.000	.095
	娱乐性	127.156ᶜ	3	42.385	9.622	.000	.078
Intercept	方便性	10332.003	1	10332.003	2.750E3	.000	.890
	安全性	6707.793	1	6707.793	2.246E3	.000	.869
	娱乐性	9633.914	1	9633.914	2.187E3	.000	.866
degree	方便性	125.882	3	41.961	11.169	.000	.090
	安全性	106.253	3	35.418	11.859	.000	.095
	娱乐性	127.156	3	42.385	9.622	.000	.078
Error	方便性	1273.576	339	3.757			
	安全性	1012.459	339	2.987			
	娱乐性	1493.229	339	4.405			
Total	方便性	51345.000	343				
	安全性	28009.000	343				
	娱乐性	45127.000	343				
Corrected Total	方便性	1399.458	342				
	安全性	1118.711	342				
	娱乐性	1620.385	342				

a. R Squared = .090 (Adjusted R Squared = .082)
b. R Squared = .095 (Adjusted R Squared = .087)
c. R Squared = .078 (Adjusted R Squared = .070)

图 8-14　受教育程度与三个因变量的单变量方差分析的结果截图

Multiple Comparisons

Tamhane

Dependent Variable	(I) 受教育程度	(J) 受教育程度	Mean Difference (I-J)	Std. Error	Sig.	95% Confidence Interval Lower Bound	95% Confidence Interval Upper Bound
方便性	专科及以下	大学本科	-2.25*	.526	.001	-3.73	-.76
		硕士研究生	-2.17*	.537	.002	-3.68	-.66
		博士研究生	-3.17*	.941	.045	-6.27	-.07
	大学本科	专科及以下	2.25*	.526	.001	.76	3.73
		硕士研究生	.07	.220	1.000	-.51	.66
		博士研究生	-.92	.804	.883	-4.20	2.35
	硕士研究生	专科及以下	2.17*	.537	.002	.66	3.68
		大学本科	-.07	.220	1.000	-.66	.51
		博士研究生	-1.00	.811	.848	-4.24	2.25
	博士研究生	专科及以下	3.17*	.941	.045	.07	6.27
		大学本科	.92	.804	.883	-2.35	4.20
		硕士研究生	1.00	.811	.848	-2.25	4.24
安全性	专科及以下	大学本科	-.29	.334	.952	-1.22	.65
		硕士研究生	-.96	.358	.060	-1.95	.03
		博士研究生	-3.86*	.770	.009	-6.63	-1.09
	大学本科	专科及以下	.29	.334	.952	-.65	1.22
		硕士研究生	-.68*	.211	.010	-1.24	-.11
		博士研究生	-3.57*	.713	.021	-6.48	-.66
	硕士研究生	专科及以下	.96	.358	.060	-.03	1.95
		大学本科	.68*	.211	.010	.11	1.24
		博士研究生	-2.90*	.725	.048	-5.76	-.03
	博士研究生	专科及以下	3.86*	.770	.009	1.09	6.63
		大学本科	3.57*	.713	.021	.66	6.48
		硕士研究生	2.90*	.725	.048	.03	5.76
娱乐性	专科及以下	大学本科	-1.78*	.450	.002	-3.05	-.52
		硕士研究生	-1.08	.473	.161	-2.39	.24
		博士研究生	-3.86*	1.045	.044	-7.62	-.10
	大学本科	专科及以下	1.78*	.450	.002	.52	3.05
		硕士研究生	.71*	.251	.031	.04	1.37
		博士研究生	-2.08	.965	.400	-6.03	1.88
	硕士研究生	专科及以下	1.08	.473	.161	-.24	2.39
		大学本科	-.71*	.251	.031	-1.37	-.04
		博士研究生	-2.78	.976	.179	-6.70	1.13
	博士研究生	专科及以下	3.86*	1.045	.044	.10	7.62
		大学本科	2.08	.965	.400	-1.88	6.03
		硕士研究生	2.78	.976	.179	-1.13	6.70

Based on observed means
The error term is Mean Square(Error) = 4.405

* The mean difference is significant at the .05 level.

图 8-15 多重比较表的计算机输出结果截图

受教育程度在移动支付"功能认知"三个层面的差异比较结果如图 8-13 所示。四个统计量在 0.05 的显著性水平下通过检验,表明学生对移动支付"安全性(sec)""方便性(con)""娱乐性(ent)"感知在受教育程度的差异检验上达到显著。Wilks Λ 值为 0.772,对应概率 p 值为 0.000<0.05,通过显著性检验,这表明在"安全性(sec)""方便性(con)""娱乐性(ent)"中至少有一个在自变量"受教育程度"的平均数差异达到显著,具体是哪几组因变量有显著差异,需使用单因素单变量方差分析以及事后比较进行判断。

图 8-14 为受教育程度变量与三个因变量的单变量方差分析的结果。受教育程度与"安全性""方便性""娱乐性"三个变量的单变量方差分析的 F 值分别为 11.859、11.169、9.622,对应概率 P 值为 0.000<0.05,通过显著性检验,表明不同受教育程度组别在三个因变量上均存在显著性差异。

图 8-15 为使用 Tamhane's T2 方法下的多重比较表的计算机输出结果。多重比较表(multiple comparisons)是对影响因素的各组均值之间做两两比较,其中标记"*"的对比组,表示对应两组的均值之间存在显著性差异。由图 8-15 可知:

(1) 在感知方便性方面,"本科""硕士研究生""博士研究生"组均显著高于"专科及以下"组,同时,"博士研究生"组显著高于其他三组。

(2) 在感知安全性方面,"本科"高于"专科及以下","硕士研究生"高于"本科"和"专科及以下","博士研究生"高于其他三组。

(3) 在感知娱乐性方面,"大学本科"高于"专科及以下"和"硕士研究生","硕士研究生"和"博士研究生"均高于"专科及以下"。

对上述结果进行归纳可以发现,"专科及以下"组别在支付安全性、方便性、娱乐性三个维度上感知均为最低;"博士研究生"组在安全性和方便性感知上高于其他两组。由此可推断,受教育程度高低对三个观测变量具有影响效应。

二、因子分析

(一) 基本理论

因子分析(factor analysis)是一种降维、数据简化技术,把具有错综复杂关系的变量综合为数量较少的几个因子,以再现原始变量与因子之间的相互关系。因子分析的基本思想是通过研究众多变量之间的内部依赖关系,探求观测数据中的基本结构,并将其用少数几个抽象的变量来表示。这几个抽象的变量被称作公共因子,能反映原来众多变量的主要信息。原始的变量是可观测的显在变量,而因子一般是不可观测的潜在变量。

因子分析的假设前提是观测变量能够转换为一系列潜在变量(因子)的线性组合。

因子分析中的公共因子是不可直接观测但又客观存在的共同影响因素,每一个变量都可以表示成公共因子的线性函数与特殊因子之和,即:

$$\begin{cases} X_1 = a_{11}F_1 + a_{12}F_2 + \cdots + a_{1m}F_m + \varepsilon_1 \\ X_2 = a_{21}F_1 + a_{22}F_2 + \cdots + a_{2m}F_m + \varepsilon_2 \\ \cdots\cdots \\ X_k = a_{k1}F_1 + a_{k2}F_2 + \cdots + a_{km}F_m + \varepsilon_k \end{cases}$$

其中,自变量 F_1,F_2,$\cdots$,F_m 称为公共因子,是不可观测的潜在变量,参数 a_{ij}($i=1,2,\cdots,k$;$j=1,2,\cdots,m$)称为因子载荷系数,其意义是第 i 个观测变量与第 j 个公共因子的相关系数,即 x_i 依赖 F_m 的比重。

因子分析前,研究人员要对数据做标准化处理,并检验数据是否适合因子分析。其常用的检验方法包括 KMO 检验法和 Bartlett 球形检验法。具体来说,KMO 检验值大于 0.5 或 Bartlett 球形检验 P 值小于 0.05,即通过检验,可以进行因子分析。

(二)应用实例

"移动支付用户的使用意愿调研"项目,探究了移动支付认知、感知利益、感知风险和个人创新等因素对使用意愿的影响。在分析过程中,相关分析结果显示上述因素存在较高的相关性,多元线性回归分析中的共线性检验结果也说明这些因素之间存在一定的共线性。可见这些影响因素之间存在信息重叠,有必要降维,以提炼潜在因子。

1. 操作步骤

(1)打开数据集,依次选择"Analyze(分析)"—"Data Reduction(降维)"—"Factor Analysis(因子分析)",展开"Factor Analysis(因子分析)"对话框,从对话框左侧的变量列表中选择"bat(BAT 认知)""pbe(感知利益)""prs(感知风险)""inn(个人创新)""con(方便性)""sec(安全性)"和"ent(娱乐性)"七个变量进入"Variables(变量)"框。

(2)选择检验方法,设置相应参数。单击"Descriptive(描述)"按钮,选中"KMO and Bartlett's test of sphericity(KMO 和 Bartlett 的球形检验)"复选框。

(3)返回主对话框后,单击"Exraction(抽取)"按钮,勾选"Scree Plot(碎石图)"复选框。

(4)返回主对话框后,单击"Rotation(旋转)"按钮,勾选"Varimax(最大方差法)"复选框。

(5) 返回主对话框后,单击"Scores(得分)"按钮,勾选"Save as variables(保存为变量)"和"Display factor score coefficient matrix(显示因子得分系数矩阵)"复选框,再返回主对话框。

(6) 单击"OK(确定)"按钮,即可得到因子分析结果。

2. 输出结果

1) KMO 和 Bartlett 的球形检验

根据图 8-16 KMO 和 Bartlett 球形结果显示,KMO 值为 0.886,Bartlett 球形结果检验 P 值 0.000 小于 0.05 即通过检验,可以做因子分析。

KMO and Bartlett's Test

Kaiser-Meyer-Olkin Measure of Sampling Adequacy.		.886
Bartlett's Test of Sphericity	Approx. Chi-Square	1.387E3
	df	21
	Sig.	.000

图 8-16 KMO 和 Bartlett 球形度结果截图

2)"公因子方差"与"解释的总方差"

方差贡献率汇总表包括初始的因子特征根及方差贡献率。由图 8-17 可知,第一主成分的特征根为 4.270,对应的累积方差贡献率为 60.996%;第二主成分的特征根为 0.996,对应的累积方差贡献率为 75.231%。利用特征根选择公共因子时,通常要求特征根≥1;利用主成分分析法选择公共因子时,一般要求因子的累计贡献率大于 80%。本例中符合特征根≥1,对应因子的累计贡献率为 60.996%,基于一个公共因子的实际含义不好解释,综合考虑本例将提取两个公因子进行分析。

Total Variance Explained

Component	Initial Eigenvalues			Extraction Sums of Squared Loadings		
	Total	% of Variance	Cumulative %	Total	% of Variance	Cumulative %
1	4.270	60.996	60.996	4.270	60.996	60.996
2	.996	14.234	75.231			
3	.526	7.514	82.745			
4	.373	5.335	88.080			
5	.357	5.099	93.179			
6	.271	3.873	97.052			
7	.206	2.948	100.000			

Extraction Method: Principal Component Analysis.

图 8-17 公因子方差及解释的总方差截图

当提取的公因子对应的累积方差贡献率较低,或实际含义不便解释时,可自行设定因子个数。操作步骤如下:单击"Exraction(抽取)"按钮时,选中"Number of factors(因子数量)"复选框,并设置固定因子个数为2,继续运行因子分析过程。

根据图 8-18 提取两个公因子的输出结果显示,前两个因子的累计方差贡献率为 75.231%,在可接受范围内。"Component Matrix 和 Rotated Component Matrix"分别为旋转前、后的因子载荷矩阵,因子载荷反映的是因子与变量之间的相关程度,可以看出,旋转后的两个公共因子与原始变量之间的关系变得清晰化了,因子 1 对除"安全性"变量外的六个变量的因子载荷较大,因子 2 对"安全性"变量的因子载荷较大,因此可以分别将两个因子定义为其他因子和安全性因子,这样较好地区分了原来 7 个评价指标的信息。

进一步,为评价各用户的满意程度,还可以利用"compute"菜单,以旋转后的公共因子的方差贡献率为权数,进行归一化后,以因子得分为变量值,计算出各用户综合得分。

3. 因子分析注意事项

(1) 由于因子分析对变量之间的相关程度很敏感,为保证质量,需要事先进行稳健性比较。此外,异常值、缺失值和不规则分布都会对变量间的相关性产生影响,进行因子分析时,要事先对数据进行整理,剔除异常值、插补缺失值。

(2) 由于小样本数据相关系数可靠性较差,因子分析要求观测数至少应是变量数的 5 倍或 10 倍。

(3) 参与因子分析的变量必须是数值型变量,对于非数值型变量,要先将其转化成数值型变量,再进行因子分析。

三、聚类分析

(一) 基本理论

聚类分析(cluster analysis)又称群分析或类分析,是依据某种准则对个体(样本或变量)进行分类的一种多元统计分析方法。实际应用中,常用的聚类方法有系统聚类法(hierarchical cluster)和 K 均值聚类法(k-means cluster)。

聚类分析的基本思想:认为所研究的样本单位或变量之间存在程度不同的相似性,根据一批样本单位的多个观测指标,具体找出能够度量样本或指标之间相似程度的统计量,以此作为划分类型的依据,把一些相似程度较大的样本(或变量)聚合为一类,把另外一些彼此之间相似程度较大的样本(或变量)聚合为另一类,直到把所有的样本(或变量)聚合完毕。

Total Variance Explained

Component	Initial Eigenvalues			Extraction Sums of Squared Loadings			Rotation Sums of Squared Loadings		
	Total	% of Variance	Cumulative %	Total	% of Variance	Cumulative %	Total	% of Variance	Cumulative %
1	4.270	60.996	60.996	4.270	60.996	60.996	4.005	57.218	57.218
2	.996	14.234	75.231	.996	14.234	75.231	1.281	18.013	75.231
3	.526	7.514	82.745						
4	.373	5.335	88.080						
5	.357	5.099	93.179						
6	.271	3.873	97.052						
7	.206	2.948	100.000						

Extraction Method: Principal Component Analysis.

Component Matrix[a]

	Component	
	1	2
BAT认知	.888	.053
感知利益	.854	.053
感知风险	.872	-.054
个人创新	.817	-.169
方便性	.785	.352
安全性	-.364	.895
娱乐性	.758	.186

Extraction Method: Principal Component Analysis.
a. 2 component extracted

Rotated Component Matrix[a]

	Component	
	1	2
BAT认知	.867	.202
感知利益	.834	.191
感知风险	.821	.299
个人创新	.735	.394
方便性	.853	-.114
安全性	.094	-.962
娱乐性	.780	.037

Extraction Method: Principal Component Analysis.
Rotation Method: Varimax With Kaiser Normalization.
a. Rotation converged in 3 iterations

图 8-18 提取两个公因子的总方差截图

系统聚类法的基本思想：距离相近的研究对象先聚成类，距离相远的后聚类，直到每个研究对象聚到合适的类中。应用系统聚类法需要先对数据进行变换，变换方法有平移变换、极差变换、标准化变换、对数变换等；再选择聚类方法，主要有最短距离法、最长距离法、中间距离法、重心法等。

K 均值聚类法的基本思想：将每一个样本分配给最近中心（均值）的类中。其实质是分步聚类，即先选定一批凝聚点，让研究对象向最近的凝聚点靠拢，形成初步分类；再对凝聚点的选点进行调整，重复前一步骤，直到得到比较合理的结果为止。这种方法适用于大样本并且均为连续型变量的情形。K 均值聚类法计算速度快，效率高，是一种经常使用的算法。

系统聚类法和 K 均值聚类法的相同之处都是以距离的远近亲疏为标准进行聚类；不同之处是系统聚类法对不同类数产生一系列聚类结果，K 均值聚类法只能产生指定类数的聚类结果。

（二）应用案例

把图 8-19 中的数据按照食品、衣着、燃料、住房、生活用品、文化消费这样 6 个变量对不同地区进行聚类。

地区	食品	衣着	燃料	住房	生活用品	文化消费
北京	190	44	10	60	49	9
天津	135	36	11	44	36	4
河北	95	23	9	22	22	2
山西	104	26	6	10	18	3
内…	128	28	9	13	24	3
辽宁	145	33	18	27	39	3
吉林	159	33	18	11	25	5
黑…	116	29	13	14	21	6
上海	221	39	12	115	50	6
江苏	145	30	12	42	27	6
浙江	170	33	13	47	34	5
安徽	153	23	16	23	18	5
福建	145	21	17	19	21	7
江西	140	21	18	19	15	5
山东	116	30	12	33	33	4
河南	101	23	8	20	20	3

图 8-19 聚类分析原始数据截图

1. 操作步骤

(1) 打开数据集,利用"descriptives"菜单对变量进行标准化。

(2) 进入聚类分析过程。依次选择"Analyze(分析)"—"Classify(分类)"—"K-Means Cluster Analysis(K 均值聚类分析)",展开"K-Means Cluster Analysis(K 均值聚类分析)"对话框。从变量列表中选择"食品""衣着""燃料""住房""生活用品""文化消费"变量进入"Variables(变量)"对话框,在"Number of Clusters(聚类数)"文本框输入需要划分的组数。本例经过不断尝试,最终选择的合适组数为 3 组。

(3) 单击"Save(保存)"按钮,弹出"K-Means Cluster Analysis:Save New Variable(K 均值聚类:保存新变量)"对话框,勾选"Cluster Membership(聚类成员)"和"Distance from cluster center(与聚类中心的距离)"复选框,在原始数据文件中逐一显示分类结果以及观测与所属类中心的距离,单击"Continue(继续)"按钮,返回"K-Means Cluster Analysis(K 均值聚类分析)"对话框。

(4) 选择相应统计量。继续单击"Options(选项)"按钮,弹出"K-Means Cluster Analysis:Options(K 均值聚类:选项)"对话框,在"Statistics(统计量)"选项组中勾选"ANOVA table(ANOVA 表)"复选框,对聚类结果进行方差分析,单击"Continue(继续)"按钮,返回"K-Means Cluster Analysis(K 均值聚类分析)"对话框。

(5) 单击"OK(确定)"按钮,即可得到 K 均值聚类分析结果。

2. 输出结果

输出结果由四部分组成。第一部分是最终的聚类中心,如表 8-11 所示。第二部分是分类具体情况,如图 8-21 所示。以第 3 类为例,根据图 8-21 K 均值聚类分析原数据集显示结果,QCL-1 表示每个观测的分类具体情况。由此可知,该类有"河北""山西""内蒙古""黑龙江""江西""山东""河南"。第三部分是方差分析。通过图 8-22 方差分析结果截图可以看出,食品、住房、生活用品 3 个变量对分类贡献显著。但需要注意的是,F 检验仅用于描述性分析目的,无法将其解释为是对聚类均值相等这一假设的检验。第四部分是每一类包含的个案数。如图 8-22 的每个聚类中的个案数目,以第 1 类为例,共包含了 8 个案。

表 8-11　　　　　　　　　　最终聚类中心表

项目	聚类		
	1	2	3
食品	155	221	114
衣着	32	39	26

(续表)

项目	聚类		
	1	2	3
燃料	14	12	11
住房	34	115	19
生活用品	31	50	22
文化消费	6	6	4

	食品	衣着	燃料	住房	生活用品	文化消费	QCL_1
北京	190	44	10	60	49	9	1
天津	135	36	11	44	36	4	1
河北	95	23	9	22	22	2	3
山西	104	26	6	10	18	3	3
内...	128	28	9	13	24	3	3
辽宁	145	33	18	27	39	3	1
吉林	159	33	18	11	25	5	1
黑...	116	29	13	14	21	6	3
上海	221	39	12	115	50	6	2
江苏	145	30	12	42	27	6	1
浙江	170	33	13	47	34	5	1
安徽	153	23	16	23	18	6	1
福建	145	21	17	19	21	7	1
江西	140	21	18	19	15	5	3
山东	116	30	12	33	33	4	3
河南	101	23	8	20	20	3	3

图 8-20 K 均值聚类分析原数据集显示结果截图

ANOVA

	聚类		误差			
	均方	自由度	均方	自由度	F	显著性
食品	6508.504	2	282.995	13	22.999	.000
衣着	113.348	2	33.793	13	3.354	.067
燃料	25.223	2	13.023	13	1.937	.184
住房	4078.817	2	175.408	13	23.253	.000
生活用品	412.634	2	72.133	13	5.720	.017
文化消费	7.567	2	2.716	13	2.786	.098

由于已选择聚类以使不同聚类中个案之间的差异最大化，因此 F 检验只应该用于描述目的。实测显著性水平并未因此进行修正，所以无法解释为针对"聚类平均值相等"这一假设的检验。

每个聚类中的个案数目

聚类	1	8.000
	2	1.000
	3	7.000
有效		16.000
缺失		.000

图 8-21 K 均值聚类分析方差显示结果截图

3. 聚类分析注意事项

（1）如果聚类变量的计量单位不同,应事先对其标准化后再进行聚类分析。

（2）选择不同的变量组合、聚类方法、测度方法及标准化方法,所得出的聚类过程及结果可能会有所不同。其中,变量组合的差异对聚类过程及结果的可能性影响最大。

（3）对大样本进行聚类分析时,若要聚成的类数确定,可使用快速聚类方法,其特点是处理速度快。但快速聚类只适用于连续变量,并且采用欧式距离平方方法进行聚类；如果聚类变量是离散变量,或采用其他距离测度方法进行聚类,则需要使用系统聚类方法。

本 章 测 试

一、单项选择题

1. 把总体按( )分组,并按一定顺序列出每组的单位数,形成的总体单位在各组的分布就是频数分布。

   A. 标志 B. 指标 C. 变量 D. 名称

2. 数值型数据的频数分布可以通过( )更为直观地显示。

   A. 条形图 B. 饼图 C. 直方图 D. 折线图

3. 集中度分析,即测度一组数据的集中度,反映各调查数据向其中心值靠拢或聚集的程度。测定集中度的指标有多种,下列各项中,不属于常用的集中趋势指标的是( )。

   A. 平均数 B. 众数 C. 中位数 D. 四分位差

4. 变异性分析,即测度数据的离散趋势,反映各调查数据远离其中心值的程度。下列各项中,不属于测定离散程度的指标是( )。

   A. 方差 B. 标准差 C. 均值 D. 离散系数

5. 基于列联表,可以进行两变量的独立性检验和两样本的一致性检验,两者的检验目的不同,前者用于判断两个分类变量之间是否相互关联,后者是检验不同类别的目标变量之间是否存在显著性差异。这两者均采用的方法是( )。

   A. X_2 检验 B. KMO 检验
   C. Bartlett 球形检验 D. T-test 检验

6. r 的绝对值的大小反映了现象之间相关关系的紧密程度,下列说法中正确的是( )。

   A. r 的绝对值越大,相关关系越紧密
   B. r 的绝对值越大,相关关系越弱
   C. r 的绝对值越小,相关关系越紧密
   D. r 的绝对值大小与相关关系没有直接联系

7. 回归系数,表示在假定所有其他可能引起因变量变动的变量保持不变的情况下,( )。

   A. 自变量 x 每减少一个单位时因变量 y 的平均增加的变化量
   B. 自变量 x 每增加一个单位时因变量 y 的平均增加变化量

C. 自变量 x 每增加或减少一个单位时因变量 y 的平均变化量

D. 自变量 x 每减少一个单位时因变量 y 的平均变化量

8. 因子分析前,要对数据做标准化处理,并检验数据是否适合因子分析。常用的检验方法不包括(　　)。

  A. KMO 检验法   B. Bartlett 球形检验法

  C. ANOVA 检验   D. 卡方检验

9. 常用的 MANOVA 显著性检验方法为 Wilks Λ 值,其值(　　)。

  A. 介于 0 至 1 之间   B. 介于 -1 至 1 之间

  C. 小于 0   D. 大于 0

10. KMO 检验值(　　)时即通过检验,可以进行因子分析。

  A. 大于 0.5   B. 小于 0.5   C. 小于 1   D. 大于 1

二、判断题

1. 钟形分布具体表现为中间凹陷、两侧逐渐上升的曲线。　　　　　　　　(　　)
2. 众数是一个位置平均数,受极端值和开口组数列的影响。　　　　　　　(　　)
3. 组中值是指一组的中点,计算公式为组中值＝(组上限＋组下限)÷2。　　(　　)
4. 方差或标准差越大,平均数的代表性越好;反之,方差或标准差越小,平均数的代表性越差。　　　　　　　　　　　　　　　　　　　　　　　　　　　(　　)
5. p＝0.23 表示在 0.05 显著性水平下,拒绝原假设。　　　　　　　　　　(　　)

三、简答题

1. 什么是频数分布表?频数分布图的主要类型有哪些?
2. 单变量分析的集中度测量指标有哪些?
3. 简述相关分析与回归分析的关系。
4. 什么是单变量方差分析?
5. 简述因子分析的基本思想和步骤。

四、实训题

  在上一章中我们已利用问卷星或问卷网对 B 市某商场的市场调查问卷进行了发放、回收及整理工作。

  要求:请帮助 B 市某商场对得到的数据进行定量分析。

第九章　市场调查报告的撰写

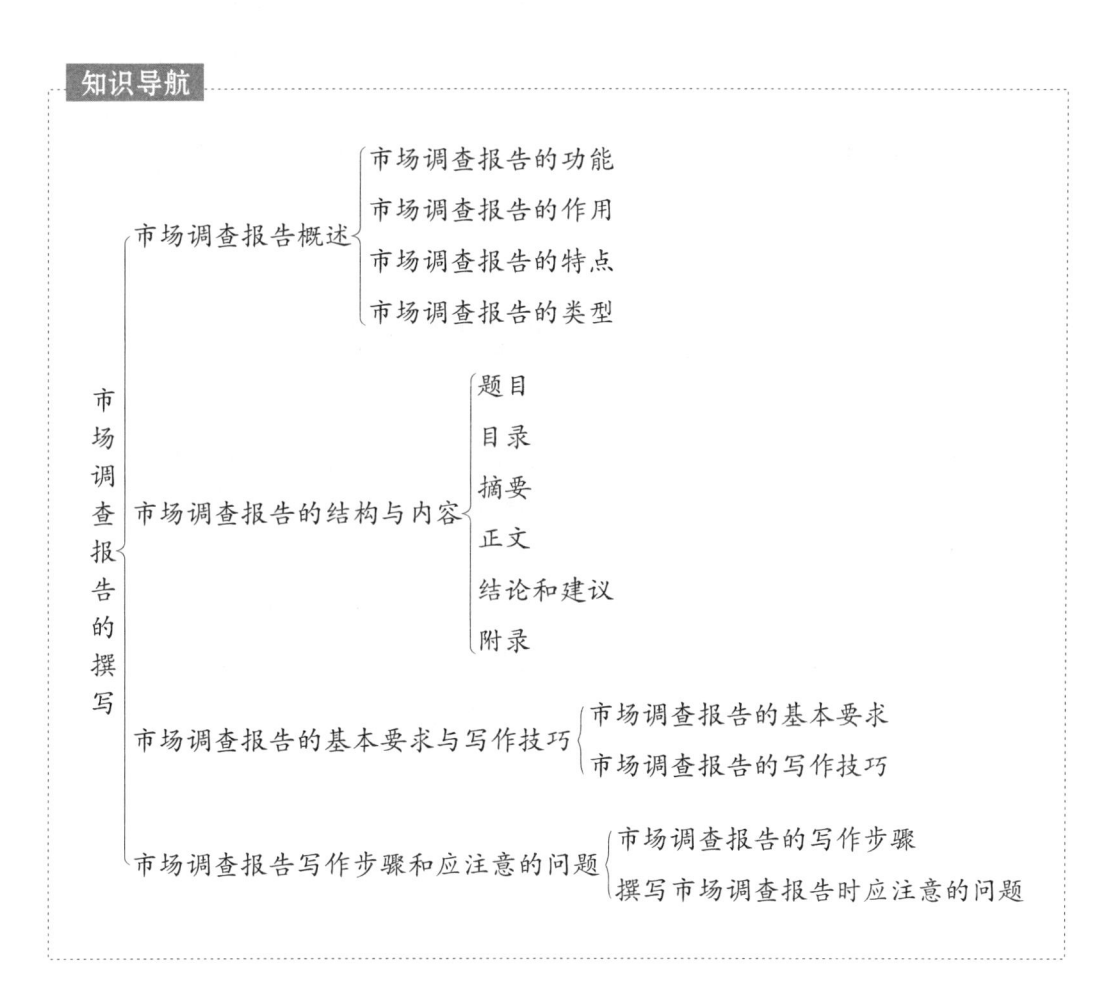

知识导航

市场调查报告的撰写
- 市场调查报告概述
  - 市场调查报告的功能
  - 市场调查报告的作用
  - 市场调查报告的特点
  - 市场调查报告的类型
- 市场调查报告的结构与内容
  - 题目
  - 目录
  - 摘要
  - 正文
  - 结论和建议
  - 附录
- 市场调查报告的基本要求与写作技巧
  - 市场调查报告的基本要求
  - 市场调查报告的写作技巧
- 市场调查报告写作步骤和应注意的问题
  - 市场调查报告的写作步骤
  - 撰写市场调查报告时应注意的问题

学习目标

通过本章的学习,学生应掌握市场调查报告的内容构成和基本格式,了解编写市场调查报告应注意的问题,能够结合实际撰写一份高质量的市场调查报告。

寓德于教

市场调查报告是对实践的认识,实践是认识的来源,是认识发展的动力,是检验认识正确与否的唯一标准。认识产生于实践的需要,还必须回到实践中去,以满足其需要,因此应该坚持实践的观点,坚持理论与实践的统一。

市场调查报告的撰写要运用科学的方法,有目的地、有系统地搜集、记录、整理有关市场信息和资料,分析市场情况。市场调查报告的撰写要遵守科学性的方法与要求。市场调查报告不仅服务于企业决策,也关乎社会公共利益。在撰写报告时,应充分考虑市场变化对社会、环境等方面的影响,积极提出有利于企业和社会可持续发展的建议,体现社会责任感。

请思考:市场调查报告如何既要对企业市场发展有利又兼具社会责任感?

第一节 市场调查报告概述

经过统计分析的市场调查数据只是为相关结论的得出提供了基础材料和依据,要使市场调查真正发挥解决问题、服务社会的功效,必须将整个调查研究的结果以文字形式进行详尽阐述,即撰写市场调查报告。

市场调查报告是市场调查人员以书面形式,反映市场调查内容及工作过程,并提供调查结论和建议的报告,是市场调查工作最终成果的集中体现。其目的是帮助企业全面把握市场现状与发展趋势,提升企业在复杂多变的市场环境中的适应力与竞争力,进而推动企业经营管理水平的持续优化与提升。市场调查报告与普通调查报告在材料形成与结构布局上均展现出共性特征。然而,市场调查报告在内容上表现出更强的专业性。

一、市场调查报告的功能

(一) 描述调查结果

市场调查报告作为研究细节的载体,详尽而精准地描绘了已实施的调查项目,能够向读者全面展现调查的核心目的、关键背景资料、调查方法、数据分析、以表格或图形直观呈现的数据摘要、实际调研结果及基于调研数据的结论与建议。

(二) 充当参考文件

一旦调查报告被提交或传递给决策者,它便承载着重要的职责。大多数研究均设定了若干目标和汇聚了诸多关键信息。鉴于人们难以在特定时间内全面记住研究的详细内容,因此,决策层及其他市场研究人员往往通过重新研读原始调查报告,来深入理解研究的核心内容。从这个角度来看,市场调查报告就发挥着至关重要的参考文件的功能。

(三) 传播新知识和推广成果

市场调查报告作为一种重要的研究成果展现方式,旨在揭示市场领域内的新特征、新动向和新规律,进而为公众和相关利益主体提供新的视角和理解。此外,市场调查报告还承担着推广成果的使命,它将特定市场或项目的最新研究成果展现给社会公众及相关利益主体,进而增强社会各界对研究成果的认同与支持。对于市场政策的制定者而言,市场调查报告可作为重要的决策依据和参考,为相关政策的制定与实施提供有力支撑,最终推动研究成果的落地与转化。

二、市场调查报告的作用

知己知彼,百战不殆。市场调查报告在企业的生产经营活动中起着十分重要的作用,主要表现在以下几个方面。

(一) 市场调查报告有利于企业掌握市场动态

为了稳固在市场竞争中的地位,并寻求在原有市场份额基础上的拓展,或开辟新的市场领域,企业需对市场供求状况、最新市场趋势、消费者需求及本企业产品的销售情况等关键市场动态进行深入的了解与分析。市场调查报告是企业获取这些市场动态的关键窗口,其重要性不言而喻。

(二) 市场调查报告为企业重要决策提供了依据

市场调查报告作为一种信息交流的载体,在企业决策过程中扮演着不可或缺的角色,它能够将市场调查的结果、富有前瞻性的可行性建议及其他有价值的信息传递给企业,从而让企业做出正确的判断和决策,进而指导企业市场实践活动。通过市场调查报告,企业能够全面、准确地了解市场动态,从而作出科学决策,指导企业的市场实践活动。

(三) 市场调查报告有利于企业满足目标顾客的需要

企业通过深入的市场调研分析,能够更加精准地识别出市场中尚未得到满足或尚未得到充分满足的需求领域,从而为企业明确目标市场提供重要参考。同时,企业还可以根据市场调查报告蕴含的信息梳理消费者需求的动态变化特点,积极研发和生产符合市场需求的产品,并运用科学合理的营销策略和手段,确保产品能够及时、准确地送达消费者手中,以满足目标客户的实际需求。

(四) 市场调查报告有利于提高企业的竞争能力

通过市场调查报告提供的信息,企业可以了解竞争对手的市场策略与市场状况,及时调整自己的产品、价格、渠道、促销和服务策略,与竞争对手开展差异化竞争,逐渐树立自己的竞争优势。同时,企业还可以通过收集竞争对手的信息,了解竞争对手的优势和弱点,从而扬长避短,有的放矢地开展针对性营销,增强企业的竞争能力。

三、市场调查报告的特点

(一) 真实性

市场调查报告的撰写必须以事实为依据,这是其存在的基础和根本要求。客观事实作为市场调查报告的核心内容,是其最本质的特点。在撰写市场调查报告时,必须坚持实事求是的原则,所有引用的材料,无论是历史数据还是现实数据,正面信息还是侧面信息,统计数据还是具体案例,都必须真实、可靠、准确无误。这是确保市场调查报告客观、准确、有说服力的前提。

(二) 针对性

撰写市场调查报告时,首要任务是精心挑选那些具有明确针对性的问题进行深入剖析。鉴于不同的读者群体可能关注不同的问题,或在同一问题上存在不同的关注点,同时他们的阅读能力和理解接受度亦存在差异,市场调查报告应当灵活调整报告的形式和表达方式,以适应不同读者的需求,从而提高报告的阅读效率和影响力。

(三) 时效性

市场调查报告的核心目的是迅速回应公众关注的关键问题,其价值在于时效性。鉴于市场环境的快速变化,为确保信息的有效性,市场调查报告必须注重时间效率,及时提供反馈,迅速编制完成。唯有如此,相关利益者才能迅速获取所需信息,使决策与市场动态保持同步,从而充分发挥调查报告的实际效用。

(四) 科学性

为确保调查结果的精确性,市场调查报告撰写过程中须严格遵循科学性的原则和方法。因此,市场调查报告具有科学性的特点。在确保所使用材料真实无误的基础上,市场调查报告通过对材料进行严谨科学地分析研究,揭示其内在规律,得出恰当的结论,以指导实际工作的展开。若仅有材料而无结论,或材料详尽但结论空洞,市场调查报告将无法有效发挥其应有的作用。

资料链接9-1

市场调查的重要作用

男人长胡子,因而要刮胡子;女人不长胡子,自然也就不必刮胡子。然而,美国的吉利公司把"刮胡刀"推销给女人,居然大获成功。吉利公司创建于1901年,其产品因使男人刮胡子变得方便、舒适、安全而大受欢迎。进入20世纪70年代,吉利公司的销售额已达20亿美元,成为世界著名的跨国公司。然而吉利公司的领导者并不以此满足,而是想方设法继续拓展市场,争取更多用户。就在1974年,吉利公司设计了面向妇女的专用"刮毛刀"。这一决策看似荒谬,却是建立在坚实可靠的市场调查的基础之上的。吉利公司先用一年的时间进行了周密的市场调查,发现在美国30岁以上的妇女中,有65%的人为保持美好形象,要定期刮除腿毛和腋毛。这些妇女之中,除使用电动刮胡刀和脱毛剂之外,主要靠购买各种男用刮胡刀来满足此项需要,一年在这方面的花费高达7 500万美元。相比之下,美国妇女一年花在眉笔和眼影上的钱仅有6 300万美元,染发剂5 500万美元。毫无疑问,这是一个极有潜力的市场。根据市场调查结果,吉利公司精心设计了新产品,它的刀头部分和男用刮胡刀并无两样,采用一次性使用的双层刀片,但是刀架则选用了色彩鲜艳的塑料,并将握柄改为弧形以利于妇女使用,握柄上还印压了一朵雏菊图案。这样一来,新产品立即显示了女性的特点。为了使雏菊刮毛刀迅速占领市场,吉利公司还拟定了几种不同的"定位观念"到消费者之中征求意见。这些定位观念包括:突出刮毛刀的"双刀刮毛";突出其创造性的"完全适合女性需求";强调价格的"不到50美分";以及表明产品使用安全的"不伤玉腿"等。最后,吉利公司根据多数妇女的意见,选择了"不伤玉腿"作为推销时突出的重点,刊登广告进行刻意宣传。结果,雏菊刮毛刀一炮打响,迅速畅销全球。这个案例说明,市场调查研究是经营决策的前提,只有充分认识市场,了解市场需求,对市场做出科学的分析判断,决策才具有针对性,从而拓展市场,使企业兴旺发达。

资料来源:谢平芳,黄远辉,赵红梅.市场调查与预测[M].南京:南京大学出版社,2020.

四、市场调查报告的类型

由于市场调查的内容极为广泛,不同的调查所要解决的问题不同,作为调查结果表现形式的市场调查报告也具有不同的类型。由于分类标准的不同,市场调查报告的类型划分也多种多样,其最常用的分类如下。

(一) 根据市场调查报告的内容及其表现形式划分

1. 纯资料性市场调查报告

纯资料性市场调查报告以对问题的简单描述为主要目的,它通常以公布调查所得的各项资料为主,不加以任何解释。这些资料可供社会各界人士广泛使用,使用者可根据自己的研究选择相应的资料。大型调查多以这种报告方式为主。

2. 分析性市场调查报告

分析性市场调查报告以资料的分析和研究为主,它通常以文字、图表等形式将调查过程、方法及分析结论表现出来,目的是使人们对该项调查及结论有一个全面的了解。我们通常所说的调查报告主要是指分析性市场调查报告。

(二) 根据企业开展经营活动的需要划分

根据企业开展经营活动的需要划分,市场调查报告分为市场环境调查报告、市场需求调查报告、市场供给调查报告、市场营销调查报告和市场竞争情况的调查报告等。

1. 市场环境调查报告

市场环境调查报告包括但不限于对经济环境、政治环境、社会文化环境、科学环境以及自然环境等关键领域的分析,它能够帮助企业更好地把握市场动态,优化战略布局,以应对复杂多变的市场环境。

2. 市场需求调查报告

市场需求调查报告主要包括消费者需求量、消费结构、消费者行为、消费者收入、潜在需求、市场与消费潜力等内容为主的报告。其中消费者行为部分主要包括消费者为什么购买、购买什么、购买数量、购买频率、购买时间、购买方式、购买习惯、购买偏好和购买后的评价等。消费者收入部分主要包括家庭收入、个人收入及家庭按人口平均收入,用于商品支付的购买力大小,以及购买力的增减变化等。潜在需求部分包括城乡居民存款额的增减及尚待实现的购买力的大小等。市场与消费潜力部分主要是指企业地区销售额及销售额的变动趋势给企业带来的影响。

例如,进入21世纪,居民收入增长较快,购买力水平提高,购买力的投向发生了很大的变化。消费者用于购买商品房、轿车、高档家用电器以及房屋装潢的支出,比过去有了较大幅度提高。

3. 市场供给调查报告

市场供给调查报告主要包括对产品生产能力调查、产品实体调查、产品的更新换代速度,不同商品所处市场生命周期的阶段等内容的描述。调查者根据市场需求及企业供给情况的调查,提出本企业调整产品产量的可行性建议。

4. 市场营销调查报告

市场营销调查报告主要包括产品、价格、渠道和促销等调查内容。

产品调查部分主要有了解市场上新产品开发的情况、消费者的评价、产品生命周期阶段等内容。

商品价格调查部分主要包括商品成本、市场价格变动情况，了解消费者对价格的接受情况，对价格策略的反应等内容。

渠道调查部分主要包括了解渠道的结构、中间商的情况、消费者对中间商的满意情况等内容。

促销调查部分主要包括各种促销活动的效果，如广告实施的效果、人员推销的效果、营业推广的效果和对外宣传的市场反应等内容。

5. 市场竞争情况调查报告

市场竞争情况调查报告详细阐述了竞争企业的产品、价格、竞争手段及策略。它为企业决策者提供了全面的竞争情报，确保企业能够知己知彼，从而制定出更为精准的竞争策略。市场竞争情况调查报告主要内容包括：

(1) 竞争对手基本情况。
(2) 竞争对手的竞争力。
(3) 竞争对手发展新产品的动向。
(4) 潜在竞争对手。

(三) 按照市场调查报告表现形式划分

1. 书面市场调查报告

书面市场调查报告是指以书面的形式展示调查方案、调查结果、研究结论和建议等的报告，是最常用的报告形式。撰写书面市场调查报告时，应概念清楚，结论明确。书面市场调查报告可分为综合报告、专题报告、研究性报告和技术报告等几种不同的类型。

2. 口头调查报告

口头市场调查报告是指市场调查的主持人或报告撰写者通过图表等形式，附带一些文字、图片和动态资料，以口头陈述的方式将调查方案、调查结果、研究结论和建议等内容展现出来，以便与客户进行沟通。总的来说，口头市场调查报告是一种重要的信息交流和沟通方式，能够帮助委托方更好地理解和应用市场调查结果，从而做出更明智的决策。

第二节 市场调查报告的结构与内容

市场调查报告受市场调查的主题、范围、对象、要求等因素的影响，其结构和内容也有所不同,但一般情况下,市场调查报告的结构通常包括题目、目录、摘要、正文、结论和建议、附录等几个部分内容。

一、题目

报告的题目包括市场调查标题、报告日期、委托方、调查方等,一般应打印在扉页上。其中,标题是画龙点睛之笔,好的标题,能够准确揭示报告的主题思想,做到题文相符。标题要简单明了,高度概括,具有较强的吸引力,如《关于广东省老年人对于保健产品的需求调查报告》《市场在哪里——天津地区三峰轻型客车用户调查》等。标题的形式一般有以下三种。

1. 直叙式标题

直叙式标题是指反映调查意向或指出调查地点、调查项目的标题,由调查单位、调查内容和文种三部分组成。例如,《烟台市葡萄酒市场需求调查报告》《××厂关于温馨牌地毯产销情况的市场调查》,调查单位亦可省去,如《凤凰牌自行车在国内外市场地位的调查》《我国家用电脑市场现状及前景分析》《桶装矿泉水、纯净水消费行为调查》等。这种标题具有简明、客观的特点,一般市场调查报告的标题多采用直叙式。

2. 表明观点式标题

表明观点式标题是指直接阐述调查报告的观点、看法及对调查信息的评价或对事物作出判断的标题,这类标题往往直接揭示了结论,如《共享单车价格战不可取的调查》《出口商品的包装不容忽视》《高档呢料大衣在北京市场畅销》《质量比品牌更重要》《食堂销售额逐渐下降》等。这种标题既表明了作者的态度,又揭示了主题,具有很强的吸引力。

3. 提出问题式标题

提出问题式标题是以设问、反问等形式突出问题的焦点和尖锐性,吸引读者阅读、思考的标题,如《老年消费者愿意到网上购物吗?》《在华东地区共享汽车到底有多大发展空间?》《价格战能从根本提高企业效益吗?》《当前大学生就业之路何在?》等。

4. 单标题和双标题

标题按其形式又可以分为单行标题和双行标题。单标题即用一句概括的语言形式直接交代调查的内容或主题,一般由调查对象及内容加上"调查报告"或"调查"组成,如《山东农村家电市场需要调查报告》《北京市小学生课外参加辅导班的调查》等。

双标题由主题加副题组成,一般用主题概括调查报告的主题或要回答的问题,用副题标明调查对象及其内容,如《农村家电需求到底有多大?一山东地区农村家电市场调查报告》《钻戒消费初探——上海地区钻戒消费市场调查报告》《消费者有更多的选择余地一来自桂林市洗衣机市场的情况调查》等。

总而言之,无论采用哪种标题,都要与内容相符,简洁精练,力求新颖、醒目。

二、目录

提交市场调查报告时,如果涉及的内容很多,页数很多,为了便于读者阅读,各项内容应用目录或索引形式标记出来,这使读者对市场调查报告的整体框架有一个大体的了解。目录包括各章节的标题,包括题目、大标题、小标题、附录及各部分所在的页码等。其具体内容如下:

(1) 节标题和副标题及页码。
(2) 表格目录:标题及页码。
(3) 图形目录:标题及页码。
(4) 附录:标题及页码。

三、摘要

摘要是市场调查报告中的内容提要。摘要要写得简明扼要,能够概括市场调查报告的基本观点或结论,以便读者对全文内容、意义等获得初步了解。摘要涵盖的内容有为什么要调研;如何开展调研;有什么发现;其意义是什么;如果可能,应在管理上采取什么措施建议等。摘要不仅为市场调查报告的其余部分规定了切实的方向,同时也使得管理者在评审调查的结果与建议时有了一个大致的参考框架。

摘要由以下几个部分组成:

(1) 调查目的,即为什么要开展调查,为什么公司要在这方面花费时间和金钱,想要通过调查得到些什么。

(2) 调查的简要描述,包括调查范围、调查单位、调查时间、调查地点和调查的主要内容。

(3) 调查研究的方法、调查组织形式及其对调查结果的评价。

以上概要与方案设计应基本一致。

【范例9-1】 机动车辆险业务是财产保险公司的最主要保费收入来源之一,对浙江省的机动车辆险消费市场进行调查研究,从中发现目前我省机动车辆险市场存在的问题并给出建设性的建议,对浙江省机动车辆险市场的健康发展有着十分重大的意义

[目的]。本研究采用问卷抽样调查的方法,通过制定调研方案,组织实施调研并回收问卷,借助 SPSS 专业统计软件整理和分析数据[方法]。调查的结果显示,浙江省的机动车辆险消费市场潜力巨大,同时保险公司间为抢夺客户资源进行恶意价格竞争、4S 店等代理商违规销售机动车辆险等不规范现象[结果]。本研究建议除监管部门应加强监管,加大违规操作行为处罚力度之外,保险公司和代理机构也应加强行业自律,共同维护浙江省机动车辆险市场良好的竞争氛围[结论建议]。

四、正文

正文部分是市场调查报告的核心,具体介绍被调查对象的情况,分析成败的原因,并预测出今后的市场发展趋势。报告撰写者要根据材料的性质,对材料进行科学的分类和合乎逻辑的安排。

正文一般包括引言、研究方法和过程、论述与研究结果等。某些市场研究人员,如产品经理、营销经理等,除了要知道市场调查报告的结论和建议,还需要了解更多的调查信息,如调查过程有无遗漏,关键的调查结果的得出等。这时,他们会详细地阅读调查报告的主体部分,即正文。这就要求正文部分必须正确阐明全部有关论据,包括问题的提出、论证的全部过程、分析研究问题的方法等。

(一) 引言

引言又称导语,是市场调查报告正文的前置部分,要求简明扼要、精炼概括,以便使读者对全文内容、意义等获得初步了解。引言主要对市场调查问题的背景,调查问题的必要性进行简要的说明,并对指导本次调查研究的理论基础、基本调查方法、前提假设及影响因素等做必要的解释,以引起决策者与调查者的关注,然后用一过渡句承上启下,引出主体部分。引言的撰写一般有以下几种形式。

1. 开门见山,揭示主题

文章开始就先交代调查的目的或动机,揭示主题。例如,其公司受北京电视机厂的委托,对消费者进行一项有关电视机市场需求状况的调查,预测未来消费者对电视机的需求量和需求的种类,使北京市电视机厂能根据市场需求及时调整其产量及种类,确定今后的发展方向。

【范例9-2】 随着改革开放的不断深入和生活水平的日益提高,住宅逐渐成为居民消费的主要对象。为全面了解××市住宅消费的市场需求情况,推动居民住宅储蓄和城镇住房抵押贷款业务的进一步开展,受××单位委托,××单位于××年××月××日至××日,对该市居民住宅消费需求进行了抽样调查。

2. 结论先行,逐步论证

许多大型的调查报告先将调查的结论写出来,然后逐步论证。这种形式的特点是观点明确,使人一目了然。例如,我们通过对某产品在北京市的消费情况和购买意向的调查认为它在北京不具有市场竞争力,原因主要有以下几方面。

【范例9-3】 通过对××牌收银机在北京各商业部门的拥有、使用情况的调查,我们不认为它在北京不具有市场竞争能力,原因主要从以下几方面阐述。

3. 交代情况,逐步分析

这种撰写形式是先交代背景情况、调查数据,然后逐步分析,得出结论。例如,本次关于某产品的消费情况的调查主要集中在北京、上海、重庆、天津,调查对象集中于青少年。

【范例9-4】 ××动漫公司与北京××调查咨询公司2023年4—5月在北京、上海、广州进行了一次大规模的抽样调查。在这次调查中,除了涉及特定专业问题,还围绕着动漫的国际化大趋势设计了许多问题,包括动漫的题材、动漫衍生品市场、国风动漫发展需求等,报告对这些问题进行了阐述。

4. 提出问题,引入正题

这种撰写形式是用提问的方式提出人们所关注的问题,引导读者进入正题。CCTV的很多调查报告采用这种形式。

【范例9-5】 随着康师傅方便面的上市,各种合资、国产的方便面(如统一、一品、加州)雨后春笋般出现,面对种类繁多的方便面,作为上帝的顾客是如何选择的?厂家该如何在激烈的竞争中立于不败之地?带着这些问题,我们对北京市部分消费者和销售单位进行有关调查。

(二) 研究方法和过程

此处主要将"时间""地点""人物""事件"等要素逐一交代,使读者做到心中有数。其具体内容一般包括以下几个方面:

(1) 阐述调研的方法,如问卷调查法(访问问卷、邮寄问卷、电话调查、网上问卷)、访谈法、观察调查法等。

(2) 阐述抽样设计原理,如使用什么样的抽样框;采取何种抽样方法(方便抽样、配额抽样、简单随机抽样、分层抽样、整群抽样等);具体抽样的过程(时间、地点)。

(3) 介绍样本基本情况,如样本容量大致是多少;计算回收比率、有效样本比率;样本代表性分析,即分析回收样本基本结构,如性别结构、学历结构、年龄结构、家庭结构、地区结构、职业结构、收入结构等。

【范例9-6】为了了解我省青少年违法犯罪情况,剖析青少年违法犯罪的原因,以便采取对策,预防和减少青少年违法犯罪,2010年4月至7月,省统计局和司法厅按照随机抽样的方法[调研方法],从14岁至25岁的在押在教劳改劳教人员中,抽选出3991人就进行了问卷调查。同时走访了管教干警、学校师生和家长、青少年劳改劳教人员共173人[调查对象],搜集整理出反映我省青少年违法犯罪原因、特点及基本情况的近8万个数据和青少年劳改劳教人员的近千条意见[样本基本情况]。

(三)论述与结果部分

1. 论述部分

论述部分须准确阐明全部有关论据,根据预测所得的结论,建议有关部门采取相应措施,以便解决问题。此部分主要包括基本情况和分析预测两部分。基本情况部分在撰写时要用叙述和说明相结合的手法,将调查对象的历史和现实情况,如市场占有情况、生产与消费的关系、产品、产量及价格情况等表述清楚。在具体写法上,基本情况部分可以根据问题的性质采用设立小标题或者撮要显旨的形式;也可以时间为序,或者列示数字、图表或图像等加以说明。无论如何,都要力求做到准确和具体,富有条理性,以便为下文进行分析和提出建议提供坚实充分的依据。

分析预测部分是基于调查所得基础数据,运用科学的研究方法和推断技巧,对市场发展趋势进行前瞻性预测。此部分对于相关部门及企业决策层具有直接而深远的影响,因此务必精准细致。在分析过程中,应运用议论手法,对调查资料逐条梳理,深入剖析,形成符合事物发展规律的结论性意见。在表述上,需保持论断性和针对性的统一,力求逻辑严密,语言简洁明了,严禁脱离实际调查数据,随意发挥。

2. 调查结果

调研结果必须紧扣调查的主要内容,合理运用统计语言与统计图表,例如统计数字、统计表格、统计图形、统计模型等,按照一定的逻辑结构(如"现状—原因""现状—原因—结果""现状—问题—对策")进行布局,避免没有逻辑、逐条罗列的现象。

五、结论和建议

结论和建议应当采用简明扼要的语言。好的结语,可使读者明确题旨,加深认识,启发读者思考和联想。结论一般包括以下几个方面:

(1)概括全文。经过层层剖析后,综合说明调查报告的主要观点,深化文章的主题。

(2)形成结论。在对真实资料进行深入细致的科学分析的基础上,得出报告的结论。

(3) 提出看法和建议。通过分析,形成对事物的看法,在此基础上,提出建议和可行性方案。

(4) 展望未来、说明意义。通过调查分析展望未来前景。

【范例9-7】 从对省内外的93家用人单位的性质分析来看:其中保险集团公司8家,占比8.6%;产险公司23家,占比24.7%;寿险公司29家,占比31.2%;保险专业中介机构5家,占比5.4%;银邮兼业代理机构18家,占比19.4%;车商等其他兼业代理机构4家,占比4.3%;其他性质公司6家,占比6.5%。上述样本中,保险公司共60家,占全部样本的64.5%,包括专业中介机构,各类代理机构在内的用人单位共87家,占全部样本的93.5%[统计结果]。上述用人单位性质分布结构可以看出我院保险实务专业学生主要的就业单位分布在保险公司,但在其他性质的企业也有一定的分布[调查结论]。造成这种现象的原因是……[原因分析]。

作为市场调查报告的重要组成部分,结论与建议的提出必须以正文中的分析论述为依据,严格遵守科学、客观、严谨的原则,不得凭空臆断或捏造事实。只有在深入剖析市场现象、科学评估市场趋势的基础上,才能提出具有指导意义的结论与建议,为管理者的决策提供有力支持。

六、附录

附录也称附件,是指市场调查报告中正文包含不了或没有提及,但与正文有关必须附加说明的部分。它是正文报告的补充或更详尽说明。为了提高报告的真实可靠性,我们需要在市场调查报告中提供尽量多的研究细节和原始资料。其主要内容包括以下几个方面:

(1) 空白的调查问卷。

(2) 技术细节说明,比如对一种统计工具的详细阐释。

(3) 原始资料,背景材料。

(4) 其他必要的附录,比如调查所在地的地图等。

第三节 市场调查报告的基本要求与写作技巧

在进行市场调查报告的撰写时,报告撰写者必须深入理解并遵循市场调查报告的基本要求,同时也要注意在撰写过程中可能出现的问题,熟练掌握撰写技巧。只有这样,才能确保市场调查报告的质量得以保证,为企业的决策提供有力的数据支持。

一、市场调查报告的基本要求

市场调查报告对内容、目的与形式等都有要求,具体体现在以下四个方面。

(一)报告内容要客观、准确

市场调查报告应当客观地反映进行市场调查和分析的结果,准确地表达市场调查、整理和分析的方法与结论,不能有任何应付用户或管理决策者的期望的倾向,调查分析的结果和语言表述应准确无误,切忌先入为主,为事先已有的主观想法找依据,同时也要避免主观意识和个人偏见。凡是与事实不符的观点,都应当坚决放弃;对暂时拿不定主意的,应如实在报告中写明,或作为附录文件加以讨论。

市场调查报告应根据项目开始所提出的问题,提供回答问题所必需的全部信息,特别是最重要的信息不能遗漏。

(二)报告内容要全面、简洁

市场调查报告的内容要全面,结构要清晰有条理,说明和论述要符合逻辑,语言表达应清楚。市场调查报告要回答或说明调查为何进行,采用什么方法进行调查,得到什么结论,有什么建议等。市场调查报告的主体部分应避免讨论和介绍有关技术细节,资料要翔实但尽量少用专业术语,可以使用表格、图形和照片等简洁明了、新颖直观的表达方式增强表述效果。

全面性并不意味着市场调查报告要包括调查项目中的每个细节,它只意味着报告应该包括那些重要的部分。一个部分是否重要,看它与研究目的的关系。好的市场调查报告,报告应简明扼要,内容有所取舍,语言简练,避免使用冗长的句子。围绕调查目标,言之有物、重点突出、繁简适当。

(三)要明确报告的目的和阅读对象

首先,市场调查是为了研究和解决特定的市场问题而展开的,撰写市场调查报告时必须目的明确、有的放矢,围绕调查主题展开论述。其次,市场调查报告是为特定的读者撰写的,他们一般是管理部门的决策者。撰写市场调查报告必须考虑报告阅读对象的技术水平、阅读环境和阅读习惯,以便提高市场调查报告的使用效果。因此,如果有必要,可以对同一调查研究内容撰写几个组成部分不同的市场调查报告,满足不同读者的需要,或者干脆完全针对不同的读者分别撰写不同的市场调查报告。例如,公司总经理可能主要关心的是调查结论和建议,市场研究人员可能更关心的是调查所采用的方式、方法、数据来源等。

(四) 报告排版外观要正规且专业化

报告的排版外观与其内容具有同等重要的地位。干净整齐、组织良好且有专业水准的市场调查报告更容易引起读者的兴趣。因此,最后呈交的报告应当使用质地良好的纸张打印和装订,在印刷格式、字体选择、空白位置应用等方面都应给予充分的重视。

二、市场调查报告的写作技巧

(一) 表达技巧

表达技巧要包括叙述、说明、议论、语言运用四个方面的技巧。

1. 叙述技巧

市场调查报告在开头叙述事情的来龙去脉,表明调查的目的和根据及过程和结果,在主体部分还要叙述调查得来的情况。常用的叙述技巧有概括叙述、按时间顺序叙述、叙述主体的省略。

(1) 概括叙述。概括叙述即不要详细展开。市场调查报告将调查过程和情况做概略叙述时,文字简洁一带而过,给人以整体、全面的认识,以满足市场调查报告及时反映市场变化的需要。

(2) 按时间顺序叙述。人们介绍调查目的、对象与经过时,往往用按时间顺序叙述的方法,前后连贯。例如,开头部分叙述事情的前因后果,主体部分叙述事情的历史及现状。

(3) 叙述主体的省略。市场调查报告的叙述主体是撰写报告的单位。为行文简便,叙述主体一般在开头部分出现后,在后面的各部分即可省略,人们并不会因此而误解。

2. 说明技巧

市场调查报告常用的说明技巧有数字说明、分类说明、对比说明、范例说明等。

(1) 数字说明。市场调查离不开数字,反映市场发展变化状况的市场调查报告,要运用大量数据,以增强报告的精确性和可信度。

(2)分类说明。在市场调查中所获材料杂乱无章,根据主旨表达的需要,报告撰写者可将材料按一定标准分类,分别说明。例如,将调查得到的基本情况,按问题性质归纳成几类,或按不同层次分为几类,在每类前冠以小标题。

(3)对比说明。市场调查报告中有关情况、数字的说明,往往采用对比形式显示,以便全面深入地反映市场变化情况。对比时要注意在同标准的前提下,做切合实际的比较。

(4)范例说明。市场调查报告撰写时,撰写者可以选取调查过程中遇到的有代表性的例子进行举例说明。

3. 议论技巧

市场调查报告常用的议论技巧有:归纳论证和局部论证。

(1)归纳论证。归纳论证是通过对调查数据和事实进行归纳和总结,得出客观、准确的结论,为企业的决策和发展提供有力的支持。

(2)局部论证。市场调查报告不同于议论文,不可能形成全篇论证,只是在情况分析、对未来预测中做局部论证。例如,对市场情况从几个方面进行分析,对每一方面用数据、访谈等为论据证明其结论,形成局部论证。

4. 语言运用技巧

语言运用技巧包括用词方面和句式方面的技巧。

(1)用词方面。市场调查报告中数量词用得较多,数量词在市场调查报告中以其特有的优势,越来越显示出其重要作用。市场调查报告中介词用得也很多,主要用于交代调查目的、对象、根据等,如"为""对""根据""从""在"等介词。此外,其还多用经济、市场、管理类专业词,以反映市场发展变化,如"商品流通""经营机制""市场竞争"等词语。

(2)句式方面。市场调查报告多用陈述句,陈述调查过程、调查到的市场情况,表示肯定或否定判断。祈使句多用在建议部分,表示某种期望。

(二)制作表格的技巧

表格作为描述性统计方法,广泛应用于市场调查报告中,起到清楚、形象、直观和吸引人的作用。表格是市场调查报告中很生动的部分,应当受到特别重视。

制作表格时,一般要注意:表格的标题要简明扼要,每张表格都要有表号和标题;注明各种数据单位,如果只有一种单位的表格,可在标题中统一注明;如果表格中的数据是二手数据,一般应注明来源。

【范例9-8】 2012—2016年民间固定资产投资,如表9-1所示。

表 9-1　　　　　　　　　　2012—2016 年民间固定资产投资

年份	民间固定资产投资（亿万）	比上年增长	占固定资产投资(不含农户)比重
2012	223 982	24.8%	64.1%
2013	274 794	23.1%	63.0%
2014	321 576	18.1%	64.1%
2015	354 007	10.1%	64.2%
2016	365 219	3.2%	61.2%

资料来源：国家统计局官网[EB/OL].(2020-09-23)[2023-12-20].https://www.stats.gov.cn/sj/ndsj/2020/indexch.html.

（三）制作图形的技巧

图形广泛应用于市场调查报告中,有形象、直观、富有美感和吸引人的作用。一般来说,只要有可能,尽量用图形来表达报告的内容。常用的图形有直方图、条形图、饼形图、散点图、折线图等。示例图如图 9-1、图 9-2 所示。

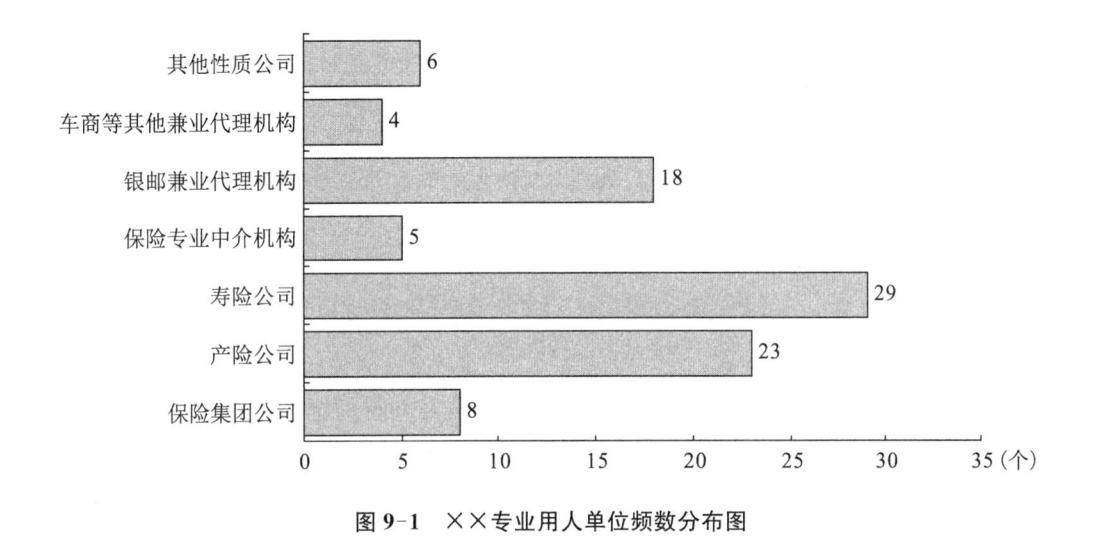

类别	数值
其他性质公司	6
车商等其他兼业代理机构	4
银邮兼业代理机构	18
保险专业中介机构	5
寿险公司	29
产险公司	23
保险集团公司	8

图 9-1　××专业用人单位频数分布图

表格与图形在制作的时候有一些事项需要特别注意,二者的注意情况如图 9-3 所示。

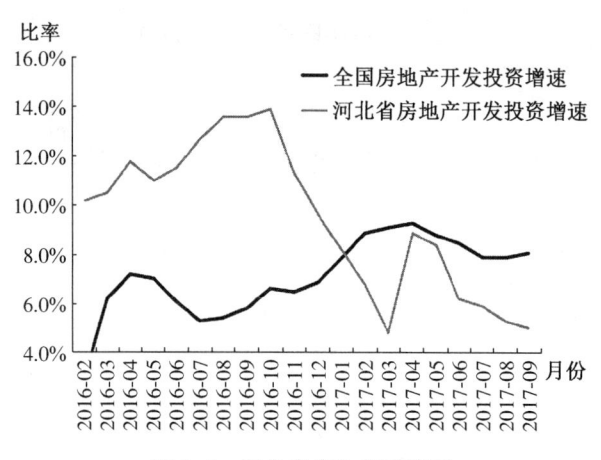

图 9-2　河北省房地产增速图

制表需注意	制图需注意
● 有编号、标题简明扼要 ● 项目较多时按大小排列 ● 尽量避免附加图标说明 ● 数据和作图笔墨比例恰当 ● 度量单位恰当,图形匀称 ● 既用颜色又用文字说明 ● 颜色和纹理选择有逻辑性 ● 图形安排符合阅读习惯	● 有编号,标题简明扼要 ● 项目顺序排列适当 ● 边框线条尽量少用 ● 注明数据单位 ● 层次不宜过多 ● 分组适当 ● 数字上下对齐 ● 给出必要的说明和标注 ● 说明数据来源

图 9-3　制表与制图注意事项

第四节　市场调查报告写作步骤和应注意的问题

撰写市场调查报告,首先应以市场调研的主题及其分解的题目为中心,编写详细的报告提纲;其次按照提纲扩展成一个个分列主题的报告;再次对这些分列主题的报告进行组合、扩充,加上必要的内容后成为市场调查报告的主体;同时根据主题内容的需要,编写附录文件;最后,根据主题内容,写出市场调查报告的内容摘要及目录。

一、市场调查报告的写作步骤

1. 构思

构思是根据思维运动的基本规律,从感性认识上升到理性认识的过程。市场调查报告的构思主要是通过收集资料,认识客观事物,经过判断推理,确立主题思想,并在此基础上确立观点,列出论点、论据,安排文章层次结构,编写详细提纲的过程。

2. 选材

市场调查过程中搜集到的大量数据资料,不一定都能切中主题、准确反映事物的本质。这样,就有必要对所搜集到的数据资料进行去粗取精、去伪存真、由此及彼、由表及里的分析研究和加工判断,挑选出符合需要,最能反映事物本质特征,能形成观点,作为论据的准确资料。

3. 列出提纲

调查报告提纲一般分为三个层次:①基本情况介绍;②综合分析;③结论和建议。

二、撰写市场调查报告时应注意的问题

市场调查报告本身不仅显示调查质量,也反映了撰写者本身的知识水平和文字素养。在撰写市场调查报告时,需要注意以下几个方面的问题。

(一) 市场调查报告的撰写应满足用户的需要

市场调查报告要以满足用户的需要为宗旨。用户需要的层次不同,就应撰写版本不同的报告。例如,一个包括详细技术数据的报告主要是为了满足专业技术人员的需要,而一个包含较少技术方面讨论、把重点集中在调查结果的运用上的报告是为了满足调查者在商业上应用的需要。

写出市场调查报告的初稿后,应广泛征求各方意见并认真进行修改后方能最后定稿。

(二) 注意定量分析与定性分析相结合

在市场调查报告中,数据资料具有重要的作用。用准确的数据证明事实真相往往比长篇大论更具说服力。然而,市场调查报告不是数据的简单堆积,过多地堆砌数据会令人感到眼花缭乱,不得要领。因此,市场调查报告应以明确的观点统领数据资料,把定量分析与定性分析结合起来,这样才能透过数据本身的表面现象,把握市场现象的本质属性和发展变化规律。

(三) 引用他人的资料,应加以详细注释

这一点是大多数人常忽视的问题之一。市场调查报告撰写时须注意用注释指出资料的来源,可供读者查证,同时也是对他人研究成果的尊重。注释应详细准确,如被引用资料的作者姓名、书刊名称、所属页码、出版单位和时间等都应予以列明,做到严谨、可信。

(四) 篇幅不代表质量

市场调查报告中常见的一个错误是："报告越长,质量越高。"在经过几个月甚至更长时间的辛苦调查后,报告撰写者将所有的调查过程、证明、结论都被纳入报告中,试图告诉读者他所知道和调查相关的一切,这必然会导致"信息超载"。事实上,若报告的组织结构混乱无序,就会影响报告的质量。

总之,调查的价值不是用篇幅来衡量的,而是以质量、简洁与有效的数据来度量的。市场调查报告应该是精练的,任何不必要的东西都应省略。不过,也不能为了简洁而牺牲了完整性。

(五) 提出的建议应该是积极的、正面的

市场调查报告的结论和建议部分用于说明通过调查获得了哪些重要结论,根据调查的结论建议应该采取什么措施。例如,媒体策略如何改变;广告主题应是什么;与竞争者抗衡的具体方法;价格、包装、促销策略等等。需要指出的是,大多数建议应当是积极的,要说明采取哪些具体的措施或者要处理哪些已经存在的问题。报告撰写者在撰写此部分内容时须尽量用如"加大研发投入""改进产品外观"等积极的、肯定的建议,等,少用如"应立即停止某产品的销售"等否定的建议,毕竟否定建议只告诉大家不应做什么,并没有告诉大家应该做什么,应尽量避免使用。

本 章 测 试

一、单项选择题

1. 下列各项中,不属于市场调查报告的特点的是( )。
   A. 真实性　　　　B. 针对性　　　　C. 灵活性　　　　D. 实效性

2. ( )是反映调查意向或指出调查地点调查项目的标题,由调查单位、调查内容和文种三部分组成。
   A. 表明观点式标题　　　　　　　B. 直叙式标题
   C. 提出问题式标题　　　　　　　D. 单标题

3. ( )是市场调查报告中的内容提要,要写得简明扼要、精炼。
   A. 引言　　　　　B. 摘要　　　　　C. 目录　　　　　D. 结束语

4. 市场调查报告一般由题目、目录、摘要、正文、结论和( )、附录等几个部分组成。
   A. 致谢　　　　　B. 关键词　　　　C. 结束语　　　　D. 建议

5. 表达技巧包括叙述、说明、议论、( )四个方面的技巧。
   A. 统计说明　　　B. 图表运用　　　C. 语言运用　　　D. 修辞运用

6. 如果调查报告中插入的表格中的数据是二手数据,一般应注明( )。
   A. 时间　　　　　B. 来源　　　　　C. 单位名称　　　D. 计量单位

7. 市场调查报告一般分为三个层次:①基本情况介绍;②( );③结论和建议。
   A. 比较分析　　　B. 问题建议　　　C. 数据分析　　　D. 综合分析

8. 《快递服务业价格战不可取的调查》属于( )标题。
   A. 直叙式　　　　B. 表明观点式　　C. 提出问题式　　D. 双标题

9. 题目一般包括市场调查标题、( )、委托方、调查方等。
   A. 报告日期　　　B. 报告目的　　　C. 因果关系　　　D. 报告方法

10. 摘要由调查目的、调查对象、调查内容和( )几个部分组成。
    A. 调查费用　　　B. 方案设计　　　C. 调查方法　　　D. 调查专家

二、判断题

1. 产品生产能力调查是市场环境调查的主要内容。　　　　　　　　　　　　　( )

2. 商品价格调查主要是指调查企业对商品的定价及其定价表的具体内容。（ ）
3. 直叙式标题是直接阐述调查报告的观点、看法及对调查信息的评价或对事物作出判断的标题，用标题直接揭示结论。（ ）
4. 引言又称导语，是市场调查报告的核心，包括调查情况和调查者的观点。（ ）
5. 报告的排版外观应与其内容具有同等重要的地位。（ ）

三、简答题

1. 市场调查报告的标题要求是什么？
2. 如何写好市场调查报告的摘要？
3. 如何理解市场调查报告要求要有很高的时效性？
4. 市场调查报告如何体现满足用户的需要？
5. 市场调查报告在提出建议时应注意什么？

四、实训题

位于F市的某儿童服装品牌成立于2005年，在十几年的经营过程中，在当全国有了较高的知名度，市场占有率达到全国童装品牌的前20名。2021年，大量的国外童装品牌进入国内市场，竞争加剧，该公司市场占有率有所下降，于是公司领导层让市场调查部开展一次童装的消费者行为调查。

要求：请帮该市场部设计撰写市场调查报告的结构提纲。

参 考 文 献

[1] 王晓燕.市场调查与分析(慕课版)[M].北京:人民邮电出版社,2021.
[2] 潘连柏,杨沛.市场调查与预测[M].北京:人民邮电出版社,2021.
[3] 徐映梅.市场调查理论与方法[M].北京:高等教育出版社,2021.
[4] 吴建安.市场营销学[M].6版.北京:高等教育出版社,2017.
[5] 中华人民共和国国家统计局,国务院第三次全国农业普查领导小组办公室.第三次全国农业普查方案[M].北京:中国统计出版社,2016.
[6] 杜明汉.市场调查与预测[M].大连:东北财经大学出版社,2011.
[7] 邬丽萍.市场调查与预测[M].北京:机械工业出版社,2014.
[8] 许以洪,陈青姣.市场调查与预测[M].北京:机械工业出版社,2020.
[9] 刘常宝.市场调查与预测[M].2版.北京:机械工业出版社,2021.
[10] 陈友玲.市场调查与预测[M].2版.北京:机械工业出版社,2018.
[11] 舒燕.市场调查与预测(微课版)[M].北京:人民邮电出版社,2022.
[12] 王玉华.市场调查与预测[M].北京:机械工业出版社,2010.
[13] 康晓玲.创业营销与市场调查技术[M].西安:西安电子科技大学出版社,2017.
[14] 庄贵军.市场调查与预测[M].北京:北京大学出版社,2020.
[15] 王冲,李冬梅.市场调查与预测[M].上海:复旦大学出版社,2013.
[16] 李昊.市场调查与预测[M].北京:中国人民大学出版社,2016.
[17] 杨勇.市场调查与预测[M].北京:机械工业出版社,2021.
[18] 郭思亮,盛亦工等.统计学:方法与应用[M].成都:西南交通大学出版社,2010.